2018年主题出版重点出版物
"十三五"国家重点出版物出版规划项目

国际视野下的中国对外开放丛书
张燕生 主编

香港经济转型与两地经济合作

王春新 著

SPM
南方出版传媒
广东经济出版社
·广州·

图书在版编目（CIP）数据

香港经济转型与两地经济合作/ 王春新著. —广州：广东经济出版社，2019. 4
（国际视野下的中国对外开放）
ISBN 978 - 7 - 5454 - 6708 - 6

Ⅰ. ①香… Ⅱ. ①王… Ⅲ. ①区域经济 - 转型经济 - 研究 - 香港②区域经济 - 经济合作 - 研究 - 中国 Ⅳ. ①F127

中国版本图书馆 CIP 数据核字（2019）第 073573 号

出 版 人：李 鹏
责任编辑：周 晶
责任技编：许伟斌

香港经济转型与两地经济合作
Xianggang Jingji Zhuanxing Yu Liangdi Jingji Hezuo

出版发行	广东经济出版社（广州市环市东路水荫路 11 号 11 ~ 12 楼）
经销	全国新华书店
印刷	广东鹏腾宇文化创新有限公司 （广东省珠海市高新区科技九路 88 号七号厂房）
开本	787 毫米 × 1092 毫米 1/16
印张	18. 5
字数	300 000 字
版次	2019 年 4 月第 1 版
印次	2019 年 4 月第 1 次
书号	ISBN 978 - 7 - 5454 - 6708 - 6
定价	58. 00 元

如发现印装质量问题，影响阅读，请与承印厂联系调换。
发行部地址：广州市环市东路水荫路 11 号 11 楼
电话：（020）37601950 邮政编码：510075
邮购地址：广州市环市东路水荫路 11 号 11 楼
电话：（020）37601980 营销网址：**http://www.gebook.com**
广东经济出版社新浪官方微博：**http://e.weibo.com/gebook**
广东经济出版社常年法律顾问：胡志海律师

目录
Contents

第一编

香港经济转型的历程、特点及动因

第一章　第一次转型：从转口港到工业化

如果我们在中国地图上，沿着漫长的海岸线一路向南，在南海之滨、珠江口以西可看到一个小圆点，那是一块土地面积仅占全国万分之一、恰似大文豪东坡先生所描绘的“乱石穿空，惊涛拍岸，卷起千堆雪”的贫瘠土地。香港经济正是在这样一个特殊的地方、在特殊的历史条件下、以特殊的方式发展起来的，有着特殊的发展历程。了解和把握这些历程，有助于我们认识香港经济的全貌、面对的挑战和未来的前景。

从古代直至清朝中叶，香港本地经济主要依靠农业、渔业等第一产业；在有限的天然资源下，仅能做到一定程度的自给自足，是规模细小的自然经济体。这种情况在鸦片战争后英国在香港建立殖民统治之后发生了质变，因此，观察香港的经济史，一般要从开埠开始。

值得注意的是，认识香港开埠以来的经济发展历程，往往需要从经济转型入手。虽然香港发展自由贸易港已有178年历史，但香港经济的真正崛起，有赖于成功推动工业化。“二战”后香港只用了不到20年时间，就从一个单纯的转口港迅速转变为现代化的工业城市，取得了令人赞叹的经济成就。这是开埠以来香港经济的第一次转型，也被誉为香港登上世界经济舞台后的第一个经济奇迹。

一、转口港的崛起

历史翻到1840年，第一次鸦片战争爆发，贫穷落后的中国难逃挨打的命运。第二年英国强占香港，立即宣布香港为自由贸易港，实行贸易自由、企业经营自由和人员进出自由等政策，利用维多利亚港这一全球不多见的天然良港优势和逐步建立起的国际贸易网络，抢占中国乃至亚洲的庞大市场，期望从转口贸易和航运中获取收入。此时，恰好《南京条约》废弃了清政府在对外贸易方面实行多年的公行制度，十三公行的垄断地位被打破，从而为香港与华南地区乃至整个中国开展自由贸易扫清了制度障碍。

香港被赋予自由港的新角色后，以洋行为首的英资财团率先进驻香港，欧美洋行也陆续改在香港设立总部或分行，以香港为基地开展各类形式的对外贸易活动，大发其财。以怡和洋行为例，早在1832年，从东印度公司离职的威廉·渣甸（William Jardine）就在广州创办了渣甸洋行（即怡和洋行的前身），这是当时广州十三行之龙头怡和行的合作伙伴。1841年香港开埠后，渣甸洋行投得香港历史上第一块拍卖的土地，翌年正式将总部搬迁到香港，并将中文名更名为“怡和洋行”，转行做各种贸易生意，19世纪后半叶还涉足铁路、银行和机械等业务。

自由港政策的出笼，为刚刚开埠的香港吸引全球生产要素提供了强大动力。此后世界各地的货物、资金和人才也开始聚集到香港，本地转口贸易突飞猛进，香港先是取代广州成为华南的货物配送中心，其后又提升为中国的沿海贸易中心。

与此同时，与转口贸易相配套的航运业（货运、港口、码头、船务、代理、货仓）、金融业（银行、保险、租赁）以及邮电、通信和法律等行业也应运而生，形成了以转口贸易为中心、其他相关行业配合支持的特殊经济结构。萌芽于20世纪30年代的加工业也略见起色，但在整体经济中所占比重甚小；金融业主要由汇丰、渣打等英资大银行支撑，但也仅局限于为转口贸易和本地居民生活服务的商业银行存贷款及保险业务。

分阶段看，从1841年到1897年英国向中国强借新界的56年，是香港转口港的形成期，从1898年到1950年朝鲜战争爆发前的52年，是转口港的发展期，前后共历时一个世纪又十年。[①]虽然在1941年12月日本占领香港后的3年8个月时间里，转口贸易几乎全部停摆，为数不多的加工制造业也出现萎缩，香港差不多变成死港。但在1945年日本宣布投降以后，香港对外贸易很

①参见杨奇主编的《香港概论》，三联书店，1993。乌兰木伦主编的《迈向21世纪的香港经济》，三联书店，1997。

快重回正轨，在数年时间内就迅速恢复了转口港地位，外贸总额超过战前的最高水平。

香港经济之所以能恢复元气，主要得益于香港与内地贸易的快速发展，其背后是中英两国政府之间的良性互动。中华人民共和国成立后，中国政府从战略全局和长远发展考虑，没有马上收回香港，而是对香港采取“长期打算、充分利用”的方针；一向奉行“没有永远的朋友、只有永远的利益”这一理念的英国，为了保住对中国香港的统治及维护在香港的利益，在西方国家中率先承认中华人民共和国。这种务实的外交行动，使香港立即成为内地对外贸易的主通道，两地贸易总额从1947年的6.5亿港元猛增到1951年的26.7亿港元，4年间劲升3.1倍，带动香港转口贸易迅速恢复，香港外贸总额从1947年的27.7亿港元劲增至1951年的93亿港元，4年间猛增2.4倍，年均增幅高达35.4%。

二、向工业化转型

然而，好景不长。1950年朝鲜战争爆发，中国发起抗美援朝运动，以美国为首的西方国家对中国进行禁运和封锁，香港转口贸易再次遭受重创，外贸总额从1951年的93亿港元锐减至1954年的58.5亿港元，3年间大幅减少37%，其中与内地贸易额大跌56%，尤其是香港对内地出口大减逾3/4。此后10年两地贸易一直在低水平徘徊，直到20世纪60年代中期才恢复到朝鲜战争之前的规模。香港本地产品对内地的出口更是一路下滑，至1970年只剩下3000万港元，真是惨不忍睹；其后随着中美关系的解冻，香港本地产品对内地的出口慢慢回升，直至1980年才回到1951年的水平。

受外贸大幅滑落的影响，20世纪50年代香港与转口贸易有关的航运、港口、仓储、金融、保险等行业也相继陷入困境，商贸企业纷纷倒闭，香港再也无法依赖转口港支持经济活动和正常生活，甚至一度被称为“消失中的城市”。这是香港自开埠以来遭遇到的最严重的困难，迫使本地企业家调整方向，找寻新的出路，那就是转向工业化，大力发展本地加工制造业，减少对单纯转口贸易的依赖。

幸运的是，当时香港经济虽然面临百年一遇的重大挑战，但从转口港向工业化转型，也存在不少优势和条件，可谓万事皆备，只待行动。最突出的有利条件有如下两个：

一是良好的外部市场条件。“二战”后世界经济结构发生了很大变化，西方发达国家的工业结构从劳动密集型产业向资本密集型产业和技术密集型产业转型，劳动密集型制造业大量向外转移，为劳工成本较低廉的香港产品提供了广阔的市场。那时，除了以英国为首的英联邦国家作为香港制造产品的重要出口市场外，市场规模独一无二的美国也在1953年允许香港产品输入，此后逐渐发展成为香港最大的出口市场。

二是齐备的内部要素条件。当时迁离内地的人士许多是来自上海和广州等地的工业家，他们带来了大量资金、设备、技术和人才。据估计，1946—1950年，内地以商品、黄金、有价证券和外币等形式流入香港的资金不少于5亿美元，加上东南亚华侨资金以及其他外资也大量流入香港，不断涌入香港的难民亦为工业化提供了大量廉价的劳动力，这些都对香港工业发展提供了良好条件。

由于工业化所必需的市场、资金、设备、技术和劳动力完全齐备且共置一炉，加上港英政府在政策上的积极推动和香港本地银行业在资金上的全力支持，香港从此迈开加工制造的发展步伐，真正进入工业化创业时期。

三、工业化的成效

香港工业化过程的主要特点，是以轻工业为主、由小型工厂主导、出口导向以及劳动密集，大力发展纺织、成衣、金属制品、塑料、化工、船舶制造、饮料、香烟等劳动密集型产业，积极开拓欧美发达国家市场。这些特征适应了香港当时土地狭小、资本匮乏、人力资源充沛的客观条件。由于香港走上出口导向工业化发展的道路比台湾早了六七年，比韩国和新加坡早了整整10年，故20世纪50年代香港产品在国际市场上鲜有竞争对手，从而带动本地工业迅速崛起，制造业工厂从1947年的不足1000家，激增至1960年的超过5000家，雇用人数从4.7万人猛增至22.4万人。1960年在香港的全部出口中，本地产品出口比重上升至七成左右，完全取代了转口贸易的地位。

进入20世纪60年代以后，香港工业和贸易活动更加蓬勃发展。当时日本等发达国家经济发展较快，市场空间不断扩大，加上受东南亚政局动荡不安以及内地发生“文革”等影响，西方资本和华侨资金大量流入政局相对稳定的香港，为工业加快扩张创造了更好的环境。到1970年，香港工厂数比1951年增加7.7倍，工人数增加5.4倍，香港本地工业产品出口占总出口的八成以上，是世界首屈一指的轻工业生产基地。从工业产品看，香港在多种轻工业产品的出口量及出口值上都在世界前列，20世纪60年代，在发展中国家或地区出口到11个主要发达国家的26种劳动密集的产品中，香港有14种产品在出口产值上取得第一，当中包括衣服、鞋、珠宝、家具、钟表等。这标志着香港已从单纯的转口港转变为工业化城市，彻底改变了过去100年以转口贸易为主的历史。香港以它的自由经济策略，创造了其独特的亚洲经济发展经验，亦由此获得“亚洲四小龙”的美誉。

香港工业化的成功，带动整体经济加快成长。1952—1970年，香港贸易总值从66.8亿港元劲升至328.5亿港元，增加了近4倍，年均递增约一成；其中整体出口从29亿港元猛增至152.4亿港元，劲增4.3倍，平均每年增长10.2%，略快于全部贸易升幅（详见表1）。而在整个20世纪60年代，香港整体出口劲升2.9倍，年均增速高达14.5%，对比50年代大大加快，带动香港本地生产总值平均每年递增10%左右，远高于其他国家和地区同期的增长水平，使香港成为“亚洲四小龙”之首。到1970年，制造业提供53.9亿港元的增加值，占GDP比重达到31.2%，是香港经济中规模最大的行业，远高于排第二位的批发零售、贸易和酒店业（占24.8%）。

表1　1952—1970年香港外贸及GDP数字　　单位：亿港元

年份	贸易总额	整体出口	进口	名义GDP
1952	66.8	29.0	37.8	—
1955	62.5	25.3	37.2	—
1960	98.0	39.4	58.6	74.3＊
1965	155.0	65.3	89.7	139.1
1970	328.5	152.4	176.1	230.2
1970为1952的倍数	4.92	5.26	4.66	—
1970为1960的倍数	3.35	3.87	3.00	3.10＊

数据来源：香港特区政府统计处。

＊：为1961年的数字。

香港工业化的成功，是本地企业家不失时机、灵活应变的结果，也是香港市民克服困难、开拓进取精神的体现。20世纪50年代初因为战乱，香港在能源、原料和运输供应等配套方面很不完善，工业发展之路布满荆棘。香港已故实业家、担任过全国政协副主席的安子介先生曾这样描述他1950年在九龙青山道创办华南染厂时的情形，那时香港经常断水，而染厂恰好需要大量用水，他们只好跑到山上去泵水。可以想象，即使环境如此恶劣，早期的企业家也会尝试一切方法去克服，这正好体现了香港人开拓进取和敬业的精神。由于当时有一首叫《塞拉利昂下》的名曲正好反映了这一时代风貌，因此这种精神也被称为“塞拉利昂精神”。

正是这种灵活应变的思维和顽强拼搏的斗志，带动香港成功实现工业化这一具有划时代意义的转型，使香港经济不断发展并提升到一个新的水平，为未来进一步实现向服务经济转型以及建立金融、贸易、航运等多功能的国际中心地位奠定了良好基础。

第二章　第二次转型：从工业化到服务业

上一章提到香港在1952—1970年努力推动工业化，把一个单纯的转口港成功转型为工业化城市，彻底改变了过去100年以转口贸易为主业的历史，为发展中经济体透过快速工业化实现经济崛起树立了典范，也为香港进一步转向以服务业为主导的经济结构打下了根基。

从20世纪70年代开始到90年代上半期，香港从工业化转向服务型经济。这是香港经济的第二次转型，期间又经历了经济多元化和高度服务业两个阶段，前者是服务型经济的定型阶段，后者是服务型经济的提升阶段，香港完成这一次深度转型，前后共用了逾20年时间，直到回归祖国前夕。

一、迈向服务型经济

具体来看，1971—1981年是香港经济迈向多元化发展的阶段。从20世纪60年代起，中国台湾、韩国、新加坡等“三小龙”陆续采用外向型经济发展战略，大力发展劳动密集型工业，使这一领域出现了很多同类竞争对手。到70年代初，中国台湾、韩国等地的出口额先后赶上中国香港，加上欧美发达国家奉行贸易保护主义，最重要的港产成衣出口到欧美地区要受到配额限制，中国香港从此失去了在加工贸易方面的领先地位。

更大的冲击是1973年爆发的石油危机，中国香港出口市场迅速萎缩，工厂开工不足，中小型企业纷纷倒闭；股市更是一泻千里，股票价格从1973年高峰期的1774.96点，直线降落至1974年最低点的150.11点，共跌去九成多，1974年股票总成交额也比1973年减少3/4以上；金融业和房地产业也是一片惨淡。这是中国香港经济自20世纪50年代初以来遭遇的第二次严重危机。同时受石油危机冲击的新兴工业国家和地区很多，它们有的放弃外向型经济战略，实行进口替代策略以求自保，有的陷入经济衰落的深渊，从此一蹶不振。以香港为代表的“亚洲四小龙”及时采取应变策略，最终都渡过了难关。

香港的应变策略是推行经济多元化，再次调整经济结构，拓宽经济新领域。主要措施是推行三个多元化：一是推行工业多元化，以生产高附加值的商品对付欧美各国的市场保护措施；二是推行市场多元化，以应对中国台湾、韩国、新加坡等同类竞争对手的挑战；三是推行经济结构多元化，发展服务型和内需型产业，以建立牢固的经济基础。这一应变策略使香港的金融业、房地产业和旅游业等行业得到迅速发展。

自20世纪70年代末始，在中国改革开放政策的推动下，香港金融、房地产、贸易、旅游发展更为迅猛，加上1977—1981年，逾50万内地人迁往香港，提供了大批廉价的劳动力，从而加强了香港商品和服务在国际市场上的竞争力。这些都非常有利于经济多元化策略的成功，香港经济的表现再次超越中国台湾和韩国，初步发展成为地区性的国际金融、贸易和旅游中心。

1970—1981年，香港服务业创造的增加值占GDP比重从1970年的约六成提高到1981年的67.4%左右，成为香港经济发展的主要动力，建立了服务型经济的基础。由此可见，经济多元化主要是向服务型经济转型。其中金融、保险、地产和商用服务业是香港发展最快的行业，其创造的名义附加值猛增13.5倍，增速是整体经济的2倍，占本地生产总值比重从1970年的14.9%大幅增加到1981年的23.8%，共提升约9个百分点，且是香港有GDP统计以来首次超过工业，因此金融、保险、地产和商用服务业一跃成为香港最大的经济支柱。制造业也继续得到发展，但在GDP中的占比从1970年的30.9%降至1981年的22.8%，大幅下降8.1个百分点（详见表2）。其间由加工制造业带动的香港外贸总额增加6倍，年均递增19.3%，增速甚至超过工业化阶段；GDP年均增长9.6%，保持了高速增长势头。

其他“三小龙”则采取不同应变策略，它们集中发展资本密集型产业，汽车、石油化工、电子、冶金等行业得到迅速发展并成为经济支柱。香港在致力于金融、房地产和旅游业发展并逐渐建立多功能区域中心地位的同时，错过了发展资本密集型产业的好时机。

表2 1970—1981年香港主要经济指标

年份	名义GDP/亿港元	金融、保险、地产和商用服务业占比/%	制造业占比/%	外贸总额/亿港元	整体出口/亿港元
1970	231	14.9	30.9	328	152
1971	267	17.5	28.1	374	172
1972	322	20.5	26.9	412	194
1973	413	19.2	26.5	550	260
1974	172	17.6	25.8	642	300
1975	496	17.0	26.9	633	298
1976	632	17.9	28.3	849	416
1977	733	19.6	27.2	935	448
1978	858	20.7	26.9	1170	539
1979	1127	21.4	27.6	1618	759
1980	1436	22.8	23.8	2099	982
1981	1736	23.8	22.8	2605	1222
1981比1970增长/%	651.5	8.9	−8.1	694.2	703.9

数据来源：香港特区政府统计处。

二、转向高度服务化

正当香港成功实现经济多元化发展并建立服务型经济结构之时，20世纪80年代初，世界经济开始出现衰退。欧美主要工业国纷纷采取严厉的贸易保护措施，国际市场竞争更加激烈，香港出口困难不断加大，加上部分香港人对香港的前途信心不足，一度影响企业的投资意欲，固定资本投资增长率从1980年的19.7%降到1982年的1.7%，1983年更大跌8.5%，导致房地产市道低迷，金融业也承受着很大压力，香港经济面临战后第三次危机。

1984年《中英联合声明》公布后，香港当时被大肆渲染的所谓前途信心问题顿时烟消云散。在内地推进城市改革和沿海、沿江、沿边扩大对外开放政策的推动下，香港与内地经济联系发展到一个新阶段，建立了“前店后厂”的合作新模式。其主要标志如下：

一是港商大量投资内地。截至1994年底，共投入630亿美元，占中国实际外商投资额的六成以上；与此同时，香港有80%以上的制造业转移到内地，仅在珠江三角洲一带就设立了数万个工厂，雇用了300万名工人，是香港本地制造业人数的8倍。香港本地主要从事接单、设计、进出口、物流、管理等业务，并提供金融和专业服务。

二是在“前店后厂”模式的带动下，香港与内地贸易高速发展。1994年与1984年相比，两地贸易额从951亿港元增至8549亿港元，年均增长24.6%，两地贸易额占香港贸易总额的比重，由1984年的21.4%大幅提高到1994年的35.3%，我国内地超过美国和日本，成为香港最大的贸易伙伴。

三是香港充当内地“引进来”的窗口，为内地引进人才、管理、信息、技术，推动内地经济迅速崛起，香港也因此而获益，“中国因素”成为推动香港经济发展最主要的外部因素。

在内地坚持改革开放政策以及与内地经济联系进一步加强的有利形势下，香港人齐心协力开创了新局面，服务型经济更见成熟，并进一步走向高度服务化和国际化。各主要行业提供的国际性服务愈来愈多，国际资本对香港越来越重视，欧美日等国的跨国公司进入香港的数量与日俱增，甚至连原先撤离的英国财团也卷土重来，同时，香港本地企业更是大量投资海外。这些都使香港服务业得到全面快速成长，商贸物流业、金融业、房地产业、旅游业发展到更高的水平。

（1）香港外贸总值从1981年的2099亿港元进一步增加到1994年的24207亿港元（详见表3），猛增10.5倍，平均每年增加超过两成，增速更超过上个阶段年均增长19.3%的水平。

（2）转口贸易大幅回升，占出口总值的比重在1981年为30.6%，1988年再度超过港产品出口，占出口总值的比重急升至55.9%；到1994年更上升到81.0%，共提升50.4个百分点。虽然转口贸易占比回到20世纪50年代初的水平，但贸易规模扩大逾百倍，且以香港加工制造产品为主，简直不可同日而语。

（3）服务业增加值占GDP的比重由1981年的67.4%上升至1994年的83.0%，居世界主要国家和地区首位，香港经济呈现高度服务化；制造业增加值占比则由22.8%急降至9.2%，这是香港工业化以来第一次降至单位数。

（4）名义GDP从1981年的1736亿港元，增加到1994年的10496亿港元，平均每年劲增14.8%；实质GDP平均每年增长6.3%，虽比前20年有所放缓，但仍比欧美国家要快得多。

表3　1981—1994年香港主要经济指标

年份	外贸总值/亿港元	转口占出口总值比重/%	服务业增加值占GDP比重/%	制造业增加值占GDP比重/%	名义GDP/亿港元
1981	2605	34.2	67.4	22.8	1736
1982	2703	34.8	69.3	20.7	1960
1983	3361	35.0	67.7	22.8	2173
1984	4448	37.7	67.5	24.1	2620
1985	4666	44.8	69.7	21.9	2781
1986	5525	44.3	69.3	22.3	3205
1987	7560	48.3	70.3	21.7	3948
1988	9919	55.9	72.2	20.1	4661
1989	11333	60.7	73.8	18.3	5366
1990	12824	64.7	74.4	17.6	5993
1991	15449	69.8	76.7	15.4	6913
1992	18802	74.7	78.9	13.6	8071
1993	21188	78.7	81.3	11.2	9310
1994	24207	81.0	83.0	9.2	10496
平均增长或提升/%	18.7	46.8	15.6	–13.6	14.8

数据来源：香港特区政府统计处。

至此，香港形成了以金融、贸易、航运、旅游和专业服务等多功能服务中心为主体的现代服务体系，香港经济的第二次转型，即从工业化转向服务型经济已经完成。由于高端服务业带来更多的附加值，使香港这一仅占全国面积万分之一的地区，在20世纪90年代初创造出相当于全国1/3的经济总量，香港经济到达最辉煌、最引以自傲的顶峰。

第三章 第三次转型：迈向创新型经济

香港经济在20世纪90年代走向高度服务化之后，按照世界产业的发展规律，理应强化创新驱动，进一步向创新型经济转型。适逢香港回归祖国，两地经济关系更加密切，大大拓展了香港与内地深化经贸合作的空间，加上全球贸易和投资加快发展，香港的现代服务优势得到充分发挥，服务业在整体经济中的占比又进一步得到提升，使香港经济进一步走向全面服务化，并提升到一个新的水平。但由于香港内部存在诸多障碍，迈向创新型经济始终步履艰难，虽然香港特区政府也花了不少力气加以推进，然而迄今为止，香港第三次经济转型仍是一项未完成的工作。

一、迈向全面服务化

如上一章所述，20世纪八九十年代香港经济走向高度服务化阶段，服务业增加值占GDP比重由1981年的67.4%急升至1994年的83.0%，平均每年提升1.2个百分点，提升速度比1970—1981年还要快出1倍有余。此后几年仍保持这一趋势，据香港特区政府统计，1997年服务业创造的增加值占GDP比重为85.9%，比1994年的83.0%提升约3个百分点，差不多每年提升1个百分点。至2004年，服务业增加值占GDP比重首次超过九成，达到90.5%，表明香港经济已彻底走向全面服务化。2011年服务业增加值占GDP比重升至93.1%的历史新高，此后虽略有回调，但到2016年仍高达92.2%，回归以来共提高了6.3个百分点（详见表4）。

香港服务业增加值占比如此之高，在发达经济体中似乎是绝无仅有的，可算是香港经济的又一大奇迹。客观地说，这是香港这一全球最自由开放的经济体系与最具发展潜力及互补优势的内地经济深度合作的结果，也是40年来香港经济的最大特色所在。

表4　1997—2016年香港各产业占GDP比重　　单位：%

年份	渔农业	制造业	水电煤气业	建造业	服务业
1997	0.1	6.0	2.4	5.5	85.9
2000	0.1	4.8	2.9	4.9	87.3
2005	0.1	2.9	3.0	2.8	91.3
2010	0.1	1.8	2.0	3.3	93.0
2013	0.1	1.4	1.7	4.0	92.9
2016	0.1	1.1	1.4	5.2	92.2

数据来源：香港特区政府统计处。

香港经济全面服务化的另一面，是制造业的全面萎缩。制造业创造的增加值从1997年的776亿港元，减少到2003年CEPA（即《关于建立更紧密经贸关系的安排》）签订时的不足400亿港元，其后仍是一路下跌，到2016年再减至269亿港元，近20年间大幅收缩了65%；占GDP比重从1997年的6.0%，下降至2016年的1.1%。从就业情况看，1994年虽然香港经济已经高度服务化，但制造业仍提供约56万个就业岗位，占全部就业岗位的接近两成；到1997年第四季度，制造业就业人数仍有43.7万人，占全部就业人数的13.4%；然而，经过20年的不断收缩，到2018年第一季度，制造业就业人数只剩下10.5万人，占香港全部就业人数的2.7%。可以说，在香港经济转型过程中，曾经作为实体经济最重要支柱的制造业，无疑是最“受伤”的行业，且正在步渔农业之后尘，到了基本消失、可以忽略不计的地步。

与此同时，水电煤气业在GDP中的占比，先从1997年的2.4%提升至2005年的3.0%，其后则是一路下滑，至2010年已降至2.0%，2016年再跌至1.4%，主要是因为香港经济结构走向全面服务化后，水电煤气业的市场需求量并没有太大增长，而且价格受到政府的严格管制，不能靠随意调价来增加名义附加值去提升其在GDP中的比重。

建造业占比则保持在5.0%左右，2005年前后曾跌至不足3.0%，主要是1998—2003年香港房地产业出现全面衰退，公营和私营部门的楼宇及建造活动大幅萎缩，基建开支也停滞不前。其后由政府强力推动的港珠澳大桥、广深港高铁、地铁沙中线等十大基建工程陆续上马，加上房屋建造量有所回升，从而带动建造业恢复较快增长，其在GDP中的占比又恢复到5%以上，成为香港除服务业之外最大的行业。

二、服务结构的变迁

值得注意的是，20年来香港经济不但进一步迈向全面服务化，服务业内部结构也出现了新的变迁。具体来看：

1. 服务业向金融业、旅游业、贸易及物流业、专业服务及其他工商业支持服务业等四大行业集中

由于香港经济已经完全服务化，这四大行业也是香港的支柱产业，它们在21世纪初创造的增加值（以当时价格计算，下同）为6337亿港元（详见表5），占以基本价格计算的GDP比重尚不足五成，但到了2016年，四大行业增加值上升至13675亿港元，平均每年增长5.2%，快于GDP年均4.0%的增速，在GDP中的占比提升至56.6%，真正成为香港经济的重心；占全部服务业的比重则高达61.4%，因此其理所当然是香港服务业的主体。其间又可分为两个阶段：

第一阶段是2001—2007年，为香港四大行业高速提升阶段。由于中国加入WTO和内地向香港开放自由行，带动香港四大行业攀上新的高峰，四大行业提供的增加值从2000年的6337亿港元猛增至2007年的9674亿港元，平均每年劲升6.2%，大大快于同期整体服务业年均4.1%和GDP年均3.3%的升幅，占GDP比重从49.4%迅速提升至60.3%，大幅提高超过10个百分点；对GDP增长的贡献率高达103.6%，即四大行业附加值增量超过GDP增量；对服务业增长的贡献率达到94.3%，毫无疑问是服务业增长的主要引擎，占服务业比重从58.8%劲升至67.6%，香港服务经济结构向四大行业集中的趋势至为明显。

第二阶段是2008—2016年，为香港四大行业平稳发展期。这四大行业创造的增加值从2007年的9674亿港元，进一步增至2016年的13675亿港元，平均每年增长3.9%，虽低于第一阶段的6.2%，但对服务业增长的贡献率仍达到54.1%，对GDP增长的贡献率也接近一半。不过，由于其平均增速低于整体服务业，也低于期内GDP平均增长4.7%，占GDP比重从2007年高峰期的60.3%降至2016年的56.6%。

表5　香港四大服务行业增加值及其占GDP比重

年份	增加值/亿港元					占GDP比重/%				
	金融业	旅游业	贸易及物流业	专业服务及其他工商业支持服务业	四大行业合计	金融业	旅游业	贸易及物流业	专业服务及其他工商业支持服务业	四大行业合计
2000	1642	310	3028	1358	6337	12.8	2.4	23.6	10.6	49.4
2001	1536	295	3059	1376	6266	12.1	2.3	24.1	10.8	49.3
2002	1541	358	3113	1336	6348	12.3	2.9	24.9	10.7	50.8
2003	1633	289	3222	1308	6453	13.3	2.4	26.3	10.7	52.6
2004	1683	387	3544	1396	7010	13.1	3.0	27.6	10.9	54.5
2005	1897	445	3930	1498	7771	13.8	3.2	28.5	10.9	56.4
2006	2460	474	3994	1589	8517	16.7	3.2	27.1	10.8	57.8
2007	3226	540	4089	1818	9674	20.1	3.4	25.5	11.3	60.3
2008	2771	447	4147	1976	9341	17.1	2.8	25.6	12.2	57.7
2009	2559	510	3778	2015	8862	16.2	3.2	23.9	12.7	56.0
2010	2838	746	4396	2161	10141	16.3	4.3	25.3	12.4	58.4
2011	3053	862	4854	2359	11128	16.1	4.5	25.5	12.4	58.5
2012	3193	946	4954	2576	11668	15.9	4.7	24.6	12.8	58.0
2013	3462	1059	5005	2602	12128	16.5	5.0	23.9	12.4	57.8
2014	3680	1125	5157	2732	12693	16.7	5.1	23.4	12.4	57.5
2015	4099	1164	5174	2872	13309	17.6	5.0	22.3	12.3	57.2
2016	4291	1124	5231	3029	13675	17.7	4.7	21.6	12.5	56.6
2016年比2000年增长/%	161.3	262.6	72.8	123.0	115.8	4.9	2.3	–2.0	1.9	7.2
年均增长/%	6.2	8.4	3.5	5.1	5.2	—	—	—	—	—

数据来源：香港特区政府统计处。

尽管如此，2000—2016年这四大行业占GDP比重仍大幅提升7.2个百分点，而同期整体服务业在GDP中的占比仅提升4.9个百分点；四大行业对GDP增长的贡献率高达64.7%，对服务业增长的贡献率更达到2/3。与此同时，四大行业提供的就业岗位从2000年的140.8万个，增加到2016年的177.5万个，共增加36.7万个新就业岗位，占全部新增就业岗位的63.7%。这说明香港经济全面服务化主要是由四大行业带动的，经济结构向四大行业聚集的总趋势没有改变。

2. 金融业和旅游业是服务业向四大行业集中的主要动力

在四大行业中，金融业是GDP占比提升幅度最大的行业，2000—2016年一共提升4.9个百分点，占四大行业GDP占比提升幅度的2/3强。换句话说，香港服务结构向四大行业集中主要是由金融业带动的。旅游业则是四大行业中增长最快的行业，创造的增加值猛增2.6倍，年均升幅高达8.4%，大大快于四大行业年均增长5.2%和GDP年均上升4.0%的速度，占GDP比重从2.4%大幅提升至4.7%，即差不多提升了1倍。综合计算，金融业和旅游业两大行业在GDP中的占比共提升了7.2个百分点，刚好等于四大行业GDP占比的提升幅度。

贸易及物流业一直是GDP占比最大的支柱产业，但也是GDP占比唯一倒退的行业。虽然在2005年曾经攀上28.5%的高峰，几乎是金融业GDP占比的2倍，提供的就业岗位多达83.62万个，占香港总就业岗位接近1/4，但彩虹过后回归平静，其后GDP占比逐年下降，到2016年降至21.6%，比高峰期大幅下跌约7个百分点，比21世纪初减少2个百分点；提供的就业岗位也降至73.7万个，比高峰期减少约10万个，比21世纪初减少2.8万个，也是四大行业中就业岗位唯一减少的行业。

专业服务及其他工商业支持服务业GDP占比则一直维持稳定上升趋势，到2016年升至12.5%，共提升1.9个百分点，正好弥补贸易及物流业GDP占比的跌幅；就业人数从35.9万人劲增至53.2万人，一共增加17.3万人，超过金融业（增加8.4万人）和旅游业（增加14.5万人），为四大行业之最，占四大行业新增就业人数的近一半。

3. 房地产服务不进反退

外界认为房地产业对香港经济、政治和社会的影响超过任何行业，主要是从惊人的财富效应角度讲的。但若从实体经济的角度看，则刚好相反。

房地产业主要包括楼宇建造和房地产服务，前者属于物质生产形态的房地产建筑，后者则是与房地产开发、销售和使用相关的各种服务，在香港特区政府统计处公布的经济活动按年统计调查中，主要表现为地产①和楼宇业权②两个项目。房地产服务是香港本地生活服务中极为重要的行业，与市民消费息息相关，然而从表6中可以看到，虽然20年来香港楼价大幅飙升，但房地产服务创造的增加值并没有相应增加，如2016年地产项目按当时价格计算的增加值仅为1231亿港元，尚不如1997年按当时价格计算的1232亿港元，若按环比物量（即不变价格）计算，无疑是大幅倒退；占GDP比重在1994年高达11.1%，到2003年急降至4.0%，其后虽略有回升，但到2016年也只占5.1%，

表6　香港房地产服务增加值及其占GDP比重变动趋势

年份	房地产服务增加值/亿港元			占GDP比重/%		
	地产	楼宇业权	合计	地产	楼宇业权	合计
1994	1098	1040	2138	11.1	10.5	21.6
1997	1232	1513	2745	9.6	11.7	21.3
2000	644	1391	2035	5.0	10.8	15.8
2003	489	1315	1804	4.0	10.7	14.7
2006	635	1520	2155	4.3	10.3	14.6
2009	869	1827	2696	5.5	11.5	17.0
2012	1169	2080	3249	5.8	10.3	16.1
2016	1231	2586	3817	5.1	10.7	15.8
2016年对比1997年	–1	1073	1072	–4.5	–1.0	–5.5

数据来源：香港特区政府统计处。

①地产项目指地产发展商、地产租赁、经纪及保养管理服务公司提供的服务，以及与地产及建造活动相关的建筑、测量及工程服务。其中地产发展商所提供的服务主要是进行地产开发，包括安排承建商、建筑师、设计师等兴建住宅和非住宅楼宇及为建造工程提供资金。

②楼宇业权指的是房屋消费服务，即楼宇业主以个人身份向租客提供的租赁服务以及住宅自住业主假定向本身提供的租赁服务。按联合国SNA（国民经济账户体系）统计标准，这些物业的计算租金会加入国民收入内计算，以反映所提供的服务价值。

比高峰期跌去一半有多。以当年价格计算房屋消费服务增加值，虽然以房屋总存量计仍是一路上升，但由于新增房屋数量大幅减少，导致房屋消费服务增长缓慢，2016年占GDP比重仍比1997年低1个百分点。综合来看，包含涨价因素在内的房地产服务增加值占GDP比重，从1997年的21.3%降至2016年的15.8%，下跌了5.5个百分点。若以环比物量计算，跌幅更要大得多，其中2000—2016年以环比物量计算的房地产服务在GDP中所占比重，就从22.4%降至15.1%，若与1997年相比，跌幅更超过10个百分点，严重拖累香港经济增长。

4. 公共行政、社会及个人服务异军突起

上面提到，21世纪以来四大行业贡献了服务业增长的2/3，另有1/3是包括信息及通信，地产及楼宇业权以及公共行政、社会及个人服务①等其他服务行业的贡献。其中，公共行政、社会及个人服务在香港经济中是不可或缺的组成部分，虽然其在20世纪70年代初只占GDP的15%左右，但自21世纪以来却是异军突起，在整体经济中的占比不断扩大，2001—2003年曾占到20%以上，到2016年仍占到18.1%，甚至超过金融业的占比（17.7%）；创造的增加值为4366亿港元，21世纪以来对名义GDP增长的贡献率为17.0%，与四大行业相比排在中间位置，虽不如金融业的23.3%和贸易及物流业的19.4%，但大大超过旅游业的7.2%和专业服务及其他工商业支持服务业的14.7%。

从就业看，2018年第一季度公共行政、社会及个人服务一共提供105.9万个就业岗位，居各行业之首，比香港金融、贸易和航运等三大中心提供的全部就业岗位还要多。与1997年第一季度相比，公共行政、社会及个人服务的就业人数更大幅增加40.5万人，占全部就业人数比重高达27.3%，比1997年第一季度提升6.1个百分点，说明20多年来社会及个人服务需求不断增加，使之成为不可忽视的重要行业。无论是从生产活动看，还是从劳动就业的贡献看，公共行政、社会及个人服务已成为可与四大行业并驾齐驱的服务行业。

---

①包括公共行政、教育、人类保健及社会工作活动、艺术、娱乐及康乐活动、宗教及政治组织、各种个人及家庭用品修理与其他家庭及个人服务。

5. 六大新兴产业蓄势待发

近10年来，在四大行业GDP占比于2007年到达逾六成高峰后开始回调的同时，由香港特区政府倡导发展的文化及创意、医疗、教育、创新及科技、检测及论证和环保等六大新兴产业得到加快发展，其创造的增加值从2008年的1199.0亿港元增加至2016年的2146.5亿港元（详见表7），年均增长8.7%，大大高于同期四大行业5.6%的增速；占GDP比重从7.4%提升至8.7%，共提高1.3个百分点；对香港经济增长的贡献率达到11.9%，超过同期旅游业的贡献率（8.5%）。由于六大新兴产业是知识经济的主要载体，这些行业的加快发展，说明香港向知识型经济转型已开始起步，虽然前路艰难，仍需加快突破，但千里之行，始于足下，好的起步可带来成功的希望。

在六大新兴产业中，最重要的是文化及创意产业，其创造的增加值从2008年的632.8亿港元增加到2016年的1096.1亿港元，占六大新兴产业的一半强，年均增长8.2%；医疗、教育、创新及科技、检测及论证和环保等五个产业则分别增长9.8%、9.6%、7.5%、7.4%和10.5%，均超过同期四大行业的平均水平。从就业情况看，这六大新兴产业提供的就业岗位从2008年的38.8万个增加到2016年的48.1万个，共增加9.3万个，差不多相当于同期四大行业新增的就业岗位（9.7万个），占同期全社会新增就业岗位的1/3强。由此可见，六大新兴产业对就业增长的贡献大大高于对GDP增长的贡献，这也说明这些产业的生产力仍有待进一步提升。

表7　2008—2016年六大新兴产业增加值及其占GDP比重

产业	增加值/亿港元				GDP占比/%			
	2008年	2012年	2014年	2016年	2008年	2012年	2014年	2016年
文化及创意	632.8	978.4	1096.8	1096.1	3.9	4.9	5.0	4.5
医疗	218.5	294.6	362.0	420.9	1.3	1.5	1.6	1.7
教育	158.1	226.0	260.9	301.3	1.0	1.1	1.2	1.2
创新及科技	102.8	134.2	157.9	170.7	0.6	0.7	0.7	0.7
检测及论证	45.0	58.3	64.9	73.3	0.3	0.3	0.3	0.3
环保	41.8	67.5	78.0	84.2	0.3	0.3	0.4	0.3
合计	1199.0	1759.0	2020.5	2146.5	7.4	8.8	9.2	8.7

三、结构变化之影响

综合而言，近20年来香港经济从高度服务化进一步走向全面服务化，是与服务业内部的结构变迁同时发生的，而服务业的结构变迁是诸多服务行业共同作用的结果。其中，最重要的影响是金融中心的崛起，金融业在GDP中所占比重从1997年的11.0%，大幅提高到2016年的17.7%，前后共提升6.7个百分点，而同期整体服务业GDP占比也仅提高6.3个百分点。其次是贸易及物流、旅游等行业的发展，使香港建立了国际金融、贸易和航运中心的地位。与此同时，香港本地社会和个人服务也得到发展，为经济持续发展和提升生活水平打下了良好基础。

房地产业则是收缩幅度最大的领域，近20年来其在GDP中的占比下降超过10个百分点，这是房地产价格飙涨但实体生产活动停滞不前的结果，严重影响了市民生活水平，也大大提高了经济成本。这是香港经济走向全面服务化过程中的最大缺陷。

第四章　就业结构的变迁

香港自开埠以来的三次经济转型，带动就业结构出现巨大变迁。其中最重要的特征，是香港本地制造业就业人数从战后的不足5万人，猛增至20世纪80年代上半期的接近100万人，其后又出现百万制造业劳动大军向服务业的“乾坤大挪移”，到目前只剩下10万人左右。与此同时，服务业就业人数则大幅度增加，不但完全吸纳了从制造业转移出来的大量劳动力，而且提供了更多更好的就业岗位。本章对就业结构变化的分析，主要从80年代初香港百万制造业劳动大军向服务业转移开始。

一、制造业外移与就业结构变动

正如第二章所述，自20世纪80年代初开始，香港制造业开始向外转移，特别是转向珠三角一带，香港本地就业结构从此发生翻天覆地的变化。制造业的就业人数在1981年8～10月高达94.8万人（详见表8），占香港全部就业人数的39.4%，是吸纳就业人口最多的行业；到1984年第三季度，制造业的就业人数进一步升至96万人左右，但占全部香港就业人数的比重却下降至37.8%。此后，随着香港制造业外移速度的加快，就业人数及所占比重均不断下滑，1990年第四季度就业人数降至75.9万人，比1981年减少了18.9万人，平均每年减少2.1万人；在香港全部就业人数中的占比降至27.4%，大幅下降12个百分点，年均下跌1.3个百分点。

与此同时，大量制造业劳动人口转移到服务业，尤其是商贸服务业、金融业和运输服务业，据香港特区政府统计处的数字，批发零售、进出口贸易、饮食及酒店业是就业人数增加最快的行业，其就业人数在1981年约有

50.5万人，只有制造业就业人数的一半强，到1990年就增加到72.0万人，已十分接近制造业，共增加21.5万人，超过制造业减少的就业人数；运输、仓库及通信业的就业人数也从1981年的大约17.0万人，迅速增加到1990年的27.5万人，增加超过10万人，占全部就业人数的比重从7.1%上升到9.9%，成为香港的支柱产业之一。金融、保险、地产及商业服务业在1981年仅提供11.8万个就业岗位，到1990年增加到21.3万个，占全部就业岗位比重从4.9%提升至7.7%。

表8　香港各主要行业就业人数及所占比重　　单位：%

年份	制造业		批发零售、进出口贸易、饮食及酒店业		运输、仓库及通信业		金融、保险、地产及商业服务业	
	人数/万人	比重/%	人数/万人	比重/%	人数/万人	比重/%	人数/万人	比重/%
1981	94.8	39.4	50.5	21.0	17.0	7.1	11.8	4.9
1985	90.0	35.2	59.4	23.2	20.7	8.1	15.8	6.2
1990	75.9	27.4	72.0	25.9	27.5	9.9	21.3	7.7
1995	52.6	17.5	87.1	28.9	34.3	11.4	34.8	11.6
1997	43.7	13.4	98.5	30.3	35.4	10.9	42.6	13.1
1990比1981增减	-18.9	-12.0	21.5	4.9	10.5	2.8	9.5	2.8
1997比1981增减	-51.1	-26	48.0	9.3	18.4	3.8	30.8	8.2

数据来源：香港特区政府统计处。1981年为当年8～10月的数字，其他年份为当年第四季度的数字。

进入90年代，香港制造业外移不断加速，其提供的就业岗位也加快萎缩。1997年制造业就业人数只剩下43.7万人，比1990年大幅度减少32.2万人，平均每年减少4.6万个就业岗位，减速是80年代的3.5倍；占香港全部就业人数比重从27.4%急降至13.4%，年均下跌2个百分点。而在此期间，香港服务业提供的就业岗位则大幅增加，其中，批发零售、进出口贸易、饮食及酒店业提供的就业岗位高达98.5万个，比制造业多1倍以上，共增加26.5万个就业岗位，是增量最大的行业，占全部就业人数的比重从25.9%提升至超过三成，成为就业人数最多的行业。金融、保险、地产及商业服务业提供的就业岗位也急剧增加到42.6万个，比1990年猛增1倍，占全部就业人数的比重从7.7%提高到13.1%，差不多已赶上制造业。运输、仓库及通信业的就业人数也从27.5万人增加到35.4万人，增加约8万人，占全部就业人数的比重也提高到11%左右。

总体而言，在1981—1997年香港制造业外移阶段，香港制造业从最高峰时的近百万劳动大军，大幅减少51.1万人，在香港全部就业人数中的占比急降26个百分点，而批发零售、进出口贸易、饮食及酒店业，金融、保险、地产及商业服务业以及运输、仓库及通信业等三大服务行业共增加就业人数97.2万人，多于制造业减少的就业人数，不仅完全吸纳制造业转移出来的剩余劳动力，而且提供了更多新岗位，使回归前夕香港失业率低至2%，完全处于全民就业状态。

二、21世纪以来的变化趋势

香港回归开启了第三次经济转型的进程，加上21年来发生了多次金融危机，香港就业市场出现了许多新情况和新趋势。尤其是21世纪以来，香港新增就业人数持续大于人口增量，大量就业人员向四大支柱产业集中，经济增长的就业弹性则有所下降；但经济放缓并未影响就业稳定，反而劳动市场还出现轻微紧张的局面，这主要是受到通胀上升的影响和内需扩张的拉动，而两者都与高楼价密切相关。与此同时，香港就业结构出现两极化趋势，新增就业人士更多地进入高端和低端就业领域，M型就业结构加快形成；就业年龄结构急速老化，整体失业率下降与劳工收入增长缓慢同时并存，年轻人失业率持续偏高与教育素质不断提升形成强烈反差。香港劳动就业高度依赖于房地产并非健康现象，将来难以避免大起大落的风险；未来香港经济只有加快向知识经济转型，就业结构和素质才能得到改善。下面，我们重点考察2000年以后就业市场的变动情况。

1. 香港就业市场的总量变化

（1）就业人口总体特点及其变化。

21世纪以来，香港就业人口出现了一些与过去显著不同的新特点，集中表现在如下几个方面：

一是新增就业人数大于总人口增量。据香港特区政府统计处提供的数据，香港就业人数从2000年第一季度的316.9万人，劲增到2018年第一季度的387.2万人，共增加70.3万人①，而同期（1999年底至2017年底）香港总人口只增加64.8万人。按平均计算，就业人数每年增加3.7万人，高于总人口每年增加3.41万人，一方面是由于劳动人口从353.6万人增加到398.4万人，共增加44.8万人，这使得总人口中，实际参与劳动市场的比重大幅度提升，即从21世纪初的51.6%上升至2018年第一季度的54.2%，共提高2.6个百分点。究其原因，主要是就业市场持续扩大带来更多的就业机会，加上劳工收入增长缓慢，香港家庭需要更多的人参与经济活动才能维持正常生活水平。另一方面是失业率持续下跌，失业人口从19.3万人减少到11.2万人，共减少逾8万人，从而增加了就业人口。香港21世纪以来新增就业人数持续超出总人口增量，是在20世纪不曾出现的现象，也是香港就业市场有别于过去的第一个显著特点。

二是就业人口向四大行业集中。2000—2011年，包括金融业、贸易及物流业、旅游业以及专业服务及其他工商业支持服务业在内的四大行业，吸纳的就业人口从140.8万人增加到177.5万人，前后共增加36.7万人，相当于同期香港全部新增就业人数的63.7%，占香港全部就业人数的比重从43.9%提升至46.9%。②也就是说，21世纪以来香港新增的就业人数，超过六成集中在传统的四大行业。这一方面是因为四大行业，尤其是金融活动和旅游规模的扩张创造了更多的就业岗位，另一方面也说明香港缺少新的经济增长点，无法提供更多元化的就业机会，从而出现就业人口集中化的趋势。这是香港就业市场的第二个显著特点。

三是经济增长的就业弹性下降。尽管近些年就业人数增速大大高于人口增速，但经济增长的就业弹性却有所下跌：20世纪90年代这一弹性为0.35，意味着实质GDP每增长1个百分点，就业人数可增加0.35个百分点；但21世纪

①香港特区政府统计处：《综合住户统计调查按季统计报告》2000年第一季、2018年第一季，《香港统计月刊》，2000年7月、2018年7月。

②香港特区政府统计处：《香港经济的四个主要行业及其他选定行业》，《香港统计月刊》，2018年5月。

以来的就业弹性降至0.24，即实质GDP每增长1个百分点，就业人数最多只能增加0.24个百分点。由于就业弹性不断下降，香港经济发展过程中可以提供的就业机会相对减少，这是香港就业市场的第三个显著特点。换句话说，倘若21世纪以来香港就业弹性能维持20世纪90年代的水平，香港本地劳动市场至少可以多增加11.5万个就业岗位，失业率可以降至2%以下。

（2）失业率变化情况。

由于就业增长快于人口增长，香港失业率总体上呈下降之势，即从2000年第二季度的5.1%降至2018年第一季度的2.8%，达到全民就业的水平。期间曾出现两个周期变化：一个周期是受网络泡沫破灭和SARS扩散影响，香港本地资产泡沫破灭，企业大量倒闭，裁员之声不绝于耳，失业率在2003年升至8.7%的高位，失业人数超过30万人，比2001年的低位还要多出1倍以上，其后随着整体经济的逐步复原，失业率逐级而下，到2008年次季降至3.3%，共下调5.4个百分点；另一个周期是2009年全球金融海啸期间，香港失业率又攀升至5.4%，其后随着全球经济的缓慢恢复，加上香港本地资产价格急升带动消费，以及十大基建陆续展开，失业率又缓步下降至2.8%。目前全港失业人数只有11.2万人，不到2003年高峰期的四成。①

尽管21世纪以来香港就业状况总体上有所好转，但失业率仍是大起大落，异常波动，且始终未能恢复到20世纪90年代中以前低于2%的水平。更重要的是，就业质量不升反降，主要表现在就业人员的工资收入上。2000—2018年，香港就业人员每月就业收入中位数仅由10000港元提高到16400港元，平均每年只轻微上升2.8%，大大低于20世纪90年代年均增长6.5%的水平，也低于同期名义GDP年均增长4.6%的速度，说明失业率下降并没有带来相应的工资增长，加上就业结构存在严重缺陷，从而影响了就业质量的提升，这并不符合香港向知识型经济转型的发展方向。

（3）经济低增长下仍能维持稳定就业。

值得注意的是，近年来香港就业状况与经济表现还出现罕见的背驰现

①详见香港特区政府统计处2000—2018年各期的《综合住户统计调查按季统计报告》以及失业及就业不足统计新闻稿。

象：2012年欧债危机发生后，香港经济连续5年出现低增长[①]，2012—2016年平均每年GDP仅上升2.5%，且部分时间接近衰退边缘，但劳动就业情况却非常稳定，不仅失业率保持在3.3%左右的接近全民就业水平，而且总就业人数还连续创下历史新高。与此同时，2017年香港GDP实际升幅达到3.8%，创下2012年以来的新高，虽然低于2002—2011年的平均增长率4.5%，但新增就业人数却多达6.35万人，比2002—2011年平均每年增加3.89万人还要多出2.46万人。

2018年以来，香港低增长高就业的组合得到进一步加强。2018年上半年，实质GDP增速回升至4.0%以上，略高于21世纪以来的趋势增长水平（3.8%）；与此同时，4～6月经季节性调整的失业率则保持在2.8%的低位，比2017年10～12月的2.9%进一步下降。这种低增长高就业的组合是一种特殊现象，其原因我们将在后面作深入探讨。

2. 香港就业的结构变动

（1）总体结构变动：迈向两极化呈现M型。

①就业结构趋向两极化。

21世纪以来，随着香港产业结构不断向高低两端发展，就业结构也呈现两极化的趋势，在以金融业为重点的高端就业人群不断扩大的同时，包括旅游业和个人服务业在内的低端就业人数增加数量更为庞大，导致香港劳动就业市场进一步分化。这是香港就业结构变动的第一个特点。

一方面，金融业受惠于内地企业来港融资规模的急剧扩大和人民币离岸市场的迅速崛起，成为香港发展最快的行业之一；创造的增加值从2000年的1642亿港元，大幅增加至2016年的4291亿港元，16年间劲升161.3%，远高于名义GDP整体升幅88.4%；占GDP比重从12.8%提高到17.7%，带动全港金融就业人数从16.9万人增加到25.3万人，共增加8.4万人，占同期香港全部新增就业人数的14.6%。金融业的劳动生产率比全港平均水平高出1.7倍，是当之无愧的高增值产业，说明21世纪以来香港新增的就业人士，超过1/7进入了高端就业领域。

值得留意的是，在金融服务领域的细分行业中，吸纳新增就业人数最多

---

①详见香港特区政府统计处本地生产总值新闻稿。

的并不是传统的银行业和保险业，而是除了银行业和保险业之外的其他金融服务业（详见图1），包括证券经纪、资产管理、融资租赁公司和投资及控股公司，其在2000—2016年共增加3.6万人，占金融业全部新增就业人数的42.9%，说明21世纪以来资本市场已成为金融市场发展的主力军。这是因为在此期间大批内地企业来港上市集资，使香港股市融资能力大为提高，直接或间接通过股票市场筹集的资金共达7.3万亿元，比同期香港银行业新增的贷款量还要多出四成，吸引大量海外资金进入，使香港股票市场总市值增加2.7倍，平均每天股票成交量劲升6倍，期货及期权成交量更大幅飙升22.8倍，单位信托及互惠基金的资产净值也增加了3.1倍。结果是这类金融服务创造的增加值大幅上升125.4%，从而大大增加对高端金融人才的需求。传统的银行业和保险业虽然扩张速度相对较慢，但期内就业人数也合共增加了4.8万人，占金融业全部新增就业人数的57.1%。

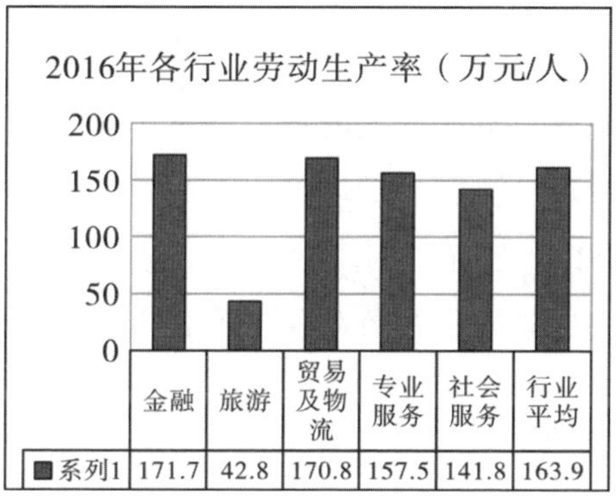

上图中，专业服务为专业服务及其他工商业支持服务，社会服务为公共行政、社会及个人服务。

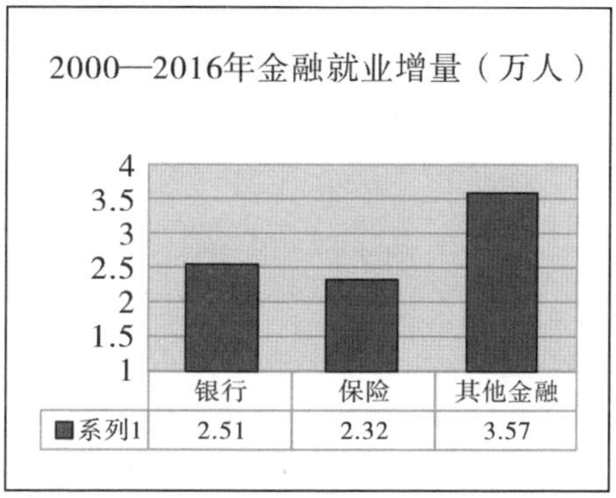

上图中，其他金融指其他金融服务业，例如证券经纪、资产管理、融资租赁公司和投资及控股公司。

图1　香港就业结构

数据来源：香港特区政府统计处。

另一方面，在内地开放自由行等政策的刺激下，香港旅游业进入了超高速发展的黄金时期，访港游客总人数从2016年的1306万人次，猛增到2016年的5666万人次，其中来自内地的游客从379万人劲升至4278万人[①]，贡献

①资料来自香港旅游发展局2000年及2012年游客统计。

了89.4%的游客增量，带动对香港旅游服务的巨大需求，其间旅游业就业人数从11.5万人增加至26.0万人，占全港就业人数的比重从3.6%大幅提高至6.9%，前后共新增就业人数14.5万人，比金融业增量多出72.6%，占同期全港新增就业人数的约1/4。其中，作为“购物天堂”为访港游客提供零售服务的工作岗位，从2000年的不足3万个猛增至2016年的10.4万个，劲增7.6万个，占旅游业全部新增就业岗位的一半以上，差不多相当于整个金融业新增的岗位；由于内地游客已占到香港全部游客的75%以上，而且人均购物开支又大大高于海外游客，相信这些新增岗位基本上是为内地游客的购物需要而设的，充分反映出自由行对香港就业的拉动作用。此外，向游客提供餐饮和住宿服务的就业岗位也增加了4.2万个，增量和增速虽未如零售业，但也比其他行业要快得多。

粗略估算，由自由行带动的内地游客劲增约3900万人次，至少给香港带来了12万个就业岗位，使香港失业率下降3.2个百分点；换句话说，如果没有自由行，香港的失业率至少在6%左右，基层人士的失业率将会更高。但值得留意的是，在香港缺少高端制造业的情况下，游客购入的货品基本上来自进口，使得以“购物天堂”著称的香港旅游业只能屈居低增值行业，因为整体旅游业的劳动生产率仅有全港平均水平的2/3，只有进出口贸易业的六成，更只有金融业的25%，其中为入境游客服务的零售业之劳动生产率比全部旅游业还要低1/3。有鉴于此，21世纪以来，香港旅游业新增加的14.5万个就业岗位，大多数只能算是低端的就业岗位。

公共行政、社会及个人服务是另一个吸纳较多新增劳动人口的领域，2000年以来大约增加了25.5万个就业岗位；但这一行业的劳动生产率比旅游业还要低一些，因而也可归入低端就业范畴。若加上旅游业，全部低端就业岗位增量高达40万个，占到全港新增就业人数的七成以上，是高端就业岗位的4～5倍。由此可见，虽然香港就业结构出现两极分化趋势，但更多的是走向低端化，就业质量不但没有改善，总体上还有所下降并出现低质化现象，结果是拉低了香港整体的劳动生产率，妨碍了收入水平的提升。

②中端就业的比重不升反降。

香港就业结构变动的另一个特点，是中端就业人数在全港所占比重不但没有上升，反而还有所下降。所谓的中端就业，是指人均创造的增加值处在中位数上下或相当于全港平均水平的经济活动领域提供的就业岗位，主要包括贸易及物流业和专业服务及其他工商业支持服务业两大行业。

贸易及物流业一直是香港吸纳劳动力最多的行业，曾经占全部就业人数的近1/4；创造的增加值曾占全港GDP近三成，因而也是香港最重要的经济支柱。2000—2016年，随着中国加入世贸后进出口额的急剧膨胀，带动香港外贸总额扩张1.4倍，贸易及物流业创造的增加值也上升72.8%（详见图2），但仍低于整体GDP约88.4%的增速，不过，由于期间该行业的就业人数从76.48万人减少至73.07万人，结果是贸易及物流业的劳动生产率大幅提升80.8%，是四大行业中提升最快的行业。

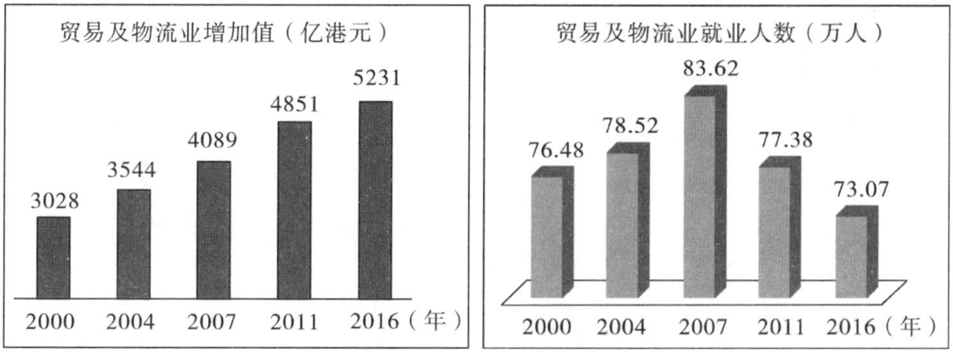

图2　香港贸易及物流业发展情况

数据来源：香港特区政府统计处。

贸易及物流业吸纳劳动就业能力下降与劳动生产率迅速提升并存，是香港贸易转型的直接结果。21世纪初以来，随着内地尤其是珠三角港口群的崛起，内地物流业逐步建立起低成本的竞争优势，导致更多的货物从内地港口直接付运，香港转口贸易不断转向离岸贸易，除了接单、设计、融资、会展和分销等核心业务继续留在香港外，其他基于成本优势的贸易支持服务逐渐转移到内地。影响最大的是其细分行业之一的进出口贸易业，就业人数先是从2000年的50.4万人增加到2007年最高峰时的56万人，其后全球金融海啸影响香港的转口贸易并推动其加快贸易转型，该行业就业人数逐年减少，到2016年降至49.6万人，共减了6.4万人，尽管其间进出口贸易提供的增加值仍增长31.5%。2000—2016年该行业创造的增加值大幅增加逾八成，但就业人数反而减少1.6%，使劳动生产率劲升84.9%，比全港平均水平高出约25个百分点。

另一个受到较大影响的细分行业是物流业。由于越来越多的货物不经香港转运，因此香港传统物流业的发展速度逐渐放缓，该行业创造的增加值在2006年达到723亿港元的高峰之后，就开始反复向下，到2009年减少至548亿港元，是香港少数几个服务规模绝对收缩的行业之一，说明贸易转型和外需不足不仅影响货运及仓储等业务的增长，也大大降低了毛利率；其后才有所回升，到2016年增至768亿港元，仅比2000年增加36.9%，大大低于同期全港GDP上升约88.4%的水平。提供的就业岗位从2007年高峰期的20.5万个，减至2016年的17.5万个，消失了3万个就业岗位。2016年与2000年相比，物流业创造的增加值仍上升三成有余，但就业岗位反而减少；劳动生产率虽然也提升了48.4%，但仍大大低于由离岸贸易快速增长支撑的进出口贸易业。

专业服务及其他工商业支持服务业是另一个可提供较多中端就业岗位的行业。值得一提的是，从事这一行业的人大多需要接受较多的教育训练及拥有不同的专业资格，如律师、会计师和测量师等，本应列为高端就业范畴，但因其劳动生产率低于金融业和贸易及物流业，甚至还略低于全港平均水平，因而只能算作中端就业。由于这一行业是服务业中的服务业，即主要是为各服务行业提供专业及支持服务，因此其发展速度在各主要行业中往往处于中等水平，如慢于快速崛起的旅游业和金融业，但高于转型调整中的贸易及物流业。2000—2016年该行业提供的增加值从1358亿港元增加至3029亿港元，升幅为123%，提供的就业岗位从35.9万个增加到53.2万个，共增加17.3万个，占同期全港新增就业岗位的三成左右。其中专业服务业新增9.3万个就业岗位，比金融业还要多一些，说明专业服务业吸纳劳动就业的能力丝毫不差于金融业。

值得一提的是，尽管专业服务及其他工商业支持服务业创造了逾10万个就业岗位，但如果加上全港经济活动领域中的最大雇主——贸易及物流业，则整个中端就业的增速就不甚理想。2016年这两大行业吸纳的劳动力达126.3万人，刚好占全港的1/3，比2007年下降了3.3个百分点；2000—2016年这两大行业提供的就业岗位仅增加12.3%，而高端的金融业和低端的旅游业以及公共行政、社会及个人服务业却分别劲增49.7%和45.4%，就业结构有走向M型社会的趋向，新增劳动人口更多地进入低端工作领域，虽然暂时维持全民就业的水平，但妨碍了劳动生产率和收入水平的提升，整体就业质量趋于下降是不争的事实。

（2）就业年龄结构变化：年轻人失业率持续偏高。

香港就业结构变化的另一显著特点，是就业年龄结构呈明显的老化趋势。据香港特区政府统计处提供的数据，香港就业平均年龄中位数从2000年的37岁，提高到2016年的42岁，共增加了5岁，大大超过同期平均预期寿命的增量（约3岁）。与此同时，就业人口的年龄结构出现了倒金字塔型的变化，在全部就业人口中，40岁以下的青年人所占比重，从21世纪初的56.8%降至2018年首季的43.5%，40～59岁的中年人所占比重则从39.5%劲升至46.9%，60岁及以上老年就业人数更急升超过2倍，所占比重从3.6%上升到9.8%。就业人口大龄化及中年就业人数占主导地位，虽然形成了一个成熟及稳定的就业结构，但因缺少活力和可塑性，不利于长远发展。

尤其值得注意的是，香港年轻人失业率持续偏高情况没有得到很大改善。15～19岁就业人口的失业率在2000年大约为24%，2003年“非典”期间曾升至33%，2018年首季仍保持在9.8%左右；20～24岁就业人口的失业率目前也高达7.8%，不但大大高于整体失业率，甚至还高于其10年前的水平（6.9%）。综合来看，现时15～24岁年轻人的平均失业率是整体失业率的3倍，虽然过去5年香港整体失业率从3.3%降至2.8%，但这一年龄段的平均失业率只从8.2%降至8.0%，说明年轻人失业改善情况低于整体水平。由于香港产业结构变化不大，缺少科技创意等新经济增长点，因此无法提供更多适合年轻人的工作岗位，年轻人的就业压力比较大，对未来社会稳定将带来不利影响。

（3）就业人口教育程度变化：总体提高，青年尤甚。

虽然近些年来香港就业人口的收入增长较为缓慢，但教育程度提升速度极快。根据香港特区政府统计处公布的《综合住户统计调查按季统计报告》提供的数据，2000—2018年，香港拥有大专以上教育程度的就业人口，从不足80万人大幅增加到157万人，占香港全部就业人口的比重从24.6%提高到40.4%，提升15.8个百分点；其中，拥有大学学位的就业人口从49万人大幅增加到123万人，前后共增加74万人，增加了1.5倍，占全部就业人口比重从

15.2%提升至31.8%，提升速度大大超过许多发达经济体。与此同时，接受过中学教育的就业人口保持相对稳定，占全部就业人口的比重从57.7%略降至51.1%，小学及以下学历就业人口所占比重则由17.8%大幅降至8.4%。到目前为止，中国香港高等教育劳动力占全部就业人口比重已赶上德国和新加坡，但仍低于亚洲的韩国（35%）、日本（41%）的水平。

香港就业人口教育程度的提升，主要是由青年就业人口带动的。据上述调查统计报告，2018年第一季度，年龄在15～24岁的就业人口拥有大学学位的比重为44.3%，25～39岁的就业人口拥有大学学位的比重更高达44.7%，而40岁以上的中老年就业人口拥有大学学位的比重只有22%。这是香港社会高度重视子女教育的结果，也预示着未来香港就业人口的教育程度将会进一步提升，并赶上欧洲主要发达国家的水平。

3. 经济放缓未影响就业原因何在

一个非常值得深入探讨的问题是，近年来香港经济放缓并未影响劳动就业，劳动市场反而还出现轻微紧张的局面，原因究竟何在?

（1）通胀对就业的带动效应。

一个可以用来解释的理由是通胀带动。通胀带动就业似乎令人难以置信，甚至会被认为是天方夜谭，但这一现象在特定时间和范围内却是有效的，因为从宏观层面看，在“高增长+高通胀”的组合下，通胀带来名义GDP的快速膨胀，短期内有助于增加就业；而当出现滞胀时，通胀仍能带动名义GDP总量的适度扩张，对劳动就业仍有正面效应。从微观层面看，通胀虽然会降低货币购买力，但也给多数企业带来以名义货币计算的收入增长，从而有条件增聘人手，扩大生产经营规模。当然，通胀必须是在可承受的范围内，否则可能会适得其反。

多年来香港通胀与就业的互动关系正好可以说明这种效应。当香港通胀率处于升轨时，往往是就业状况较好的时期，而不论经济增速是快还是慢；而当通胀消失甚至出现通缩时，失业率就会掉头回升。如1990—1997年香港出现持续高通胀，综合消费物价升幅平均每年高达8.8%，但同期失业率平均每年只有2.2%；1999—2004年在亚洲金融风暴、SARS疫情和楼市泡沫破灭的严重冲击下，香港出现长达6年的通缩，居民消费价格指数（CPI）平均每年收缩2.6%，其间失业率几乎是直线上升，最高升至8.7%，平均失业率也高达6.4%；其后随着经济的逐渐恢复，香港通胀率开始回升，到2008年升至4.3%，当年失业率也降至只有3.5%；2009年在全球金融海啸的重击下，香港CPI又降至只有0.5%，当年失业率立即飙升至5.3%；2011年、2012年香港CPI再次回到5.3%和4.7%的高位，失业率则一路下降至3.3%，比2009年整整下调了2个百分点；2013—2017年香港通胀率年均上升3.1%，失业率逐步下降至3%以下。

香港通胀与就业呈相反方向变动的一个直接结果，是就业状况与名义GDP存在较强的负相关关系。据综合测算，1997—2012年香港失业率与名义GDP增速之间的相关系数为-0.6351，说明香港失业率更多的是受到名义GDP增速的影响，且呈现相反方向的变动，其影响程度要远大于实质GDP。这也是2012—2017年平均实质GDP只增长2.6%，但失业率仍从3.3%平稳下降至2.8%的一大奥秘所在，因为这期间香港通胀率仍保持在3%以上，令名义GDP年均升幅达到5.5%，略高于2007—2011年平均的5.3%（失业率平均每年下调0.12个百分点）。一个相反的例子，是1999年和2003年的实质GDP增速并不低于2012—2017年的平均水平，但由于那时香港深陷严重通缩，名义GDP总量不增反减，导致就业市场不断恶化，失业率急剧攀升并创下数十年来的最高纪录。

事实证明，包含通胀因素在内的名义GDP总量变动，可以作为观察香港就业市场变化趋势的一个重要依据。从经验上看，在其他条件（如GDP结构、劳动人口供应量和劳动参与率等）不变的情况下，香港只要保持5%左右的名义GDP增速，就可让失业率维持基本稳定；倘若名义GDP增速超过5%，失业率有机会出现下调；如果名义GDP增速低于5%，失业率就会掉头回升。

（2）内需拉动就业之功效。

另一个可以用来解释的理由是内需拉动。从各国经验看，经济增长由内需拉动所能提供的就业机会，一般都要多于由外需拉动所能提供的就业岗位，因为内需拉动往往是建立在就业增加和收入增长的基础上的，内部需求扩张与国内就业及收入增长形成较好的良性循环。比如中国内地在2000—2005年经济增长主要由外贸出口带动，尽管其间年均GDP增速高达10.2%，但城镇就业人数每年增加不足1000万人；到2006—2012年经济增长改为由内需拉动，其间年均GDP升幅虽略降至9.9%，但城镇就业人数却每年增加1245万人。由此可见，即使是出口急速扩张使内地崛起成为世界工厂，内需仍比外需更能带动就业增长。

香港内需拉动对劳动就业的正面作用似乎更为明显。当香港经济主要依靠外需拉动时，GDP增长并不一定能提供更多的就业岗位，如在1999年、2002年、2003年和2005年，这4年外需平均每年拉动香港GDP实质增长4.8个百分点（详见表9），但由于外需主要带动香港转口和物流等出口服务业，对劳动力的需求远不如加工贸易，因此平均就业人数不但没有增加，反而还略有减少；而在2000年、2006年、2007年、2011年，这4年虽然外需出现严重不足，但内需兴旺并为经济增长平均每年贡献6.5个百分点，带动香港就业人数平均每年增加8.3万人，超过当年总人口和劳动人口的增量，使香港失业率每年下降约1个百分点，其后全球金融海啸爆发虽带来短暂影响，但随着内需的迅速恢复，在2012—2017年带动香港GDP年均增长3.3%，香港失业率也逐步降至3%以下。

表9　香港内外需与新增就业数字

年份	以外需拉动为主				年份	以内需拉动为主			
	GDP升幅/%	内需拉动/%	外需拉动/%	新增就业人数/%		GDP升幅/%	内需拉动/%	外需拉动/%	新增就业人数/%
1999	3.4	–4.7	8.0	–0.99	2000	8.0	7.3	0.7	9.52
2002	1.8	–0.7	2.5	–3.26	2006	7.0	5.3	1.6	6.00
2003	3.1	–0.1	3.2	–2.29	2007	6.5	7.0	–0.5	7.61
2005	7.4	1.8	5.6	6.43	2011	4.9	6.4	–1.6	10.23
					2013	3.1	4.0	–0.9	8.23
					2017	3.8	5.2	–1.4	6.35
平均	3.9	–0.9	4.8	–0.03	平均	5.6	5.9	–0.4	7.99

数据来源：香港特区政府统计处《国民生产总值年刊》。

香港内外需求增长对劳动就业的不同作用，更体现在各主导产业的新增就业岗位和就业弹性上面。众所周知，贸易及物流业是香港最大的支柱产业，也是最大的外需实现平台，2016年与2000年相比，这一产业创造的增加值共增加2203亿港元，占同期以基本价格计算的GDP增量（11347亿港元）

的19.4%，但提供的就业岗位却减少3.41万个。与此相反，公共行政、社会及个人服务是香港最大的内需板块，提供的就业岗位占全港超过1/4，2000—2016年该产业提供的增加值共增加1859亿元，占同期以基本价格计算的GDP增量的16.4%，但新增的就业岗位却高达25.5万个，占全港新增就业岗位的44.3%，与贸易及物流业减少就业岗位形成鲜明的对比。换个角度看，21世纪以来香港贸易及物流业这一外需主导产业的就业弹性，实际为负数，远低于公共行政、社会及个人服务这一内需主导产业（0.45），也低于香港所有行业的平均水平（0.20）。

由此可见，内需扩张从另一个层面支撑着香港的就业市场。它实际上是香港GDP内外需求结构的大调整，与GDP总量变动一道构成了影响劳动就业的两大基本力量。正是由于这两大基本力量发挥正面效应，才使香港得以保持全民就业的状态。虽然这种全民就业只是针对就业数量而非就业质量而言，因而并不一定是最佳就业状况，但在全球经济不景气的大环境下，已属难能可贵。

三、几个重要启示

通过上述对香港就业总量和结构变化趋势的剖析，我们可以得到如下几个重要启示：

第一，当前香港所谓的接近全民就业状态，在一定程度上是由内需旺盛和名义GDP较快增长引发的，而这两者又是由超高楼价支撑的，这显然并非健康现象，暴露出香港本地经济结构的一大缺陷。而要走出这一困境，需要进行结构调整，使香港经济逐步摆脱对房地产的过度依赖。但这需要长期努力才能见效，中短期而言，由于物业市场尚未纳入平稳发展之正轨，香港经济和就业市场仍难避免大起大落的风险。

第二，香港向知识型经济转型缓慢是市民就业素质和收入水平迟迟不能提升的主要原因。未来只有加快推动经济结构转型，大力发展高增值产业尤其是知识型服务业，加上制定和实施具有远见的人口和教育政策，才能不断提升香港竞争力和改善就业结构，香港经济和社会发展中的深层次矛盾也才可能逐步得以化解。

第三，香港就业人口加快老化和年轻人失业率持续偏高，是值得注意和认真对待的两大问题。而这又与经济结构老化、利益严重固化和社会流动性下降密切相关，也与年轻一代教育素质不断提高形成巨大反差，是产生深层次矛盾的主要根源之一。未来香港只有大力发展科技创新和文化创意等产业，才能更好地满足香港本地年轻人的需求，吸引全球青年才俊为香港出力。

第四，中央政府支持香港的内地游客自由行政策，实施以来成效十分显著，给香港带来了逾10万个就业机会，这是香港能够保持接近全民就业水平的重要条件，因而是必须长期坚持的政策。但在近期香港接待能力趋于饱和、财富分配差距不断扩大导致矛盾有所上升的情况下，自由行政策也需要转型升级，逐步向调控数量、提升素质、富商富民并重的方向转变。

第五章　全球化对转型的影响

经济全球化和知识化发展是影响香港经济转型的一个重要因素。20世纪90年代以来，一股更猛烈的经济全球化浪潮席卷全球，带动各国市场的进一步扩大开放和相互渗透，成为推动世界经济结构调整的主要力量。伴随经济全球化而崛起的知识经济，不但成为世界经济增长的新动力，也改变了世界竞争的游戏规则。新一轮经济全球化的最大特点之一，是全球化和知识化相互影响、相互促进：知识经济的发展是加速经济全球化的主要动力之一；经济全球化不仅使世界市场布局重新洗牌，更确立了新兴科技在全球竞争中的决定性地位。它们分别从量和质的两个方面，对香港经济产生重大影响，并提出了加快经济转型的迫切要求。

一、经济全球化改变世界经贸关系

经济全球化包括两个层面：一是世界贸易组织（WTO）层面，这是大范围的全球化，也是经济全球化的主要形式。其主要标志是10多年来全球贸易谈判取得突破性进展，各WTO成员不但进一步开放商品市场，还把开放范围扩大到服务贸易、与贸易有关的投资以及知识产权保护等领域；WTO成员由1995年初刚成立时的77个，猛增至目前的164个，其贸易额占全球贸易总额的九成以上。二是区域贸易协议（RTA）层面，这可以看作小范围的全球化，是对WTO的补充形式。目前全球有数百个各种各样的区域贸易组织，相当多是最近10多年建立起来的，如东盟和中国（10+1）自贸区、东盟和日本（10+1）自贸区等，它们在各自规定的范围内相互开放市场，实现商品和投资的自由流动，对经济全球化发展起了推波助澜的作用。

首先应当看到，经济全球化并非洪水猛兽，而是通向繁荣的通行证（欧元之父、诺贝尔经济学奖获得者蒙代尔的说法），因为不少国家的快速发展，诸如20世纪六七十年代的日本和八九十年代的中国，都得益于全球化的迅速推进。这一轮经济全球化对全球经济发展仍然是利大于弊。根据世界贸易组织的估计，仅1994年乌拉圭回合贸易协议就可为世界带来1090亿～5100亿美元的收入；世界贸易组织自1995年初成立以来，一共解决了数百个贸易争端，不但有力地促进了全球贸易发展，还避免了因贸易争端可能引发的政治纷争。

但同时也要看到，经济全球化不仅是全球经济效率的提升和贸易总量的扩张，更重要的是全球经济结构的调整和分配方式的改变，其对世界各国的经济发展和相互间的经贸关系产生了重大影响。主要表现在：

1. 决定外贸发展的因素出现重大变化，对外贸易由高度依赖贸易政策转向更加依赖贸易技术

在过去，决定贸易发展的主要因素是关税、配额、许可证等贸易政策，谁拥有有利的贸易政策，谁就掌握了贸易主动权。如谁能得到比他人更加优惠的进口关税和更多的出口配额，在同等条件下，谁就可以拥有更多的贸易机会，出口更多的产品。反过来说，如果失去有利的贸易政策，哪怕其产品质量和价格确实胜人一筹，也只能望洋兴叹。近些年来的全球及区域贸易谈判致力于降低关税，消除非贸易障碍，使世界贸易条件得到很大改善，全球统一的大市场正在形成当中。在各国不断开放市场的大趋势下，贸易政策在对外贸易中的作用不断减弱，商业网络和供应链管理等贸易技术的作用日益凸现，谁掌握这些网络和技术，谁就可以提高物流效率，并得到更多的贸易机会。现代物流业的兴起，正是对经济全球化发展的一种正常响应，也使参与世界竞争的各经济体特别是传统贸易中心，在面对新机遇的同时，也面临不小的挑战。

2. 全球产业分工发生很大变化，旧的分工被打破，新的分工逐渐形成

经济全球化涉及的不仅仅是贸易，更重要的是投资。因为新一轮经济全球化主要是由跨国投资带动的，投资者发现对外投资比贸易更受欢迎及更加容易赚钱，于是加快资本输出步伐，进而带动全球产业结构出现大调整。在投资者的全球投资布局中，成本和市场是两个重要的考虑因素。在这些因素的驱动下，劳动密集的低增值产业或工序被搬到低成本的发展中国家，依赖海外市场的生产工序被搬到销售市场就地生产和销售。在全球新的产业分工中，谁拥有良好的投资环境、低成本和市场机会的优势，谁就能吸引更多的外来投资，谁就可以在全球产业分工中占有一席之地。

由投资带动的产业转移对全球经济的影响，比对外贸易无疑要大得多。因为产业转移和重新配置的结果，使过往以国家或地区为单位的大大小小市场逐步整合为全球统一的大市场，各种不同规模的供应链逐步整合为全球统一的供应链。这实际上是把经济资源有效配置的范围从一个国家或地区扩大到全球，无疑会大大提高资源分配的效率，进而提升全球生产能力和经济收益。

但由于种种条件的限制，劳动力并没有随着企业对外投资和产业转移而在全球重新配置，环球企业缺少全球统一的监管机构进行监管，社会财富在不断增长的同时缺乏在全球范围进行再分配的途径，这就形成了经济全球化下的结构性问题，即一些发达经济体因出现产业外移而导致低技术劳工失业，同时出现新的贫富分化现象，另一些发展中经济体的部分企业则因新投资者的强有力竞争而倒闭，也受到结构性失业和加剧贫富分化等问题的困扰。这些经济体面对的共同问题，往往是一个行业的整体消失、就业机会的完全丧失、自身价值的突然贬值和生活方式的彻底改变，这也是目前世界各地反全球化运动愈演愈烈的关键所在。

由此可见，所谓的产业空洞化，首先是对经济全球化下的劳动力错配而言的，目前不少发达经济体（包括美国这一头号经济强国）都受到这一问题的影响，只是程度有所不同而已。

3. 改变全球经济增长态势，使全球经济发展周期日趋同步

在20世纪90年代以前，世界主要经济体的经济周期基本上是不同步的，当美国经济出现不景气时，欧洲经济仍能保持稳定增长，或当欧美经济都收缩时，日本经济却欣欣向荣，各经济体轮流充当拉动世界经济增长的火车头，使全球经济车轮保持正常运转。但近些年来随着经济全球化的发展，各经济体经济增长的关联度迅速提升，全球经济周期不同步的情况已彻底改变，取而代之的同步增长、同步衰退，已成为全球经济发展的重要特色。经济同步化加剧了全球经济的共振和波动，当一个经济体因自身的问题而出现经济不景气时，若刚好遇上全球经济低迷，很容易使经济问题恶化并长期陷入困境，从而加大经济调整的痛苦。

二、经济全球化对香港的影响

香港是全世界最自由开放的经济体，经济全球化降低了全球生产成本，提升了资源分配效率，推动世界各国商贸发展，给香港经济带来了水涨船高的好处。但也要看到，经济全球化毕竟是一把双刃剑，其进展速度之快、特点之突出、影响之广泛，都是前所未见的，对香港原有在全球分工中的地位和角色提出了新的挑战。具体表现在如下几个方面：

1. 传统贸易枢纽地位受到削弱，中介功能发生变化

20世纪90年代以前，在周围经济体尚处在较封闭落后的阶段时，香港以其独特的相对优势，充当了周围地区对外经贸的桥梁。香港是自由港，因此一直以来都能以较低的关税和较多的配额把产品打入世界市场。周围地区因为尚未开放，不熟悉国际市场行情，所以也需要利用香港，“借船出海”，先把产品输入香港，再由香港转口到世界市场。

90年代以来的情况则有所改变。新一轮经济全球化的一个重要成果，是各国大幅度降低关税，积极消除非贸易障碍，使本国商品更容易进入对方市场。以关税为例，发达经济体的平均关税水平已降到5%以下，其中美国的加权平均关税只有1.6%；发展中经济体的关税水平降幅更大，如中国的关税水平已由80年代的高于40%降至目前的只有3.5%；不少签订区域贸易协议的经济体，早已相互实行零关税。在这种情况下，全球许多传统贸易枢纽由于传统优势相对减弱，中介地位出现不断下降趋势，香港也不例外。

由于降低关税和减少进口配额等非贸易壁垒，香港一些基于贸易开放政策的自由港优势自然会被削弱。如香港掌握较多纺织品出口配额，外地纺织品需借助香港输往世界市场；又如以前内地实行高关税、配额和许可证等限制措施，外国商品要直接进入内地十分困难，而从香港进入内地则相对较易，因而香港就成为外国商品进入内地的中介。但随着内地关税水平的大幅下降以及非关税措施的大量减少，外商直接进入内地市场比以前要容易得多，对香港的依赖程度则逐步下降。

更重要的是，跨国公司在进行全球投资布局时，大都把采购中心设在靠近生产地的地区，拉直贸易路线，愈来愈多出口商品采取直达供货方式，从生产地直接运往使用地，以节省成本和提高效率。跨国公司经营的贸易占全球外贸的七成以上，对全球贸易模式的演变产生极大影响。由于大型跨国公司主要采取产地直接采购策略，因此相对降低了香港在其全球布局中的分量，这从近期香港跨国公司的地区办事处大幅度减少、外资公司纷纷在内地设立区域采购中心，以及美国沃尔玛、法国家乐福等跨国公司把设于香港的地区总部搬到内地可见一斑。

2. 打破产业发展的完整链条，使香港面对产业空洞化的危机

众所周知，早期香港经济的起飞，主要得益于成功推行加工贸易。而香港的加工贸易是一个包括进料、生产、出口以及其他相关服务在内的完整产业体系，是全球大大小小供应链中的一条相对独立的供应链。20世纪80年代开始，香港把加工贸易中的生产环节搬到内地特别是珠三角一带，香港本地主要提供与加工贸易有关的各种服务，由此成功吸纳了从制造业转移出来的劳动力，从而顺利地转型为服务主导的经济结构；珠三角的加工制造则是香港经济模式的扩展和延伸，作为香港加工贸易体系的一部分而存在。由此可见，尽管香港制造业不断外移，但由香港主导的与珠三角合作形成的“前店后厂”经济模式，实际上仍是一条独立和完整的供应链，香港不但没有出现产业空洞化问题，而且还因生产规模扩大和成本大幅下降而形成更大的供应链，并获得其中的主要利益。

但90年代中以来，随着经济全球化进程的加快，香港产业发展的完整链条开始被截断，跨国公司及其他进口商开始直接进入珠三角就地采购，在珠三角的厂商也越来越多地从内地直接出口他们生产的产品。其结果是香港贸易业务不断流失，或转型为离岸贸易，转口贸易及其相关服务增长大幅放缓，香港开始出现产业空洞化问题。据统计，80年代香港转口贸易年均增长30%，90年代大幅降至12.9%，21世纪以来的17年间又进一步降到4.4%，其中2015—2016年还出现负增长；离岸贸易总额在1988年只有转口贸易的一半左右，至2000年已开始超过转口贸易，平均升幅大大高于同期转口贸易。

贸易业务流失直接减少了香港经济活动；离岸贸易上升虽然意味着香港企业经营的境外贸易业务大量增加，但由于离岸贸易的增加值比重大大低于

转口贸易，因而其对香港经济的贡献始终比不上转口贸易和港产品出口。换句话讲，经济全球化导致香港作为经济支柱的传统贸易出现流失或转型，加大了香港经济转型的压力。

3. 面对区域贸易自由化，香港存在被边缘化的危险

世界上数以百计的区域贸易协议（RTA），依其经济整合程度，可区分为自由贸易区、关税同盟、共同市场、经济同盟和完全经济整合等五大类。传统意义上的自由贸易区和关税同盟属于以商品贸易为主要内容的单项区域贸易协议；其他三类则包括商品贸易、服务贸易、与贸易有关的投资等项内容，属于综合性的区域贸易协议。不过，近些年来，随着全球多边贸易谈判内容的不断扩大，区域贸易协议的内容也发生了很大变化，如北美自由贸易区虽然名义上是自由贸易区，但其内容除了关税互免外，还包含服务贸易、投资、金融服务、知识产权、环保、劳工等内容，因而实际上是一项综合性的区域贸易协议。这些新发展不但拓宽了区域合作的领域，也使区域经济合作出现多样化的趋势。

WTO之所以把区域贸易组织看作全球贸易协议的补充形式，是因为RTA虽是小范围内的经济一体化，但长远而言，其发展最终可以促进全球统一市场的建立，不过需要符合严格条件才能成立。然而，由于目前区域贸易协议大都具有排他性质，对没有参与该类组织的经济体必然会带来影响。香港作为区域服务中心，在过去相当长时间内没有加入任何区域贸易协议，简直是难以想象的事，因而区域贸易自由化对香港的影响可能更大。以服务业为例，新加坡可以对东盟和日本提供跨境服务，但中国香港却受到限制，这对香港区域服务中心的发展十分不利。

近30年来，亚洲各经济体对设立RTA的热情未减，除了中国和东盟十国已建立自由贸易区外，整个东亚地区的经济也在加快整合当中；亚太区另一个服务中心——新加坡早已和日本、新西兰、澳大利亚等国签订了双边协议，并正在同美国等国进行相关的谈判。中国香港长期游离于区域贸易组织之外，其优势被进一步削弱，甚至不排除被边缘化的可能，幸好后来香港努力补救，在2003年与内地签署了第一个类似自贸协议的《关于建立更紧密经贸关系的安排》（CEPA），近期又与东盟十国等达成自贸协议，实现了新的突破。

三、知识经济对香港的挑战

知识经济的崛起，改变了全球经济竞争的格局，使维持竞争优势愈来愈依重科技和创新因素。过往在各国市场相对封闭的情况下，影响竞争力的因素较多，诸如劳工、土地、资金、技术等，甚至自然资源和地理位置都可以影响竞争力。但在全球化情况下，自然地理因素的作用逐渐减弱，科技和创新因素的作用则日益加强，提升竞争力需要大力促进科研和创新，此外别无他路。发达经济体更是如此。这一变化对世界各地的影响十分巨大，长期致力于科技投入和鼓励创新的经济体，在全球化下竞争力不断提升；相反，一些长期依赖特殊条件、忽视科技和教育发展的经济体，竞争力则出现不断下降趋势，经济发展后劲严重不足，甚至开始陷入困境。

面对知识经济的崛起，香港几乎毫无准备，以致措手不及。知识经济的发展，主要取决于科技、教育和劳工素质，而香港在这些方面虽有优势（如大学教育和科研），但总体上仍是乏善可陈。从世界各地区经验看，科技发展不仅是企业的责任，更需要政府的推动，特别是基础科学研究，需要由政府投入。但长期以来，在僵化的理财原则下，香港特区政府对科研的投入严重不足，全社会研究与发展（R&D）投入占香港GDP的比重不到1%，不但远低于欧美发达地区的水平，也明显低于亚洲其他“三小龙”。教育存在的问题也不容忽视。香港中小学教育存在不少问题，但长期得不到解决；过去旧的教育方式虽然培养了少数精英人才，但忽视了全民科学文化教育，不利于整体劳工素质的提升。中国香港人均GDP不低于欧美发达地区，但劳工素质仍停留在新兴工业地区的水平（劳动人口中有一半左右属于初中以下的低学历、低技术劳工），这实在难以满足知识经济的发展要求。

香港长期存在的科技教育问题，被特殊历史条件下的经济繁荣所掩盖。知识经济的崛起，突出了香港的缺陷，削弱了香港的整体竞争力，使香港在世界经济论坛发表的全球竞争力评估排名中逐级而下，成长竞争力由回归时的高居全球第二位逐渐倒退，被新加坡远远抛离。知识经济对香港的具体影响至少表现在如下三个方面：

1. 难以形成新的经济增长点

由于科技基础薄弱，因此香港难以发展高科技产业。香港特区政府成立后，本希望在这方面取得突破，但冰冻三尺，非一日之寒，科技基础薄弱的局面实难在短期内得以扭转，因此，虽然香港特区政府推动科技发展不遗余力，但结果仍是事倍功半，难以像北欧的芬兰、爱尔兰和瑞典那样利用自身的科技和人才条件，以发展信息科技为突破口，迅速发展成为“欧洲明珠”。由于高新技术产业在短期内难以形成，香港经济仍缺少新的增长动力。

2. 企业原有的成功模式不再适用

世界著名的竞争力大师、美国哈佛大学商学院的迈克尔·波特教授指出，在知识经济社会，企业追求的不是比较优势，而是竞争优势，竞争优势来自产品及生产工序的独特性，快速模仿外国科技难保长远的经济增长，企业需要在内部建立创新型科技。这一论断对香港似乎有更大的借鉴作用。过去香港企业的成功模式基本上是以模仿为主（如依靠OEM，即加工贸易），但在知识经济时代，这些成功模式将不再适用。与此同时，信息科技的发展突破了空间界限，提升了远程服务能力，香港拥有的地理优势等也已开始逐步减弱。

3. 难以分享世界产业转移的好处

10多年来，全球产业结构大调整的过程同时也是科技产业转移的过程。过去传统产业转移主要采取梯度推进方式，着眼于目标地的劳动力、土地和区位等硬优势，而高新科技产业转移多采用跨越式，着眼于目标地的科研能力、科技人才和创新能力等软优势。由于香港缺少这些优势，特别是缺乏难以转移的核心技术，不但难以有效分享新一轮全球产业结构调整的成果，反而使本地产业出现大量外移，从而造成严重的失业问题。

综合上述，经济全球化和知识化虽然为香港提供了不少机会，但带来的冲击也十分大，甚至超出许多人的预料：经济全球化发展削弱了香港的传统优势，知识经济的崛起则凸显了香港的固有劣势，两者都在不同程度上影响了香港经济调整的进程，并对香港提出了加快经济转型的要求。香港需要进一步顺应这一大势，广泛应用科技改进生产和服务，大力发展优质教育，培育更多的知识型人才，为发展知识经济创造条件；与此同时，还要积极参加各类区域贸易组织，利用区域内的整体优势，加强自己的竞争力。总而言之，香港过去拥有的传统经济优势已经减弱，只有努力创造新优势，同时加强区域合作，才能顺利实现经济转型，香港经济才有机会浴火重生，再创新的辉煌。

第六章　推动转型的中国内地因素

中国内地之所以能成为推动香港经济转型的主要力量，除了因为中国对外开放本身就是经济全球化的重要环节，对外开放的不断扩大促使香港的传统角色和定位发生变化外，还因为内地经济在迅速崛起的同时，也伴随着竞争优势的强化和结构性的转变，这就使香港在增加发展机会的同时，也面对不小的挑战。香港只有加快推动经济转型，才能适应内地经济急速变化的需要。

一、对过去两次转型的影响

香港自开埠以来，一直作为一个与内地密切联系的特殊经济体而存在。不同时期内地政治和经济发展对香港经济形态的变化都具有重大影响，香港在内地经济发展中扮演的角色也有所不同。20世纪50年代以前，当内地尚处于落后状态时，香港主要充当内地对外经贸合作的桥梁；其后30年当内地处于封闭状态时，香港把握住机会，利用来自内地的资金和人才，大力推进工业化，成功实现第一次经济转型；80年代内地部分省市实行以吸收外资为重点的局部对外开放试验，这正好迎合了香港的需要，香港把生产工序迅速转移到内地，香港本地则主力发展服务业，实现了第二次经济转型，成为以内地为主要腹地的生产性服务体。若仔细观察，可发现其具有三大特点：

一是以生产性服务为主。中国香港的服务业与欧美等经济体不同，主要是为生产服务的，这是香港经济的主体和国民收入的源泉。香港贸易发展局调查发现，在香港全部服务业中，生产性服务占55%，消费性服务占35%，其余10%是政府服务。生产性服务所占比重之高，在发达经济体中亦是绝无仅有的，由此可见香港经济对制造业的高度依赖。

二是以投资推动的自我服务。80年代以来香港生产工序北移带动港商投资，到目前为止，香港在内地共投下了约1万亿美元的资金，占内地外商直接投资的一半左右，其中相当大的部分投入加工贸易制造业及其相关行业，香港本地则主要为北移的香港制造业提供贸易支持服务。由此可见，香港提供的对外服务，主要是由投资推动的以贸易支持服务为主要内容的自我服务。

三是以内地为主要腹地。香港的服务业，一头连着内地，另一头连着国际市场。对外贸易及其相关产业创造的增加值占香港GDP的1/3左右，是香港最重要的经济活动，而目前香港转口贸易的货物超过八成与内地有关；香港数千家跨国公司管理的业务绝大多数都涵盖内地；香港银行业的企业融资，主要用以投资内地或开展与内地有关的业务；香港上市公司的业务大多与内地有关，在香港股市融资的外地企业，绝大多数也是内地企业。

经过这两次经济转型，香港在内地经济中扮演的角色更加突出。主要包括三个方面：①经贸中介角色。香港从开埠到20世纪50年代以前一直以转口贸易为生，长期充当内地对外经济合作的中介，其后30年中介地位一度中落，但近30年又得到迅速恢复和更大发展。②产业促进角色。80年代以来香港制造业大规模北移，推动了内地特别是珠三角地区加工贸易制造业的崛起和发展，成为华南地区经济起飞的启动器和原动力。③融资中心角色。20多年来香港金融市场先后为内地企业提供了数以千亿美元的巨额资金，有力地促进了内地经济的迅速崛起和企业的发展壮大。

在上述三大角色中，最重要的是产业促进角色，而这与香港产业结构的变动有关。自20世纪50年代以来，影响香港经济发展的最关键因素，实际上并不是其令人羡慕的纯中介地位，而是加工贸易的兴起、发展和扩张。80年代以前的30年，加工贸易活动在香港内部顺利展开，制造业和贸易、运输、金融、专业服务等贸易支持服务行业迅速崛起，成为香港的经济支柱（1980年与加工贸易直接相关行业的增加值占香港GDP的四成以上，就业人数占香港总就业人数的一半以上）。80年代以后，随着内地实行对外开放，香港把生产工序转移到内地，特别是珠三角一带，结合内地优势进行整合，形成“前店后厂”的合作模式。虽然香港让出了加工贸易这一完整供应链中的生产环节，但由于成本大幅下降，加工贸易总量猛增逾10倍，使香港的贸易支持服务得到进一步扩张，香港本地转型为以贸易支持服务为主导的服务中心。由此可见，80年代以来香港和内地的经济合作，不仅仅是一般经济体之间的简单的互通有无，而是实质性的经济“联姻”，香港不但付出可观的“嫁妆”（投资及产业转移），而且“身”（经济结构）和“心”（思想观念）都发生了巨变。

二、香港角色的变化：三大影响

20世纪90年代以来，在经济全球化和知识化的新形势下，内地加大对外开放步伐，对外开放范围由部分沿海省市扩大到全国，并实行服务业开放试验，从而使服务业加速发展。随着内地对外开放的扩大和服务业的崛起，香港原来独一无二的地位和角色开始发生一些变化，并带来如下三个方面的影响：

1. 内地对外开放的扩大，使香港在增加商业机会的同时，其中介地位也相对下降

香港的中介角色主要包括贸易中介、投资中介和金融中介等三个方面。其中最明显的是贸易中介。80年代内地主要依靠香港开展对外贸易，10年间香港和内地之间的贸易额急升5.3倍，平均每年劲增20.3%，大大超过内地外贸年均增长11.4%的速度，这使得香港在内地对外贸易中的地位大幅提升，两地贸易额占内地外贸总额的比重从1980年的27.9%（详见图3），迅速提高到1990年的60.2%。90年代以后则出现相反走势，虽然香港和内地之间的贸易额仍平均每年上升8%，但却大大低于同期内地外贸平均增长率（15.4%），这使得两地贸易额占内地外贸总额的比重逐年下降，1995年降至45.1%，2000年又降至34%，2002年再降到只有27.4%，开始低于1980年的水平，2017年又进一步降至只有12.9%。[①]从比重上看，香港在内地外贸中的中介地位似乎又回到改革开放初期的状况，这是一个颇为有趣的结果。投

①两地贸易额按香港特区政府统计处的数字计算，内地外贸额以国家统计局的数字为准。

资中介方面，除了港商直接投资外，过去全球许多国家和地区的资本都通过香港到内地投资。80年代香港对内地的投资占内地利用外商直接投资的七成左右，90年代上半期也占到一半以上，但2000年已降到四成以下，不仅比例大幅下降，连投资总量也出现逐年萎缩之势。香港投资内地的一个高峰期是1997年，投资额达225亿美元，到2000年降至163亿美元，2001年又降至147亿美元，直到CEPA签署后又开始逐步提升。在金融中介方面，过去不少外资银行通过香港向内地企业提供贷款，具体表现在香港银行业对内地银行及非银行客户（主要为企业）所持的债权上，1997年高峰期这一债权余额超过4000亿港元，21世纪初已降至不足2000亿港元，下跌一半以上，其中对内地非银行客户所持的债权更大幅减少63%，直到CEPA实施后才得到恢复。由此可见，随着内地对外开放的不断扩大和涉外经贸往来管道的日益增加，内地对香港的依赖程度已相对下降。香港虽然仍是内地对外经贸交往的主管道，但已不是过去的独市生意，需面对来自多方面的竞争压力。

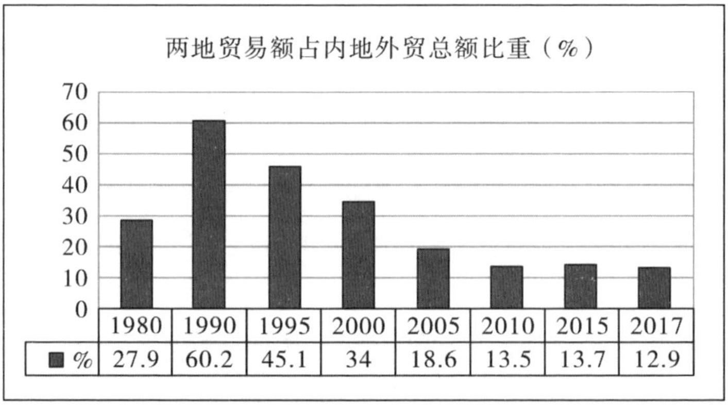

图3　两地贸易额占内地外贸总额比重

数据来源：国家统计局及香港特区政府统计处。

2. 打破了香港和内地原有的产业分工格局，割断了香港经济循环的部分链条，使香港面对产业空洞化的危机

香港的经济链条，最重要的有三条，即贸易链、投资链和消费链。目前这三大经济链条都受到不同程度的影响。

贸易链是香港最大的经济链，其收入约占香港经济的1/3，因而所受的影响也最大。主要原因是近些年内地贸易支持服务行业的发展，使香港原有相

对完整的加工贸易供应链被从中间截断，贸易及与贸易有关的业务如运输、融资、保险、检验/测试等相继出现流失、增长放缓甚至萎缩的现象。虽然离岸贸易的崛起给香港带来了新的机会，但与转口贸易相比，离岸贸易的收益率要低得多，对香港GDP的贡献大大小于转口贸易，且对香港贸易支持服务行业的发展构成较大的影响。

投资链是香港涉外经济中另一条重要的经济链，收入仅次于贸易链。其循环方式是先投资内地赚取利润，然后把利润汇回香港，部分用以投资（如房地产）和消费，部分存入银行体系，港商再从银行融资用于内地扩展业务，形成良性循环。近些年内地金融业的发展，使原本在香港融资的港商更多地在内地市场直接融资，以支持内地业务拓展计划，投资链条因而也被部分切断，对香港本地投资造成一定影响。

消费链是全球共有的经济链条，在许多国家或地区是经济发展的主要动力。香港消费链对经济的影响程度相对较低，但经过多年的经济快速发展和长期的通货膨胀，早已形成高收入、高价格和高消费的内部经济循环。近几年内地对香港消费的影响表现在：一方面，由于内地可以以极低廉的价格提供相同素质的消费服务，因此吸引香港人到内地大量消费；另一方面，内地经济的发展和开放对外旅游，降低了游客在香港购物的欲望，使本来作为香港经济重要支柱之一的“购物天堂”逐步褪色，香港原有的“三高”经济循环被打破。由于两地消费价格差距较大，消费流失对香港经济的影响是扩张性的，从而成为香港内部需求不足和通货收缩的重要原因之一。

3. 产业替代或业务转移，使香港产生了结构性就业问题

过去香港在制造业北移后，全力发展服务业，吸纳了从制造业中转移出来的劳工，因而没有出现失业问题。现在服务业也出现北移或替代，却没有出现新的行业，香港就业问题就立即浮现了出来。由于被替代或受影响的不仅仅是劳动力密集型行业，还包括部分管理职位和专业岗位，因此香港各类就业市场都受到不同程度的冲击，导致失业率从20世纪90年代中期的只有2%左右不断攀升，在SARS期间更升至8.7%，香港不得不面对前所未见的就业大调整的压力。其后在中央政府推出个人自由行等政策的推动下，香港失业情况才逐步好转，目前已降至2.8%，处于全民就业状态，但仍高于1997年及以前的超低水平。

三、内地竞争优势及其影响

上述结构性问题的出现，在一定程度上是内地在开放条件下，竞争优势得到充分发挥和不断强化的结果。内地经过40年的改革开放，不仅促成了经济的快速起飞，同时也建立了强大的竞争优势。这些年来全球经济不景气，中国经济却是一枝独秀，外贸出口保持快速增长，并吸收全球最多的外商直接投资，如果没有独特的竞争优势和优良的投资环境，是很难做到的。

那么，目前内地具有哪些竞争优势呢？世界著名竞争力大师、美国哈佛大学的波特教授通过多年的研究，提出国家竞争优势取决于生产因素、产业配套、企业管治与同业竞争、需求条件等四大基本因素以及机会和政府两个附加因素。若把这些因素作为分析基点，结合中国实际情况，不难发现内地至少具备如下三方面独特的竞争优势：

1. 全功能和低成本的生产要素

目前内地拥有的生产要素，包括劳动力、土地、自然资源等初级生产要素，技术、人才等高级生产要素，以及诸多制造行业中对维持竞争优势更具决定性的专业生产要素，不但要素相当齐全，而且基本上都是低成本的。换句话讲，中国不但拥有数以亿计的低成本、受过良好教育和愿意勤奋工作的劳动力，而且拥有低成本的科学技术和优秀人才，这使得中国在不断增强发达经济体才具备的高端竞争优势的同时，仍可长期保持作为发展中经济体才拥有的低端优势，并可在十分广泛的经济领域，包括低端的劳动密集型产业及高端的高科技产业同时展开全球竞争，且提供从生产制造到科研开发的系列运作，进而产生产业协同和群聚效应。这一全功能优势是全球许多经济体所不具备的，这也是为什么过去40年世界有不少国家的人工成本比中国还要低，但全球企业仍愿意把制造业搬到中国的一个重要原因。

2. 市场机制和政府功能有效结合的经济体制

中国已初步建立市场经济体制，虽然这一体制仍有待进一步完善，但在绝大多数商品市场和相当一部分服务市场中，利伯维尔场的竞争机制已发挥得淋漓尽致：不仅是价格竞争，还包括质量和服务的竞争。由于中国消费者对产品和服务十分挑剔，因此增加了企业应对市场要求的压力，任何企业若经不起市场激烈竞争的考验，就会被立即淘汰出局。不仅是企业之间的竞争，也包括地区之间的竞争。全国各地群雄并起，你追我赶，形成众多相互竞争、相互促进、各具特色的经济区。世界经济发展的实践证明，国内竞争比国际竞争更能有效地提升企业素质，企业只有经得起国内竞争的考验，才能走进国际市场；不少中国企业就在激烈的国内市场竞争中成长起来，因而具备较强的国际竞争实力，如中国家用电器生产商之所以能打败外国企业，是因为其不仅产品价格比国外同类产品要低得多，而且可以提供比国外同业更好的售后服务和因应市场需求的调适能力。

除了市场机制外，政府促进经济发展的功能也发挥得相当好：一方面，政府在充分发挥市场基础作用的同时，通过制定长远规划和具体宏观经济政策去推动经济增长，并通过反周期措施调节经济运行，以补充市场机制之不足；另一方面，积极采取优惠政策招商引资，尽力排除各种障碍，为企业创造良好的营商环境。虽然政府行为尚需进一步加以规范，但由于政府拥有众多的管理人才，具备极强的行政管理能力，因而其高效的引资策略、优惠的政策条件、到位的实质支持和管理的宽松方便，在全球是不多见的。市场机制和政府功能的有效结合，是中国经济体制转轨的产物，它可以充分发挥两者之优点，克服两者之不足，这是中国不可多得的独特优势所在。

3. 现实且极具潜力的内部需求条件

内部需求是产生竞争力的重要因素。过去中国依靠内部需求建立起庞大的产业体系，近些年来在全球经济不景气情况下，则通过扩大内需维持了经济持续发展的势头。根据国家统计局的数字，21世纪以来中国社会消费品零售市场规模扩大了逾10倍，即从2000年的约4000亿美元猛增至2017年的4.7万亿美元，这说明尽管中国经济已逐渐融入世界经济体系，但仍具有较强的自我循环能力和回旋余地。庞大且具潜力的国内市场是过去中国大量吸引外国投资的重要条件，也是未来维持长期经济发展、继续吸引外商投资、更广泛开展国际经济合作的优势和基础。

概括而言，中国具备的是多功能的竞争优势。相对于欧美发达经济体，中国具有低成本和政府功能的优势；相对于亚非拉发展中经济体，中国具有科技和人才的优势；相对于东欧转型中的经济体，中国具有利伯维尔场机制和内部需求条件的优势。虽然中国在市场体制、科技教育和社会进步等方面与发达国家相比仍有不小距离，需要相当长时间的努力才能迎头赶上，但随着中国与国际经济的全面接轨和独特优势的进一步发挥，这些差距将会进一步缩小。

加入WTO是中国的第二轮对外开放，也是中国经济和世界经济全面接轨的开始。目前中国已进入一个以开放促改革、全面建设小康社会的新时期。根据入世协议，国内市场全面对外开放；与此同时，由于中国积极推动区域贸易合作，中国实际开放步伐将快于入世协议。在中国进一步融入世界经济的过程中，中国市场体制不断完善，体制效率进一步发挥，市场化、国际化、城镇化、新工业化和西部开发等都成为中国经济发展的主要动力。目前，中国经济已成为亚洲经济乃至全球经济成长的中心，亚洲各经济体都需要因应和配合中国经济的崛起，对自身的产业结构作出调整，找出自己的新定位和发展空间。

四、对香港加快转型的要求

内地经济发展步伐的加快、对外开放的扩大和竞争优势的强化，必然对香港经济进一步发生影响，并带来如下三个效应：

1. 扩张效应

过去40年的经验证明，中国对外开放的过程，同时也是香港和内地经济合作的过程。每当内地采取扩大开放新举措时，其对外经贸活动必然会大幅增加，香港作为全球最自由开放和与内地联系最紧密的经济体，商业机会也会随着增加。按照到2020年GDP翻两番的目标，2000—2020年内地每年经济增长率必须达到7.2%左右，内地经济总量逐步进入世界前列，为香港提供了一个庞大的市场。与此同时，随着内地企业的向外发展和全球制造中心的逐步成型，内地外贸进出口保持快速增长势头，水涨船高，香港和内地之间的贸易额也有机会继续上升。随着内地服务业的开放和投资机会的增加，外商对中国的投资将进一步增多，更多的全球中小型企业到香港设点，利用香港拓展内地业务。投资扩张是内地企业发展的重要手段，所需资金从香港市场筹措，从而带动更多的内地企业到香港上市集资，为香港金融业带来更多机会。旅游休闲是内地发展最快的行业之一，近些年中国已成为全球最大的旅游中心，香港由于内地因素，也发展成为全球主要旅游中心之一。由此可见，内地因素是香港经济发展的主要动力，内地因素对香港的影响仍以正面为主。

2. 转型效应

随着香港对内地服务业的开放和香港服务业更多地进入内地，香港原有的商业运作方式出现更大变化。表现在贸易方面，主要是转口贸易将更多地转向离岸贸易，近些年来离岸贸易已成为与转口贸易并驾齐驱的贸易模式，香港已从一个转口中心转向集多种贸易形式于一体的贸易控制和供应链管理中心。表现在金融方面，香港对内地提供的金融服务，从过去的跨境服务，逐步转变为主要由内地分支机构就地直接提供服务。表现在旅游业方面，香港从过去向游客提供以香港为目的地的单站式服务，转变为向游客提供多种目的地的链条式服务。

3. 分流效应

随着内地经济优势的进一步发挥，一些本在香港进行的劳动密集的低增值工序将继续转移到内地，导致香港部分业务出现分流。如内地港口群的崛起分流了香港的部分运输业务，导致香港陆路运输和远洋运输等行业增长放缓，甚至出现一定程度的萎缩，像香港货柜吞吐量就由2011年的2438万箱减少至2016年的1981万标准箱，减少了457万标准箱，而上海同期却由3174万标准箱增加到3713万标准箱，新加坡由2994万标准箱增加到3090万标准箱，深圳也由2257万标准箱增加到2398万标准箱。未来这一流失效应仍将持续，并会进一步加大，这对香港会构成负面的影响。

综合上述，内地经济发展对香港经济来说是机遇和挑战并存，它们都向香港提出了加快转型的迫切要求。目前香港和内地经济优势的差距正在缩小当中。实际上，香港的传统服务行业，除了少数需要具备特殊技能和知识的高增值行业外，其余大多数都是可以转移或被取代的。如果香港墨守成规，故步自封，继续以不变应万变，将会有更多的行业和工序被内地取代。但如果香港顺应这一要求，善用和强化自己的优势，积极推动经济转型，进一步提升竞争力，就可以化被动为主动，变压力为动力，闯出一片新天地。

第七章　政府在香港经济转型中的角色演变

香港的经济政策，一向都是以利伯维尔场经济作为指导思想的，具体表现在“小政府”和“少干预”这两个方面。但在历次经济转型的过程中，政府角色仍然出现不同程度的转变，包括在工业化时期增加对工业的支持；向服务经济转型阶段迅速撤销金融管制，以积极开放市场的态度去响应世界经济格局的转变；在推动香港向创新型经济转型上更是不遗余力。虽然过程艰难曲折，但也取得了不少可见的成效，大大提升了香港的转型速度和经济效率。

一、政府经济政策及其对转型的影响

香港的经济政策，一直以来都是以自由主义经济思想作为理论基础的。十八世纪上半叶，法国经济学者首先提出“自由放任”（Laissez Faire）的口号，反对长期以来政府对经济的种种干预。这一学说和经济学的鼻祖亚当·斯密的思想不谋而合，即依赖市场力量是增加国家财富的最佳途径，政府应当负责的主要是国防、法律和公共秩序以及行政和基础设施等三项，其余的应全部交给市场去解决。英国在工业革命后，几乎全盘接收这种自由主义思想，在19世纪中就全面推行自由贸易政策，从而发展成为最先进的工业国，说明“自由放任”学说及政策确有过人之处。

英国在1841年割占香港后，立即宣布香港为自由港，奉行自由贸易政策，使香港成为英国在远东的贸易据点。此后100年间，港英政府的经济政策基本上被认为是自由放任政策。但众所周知，“自由放任”毕竟只是一个理念，亚当·斯密虽然界定了政府的功能角色，但其具体内容可以有很大弹性。因此，用“自由放任”来描绘港英政府的经济政策，可能有点不尽不实，因为香港在开埠后的一个多世纪一直实行外汇管制，金融活动并不自由，而且长期以来都有租金管制，土地供应一向由港英政府严格控制，对公用事业更有专营权和利润管制，这与其他经济自由度较低的经济体并无大的区别。即使是因积极奉行“自由放任”政策而备受推崇的港英政府前财政司官员郭伯伟，也在1947年倡议以低地价及低息贷款，去推动制造业的发展。这些都不是真正的“自由放任”，但可以称为“有限度政府”（Limited Government）的政策模式。

20世纪60年代，由于香港多次发生银行挤兑事件，港英政府经济政策开始出现新的变化，主要是在发生银行挤兑时，由港英政府高调介入，甚至全面接管银行。70年代郭伯伟的继任人夏鼎基提出积极不干预的政策理念。一方面，指政府试图采取计划经济及打击市场力量的措施，通常是徒劳无功和有害的。另一方面，所谓“积极”，是指政府在决策前是以积极的态度三思而后作出的，必须考虑政策的代价与利益，且要从短期到长期、从私人到整体各方面去考虑，所以是通过研究作出科学的决定；通常在权衡利害后，政府的结论大多是以不干预为佳，因为以政府干预去解决短期困难，会令长期的情况较短期的困难更坏。但当市场失效时，政府便应当干预。

夏鼎基提出积极不干预政策，实际上是要抵抗不断要求政府干预的压力。在夏鼎基出任财政司时，在国际层面，全球的经济思维深受资本主义福利国家和社会主义计划经济思想的影响，凯恩斯经济理论主导许多国家的公共政策议程，主张大政府、福利主义、国有化和政府干预的意见占了上风；在香港内部，经济十分波动，1973年股灾使香港经济陷入衰退，接着发生两次石油危机和港元自由浮动，并触发严重通胀，经济前景更不明朗。在此困境下，要求政府干预的声音不断升高。但夏鼎基坚持认为，香港要应付这些挑战，必须让市场自己发挥作用。夏鼎基在1980年为积极不干预政策作辩护时提到：“积极不干预政策建基于一个观点，就是在一般情况下，如果政府试图规划私营机构的资源分配，以及阻挠市场力量的运行，政府的行动最终都会徒劳无功，而且更会损害经济增长，对于开放型经济体系就更是如此。……当政府遇到要求作出干预的建议时，会权衡轻重，仔细考虑支持和反对采取干预行动的理据，然后才作出积极的决定，但在绝大多数情况下，我们得出的结论都是不干预比较有利。”

基于此，夏鼎基还列出市场失效而需要政府干预的几种情况：①由于市场的不完善而引致垄断出现；②市场增长过速，以致常规无法加以抑制；③为了公众利益而须订立法例和监管架构以维护公众利益（典型例子是金融市场）；④个人行动对总体经济和总体金融产生不良影响；⑤即使商界及政府依照市场力量也不足以确保经济会随环境的转变而不断调整，并稳定地增长。市场失效仍是个很含糊的概念，于1991年中出任财政司的麦高乐，甚至提及他从不喜欢“积极不干预主义”一词，更指出此一指导思想早已完成其历史任务；另有学者认为“不干预主义显然是一种仪式化而缺乏实质内涵的神话，而官民对此的不同理解所造成的矛盾会日益加深”，但在香港特别的政府架构下，积极不干预被大力推介，成为香港经济成功的要素之一，更成为官方管理经济的哲学思想，且始终是20世纪后半叶港英政府的基本政策。

香港回归以后，面对经济全球化、知识化和经济崛起的影响，在坚持市场主导的原则下，香港特区政府的经济政策也逐渐出现一些明显的变化。首任行政长官董建华设立策略发展委员会和创新科技发展委员会，就香港长远发展方向和策略向香港特区政府提供意见，为推动香港加强应用创新科技奠定基础，但当时担任财政司司长的曾荫权，仍坚持香港特区政府的经济角色是“最少的干预、最大的支持”。1998年因金融危机而导致国际炒家对香港股市、期市及汇市炽热投机，损害金融稳定，在曾荫权的指挥下，金管局以千亿储备托市击退炒家，这一新招引来国际金融界的猛烈抨击，其后金管局总裁任志刚指出，入市稳定股市是依照夏鼎基定下的干预金融稳定条件，而非背离积极不干预主义。曾荫权在2000/2001预算案中公开申明自己服膺夏鼎基的积极不干预理念。[①]

到了梁锦松宣读他的第一份财政预算案时，正式把香港特区政府的经济角色定位为积极推动市场发展者（Proactive Market Enabler），即在市场主导的原则下，香港特区政府的经济角色除了提供各种硬件及软件的基建外，还有“掌握经济发展方向，积极为市场发展创造条件”，包括“在私营机构未

①邓树雄：《积极不干预主义回顾与发展——夏鼎基“干预”的五大条件》，《明报》2006年9月21日。

能对一些符合香港整体经济利益的项目作出投资时，香港特区政府可以考虑推动”。梁锦松的新思维确实丰富了夏鼎基的政府“干预”条件，这与香港特区政府长期忽视及不制订经济发展策略相比，不啻是一重大改善，然而也引来广泛关注和讨论，结果梁锦松也要公开撰文，表明自己是推进而非摧毁积极不干预主义。

在2006年9月11日香港特区政府召开的“十一五规划与香港发展”经济高峰会上，香港行政长官曾荫权宣称“积极不干预”是前财政司使用的字眼，近年香港特区政府喜欢以“大市场、小政府”来形容香港特色的资本主义，这一口号虽有异于“积极不干预”，其内涵却是一致的，与历任财政司司长的经济理念是一脉相承的，并没有背离一向行之有效的利伯维尔场经济哲学。曾荫权同时强调自由经济政策不变，“大市场、小政府”更能准确形容香港特区政府的特点。

曾俊华接任财政司司长后，2008年在首份预算案中提及三大理财信念：社会承担、可持续性和务实的态度。但面对大额财政盈余，他开始大手笔“派糖”，纳税人和商界获退税、减税；综援户、长者出“双粮”。2008年下半年爆发全球金融海啸后，曾俊华在2009年公布的第二份预算案中继续以退税、减差饷等一次性措施应付。可以说，曾俊华是历任财政司司长之中“派糖”最多的一个，但他任内不断重申“大市场、小政府”，没展示过清晰的理财哲学，因而备受批评，认为他年年纠缠于一次性“派糖”的争论，没利用巨额盈余的条件解决香港贫富悬殊、经济转型等问题。

总而言之，不论是早期的“自由放任”，还是后来的“积极不干预”以及再后来的“大市场、小政府”，香港以利伯维尔场为核心的经济政策可谓一脉相承，百年如一日，始终没有太大改变。这从如下两个方面的具体内容可以作出判断：

一是“小政府”。这从公共部门的相对规模和公营事业的管理模式上可以看出。公共部门的相对规模是衡量政府直接参与社会经济事务的主要指标，一般用公共开支占本地生产总值（GDP）的比例来表示。在20世纪50年代初期，中国香港公共部门的相对规模在10%以下，70年代略提高到13%～15%，八九十年代进一步提高到15%～20%。在亚洲金融风暴发生之后，一度达到最高峰的24%，但目前又降到20%左右，这大大低于美国和日本（约30%），更低于西欧和北欧（约50%）。香港公共部门的相对规模虽然不大，但由香港特区政府建设、经营、管理和资助的公营事业却不在少数，包括基础设施如邮政、自来水、铁路、地铁、机场、隧道，以及社会基本服务如教育、医疗和房屋等。根据各国的经验，公营事业的低效率总是为人诟病，为了提升效率，香港特区政府一直都采用市场化的方式，将公营事业尽可能剥离政府部门，实行公司化经营。目前基础设施除了邮政和自来水仍由香港特区政府直接管理外，其余的在管理上已全部公司化，或设置独立于香港特区政府部门之外的机构，如机场管理局、房屋委员会、医院管理局、强积金管理局等，以统筹管理各项事务，甚至把香港铁路公司包装上市，尽力维持“小政府”的总体格局。

二是“少干预”。这包括经济管制、经济立法、需求管理和产业政策等方面。在这些方面，香港可谓深得“不干预”的精髓：

（1）在经济管制方面，最典型的是对拥有专营权的公用事业的利润管制和战后因人口激增而实施的楼宇租金管制，以及1973年以前长期实行的外汇管制。但相比其他国家或地区，尤其是欧美发达经济体，香港的经济管制的范围相对较小。

（2）在经济立法方面，香港一向都较为消极，即使需要通过立法去执行经济政策，立法过程也是非常缓慢的，非必要时更多地依靠各行业自律，经常在出事之后才会亡羊补牢，最明显的是20世纪60至80年代的金融风潮，其使香港付出巨大代价，经此惨痛教训，香港才有较为完善的金融立法。

（3）在需求管理方面，凯恩斯学派认定在市场已经失灵、无法发挥自动调节功能时，需要通过政府积极干预去稳定经济和达到充分就业，可惜这与香港的自由经济思想背道而驰，因而在香港难以大行其道。一方面，香港政府的财政政策一向以保守和稳健为原则，在大多数时间内，香港的预算政策往往是顺周期而非反周期的，并不会运用政府收支去稳定经济和改善就业。另一方面，香港没有中央银行，港元货币汇率与美元挂钩，因而缺少由政府主动执行的独立货币政策。

（4）在产业政策方面，香港基本上没有方向性的政策措施，政府的主要工作是提供一个良好的营商环境，然后让各行各业自行发展，优胜劣汰。不管是四大行业，还是六大新兴产业，都没有详细及透明的促进政策和扶持措施。

由此可见，170多年来，虽然不同时期关于政府角色的提法有所不同，以自由主义哲学为基础的自由经济政策却始终没有太大改变，新古典派经济学的市场经济理论一直是香港的指导思想。但也要看到，即使是自由主义经济思想，其具体内容也非一成不变，而是随着时代的变迁而不断调整，因而在不同时期，政府的具体经济政策也会因应当时情况出现一些新的变化，从而使香港的经济政策也打上了经验主义的烙印。自由主义加上经验主义的政策模式，为香港经济转型和发展提供了一个有别于大多数国家和地区的特殊政策环境。香港正是按这种政策模式，成功实现了两次经济结构的调整和转型，顺利完成了工业化并建立了以商贸金融等服务业为主导的经济体系。

二、政府在工业化发展中的角色

正如前述，香港由20世纪50年代开始实施工业化，进行第一次经济结构调整，从而从一个贸易转口港转型为工业城市。制造业占香港GDP的比重，从40年代末期的不足10%，猛增到1970年的30%以上，成为香港经济的主要支柱；制造业的就业人数更从1947年的不足5万人，激增到1980年的103万人，成为安排劳动就业的主要渠道。尽管港英政府奉行自由经济政策，但在向工业化调整转型的过程中，港英政府的经济政策还是起了一定作用。

在香港工业化初期，港英政府的作用十分有限。虽然前财政司郭伯伟曾经倡议以低地价及低息贷款去支持制造业，但实际上港英政府并没有太大动作。值得一提的是，朝鲜战争的爆发和港英政府跟随英国执行禁运政策，给香港带来巨大冲击，但客观上也使香港更迫切及全力进行工业化。随后，港英政府开始发挥作用，在推进工业化方面主要做了如下两方面的事：

一是积极争取纺织品配额。在60年代工业化发展的关键时刻，港英政府与英国政府签署纺织品双边协议；同时，因那时香港不是关税及贸易总协定（GATT）成员，港英政府又通过英国代为签署国际纺织品贸易协议，并与各进口国定期谈判，为香港争取到比一般出口国家和地区更多的纺织品配额。配额就是市场，大量的配额推动了香港最为重要的制造业——纺织产业的发展，使香港在70年代后期成为世界最大的成衣出口地。

二是增加对工业的支持。到1970年前后，香港已成功地实现工业化，但也面对着市场上越来越激烈的竞争压力。当其他国家和地区的政府正千方百计地促进工业结构升级的时候，香港工业家们十分担心本地工业前景，开始向港英政府求助，要求港英政府制定和实施早已在其他地方广泛流行的工业政策。港英政府从善如流，于1972年推出一个专为员工数在200人以下及本身投资额不超过60万港元的小厂商而设的小型工业货款计划，协助他们购置新设备，可惜反应并不热烈，最后只好取消了事。为了进一步发展工业，1977年港英政府成立了一个工业多元化委员会，负责进行研究并提出建议。该委员会在1979年提交了《工业多元化委员会报告书》（简称《报告书》），提出47项具体的政策建议，包括改善香港与内地之间的交通基建、保证工业用地的供应和研究多层大厦的设计、扩充各级人力的训练、增加各种工业后援服务、促进对外贸易关系和外资投入以及维持良好的多边商业关系和商业信息流通等。

随着《报告书》的出炉，港英政府也先后成立了一些新部门，包括把生产力促进中心扩充为生产力促进局，并成立了工业发展局，借以落实《报告书》的各项建议。但由于在资源投入方面未见大量增加，因而其作用仍然较为有限。其后，为了加快发展工业科技，港英政府成立了工业发展委员会，由工业发展委员会向港英政府提供如何借助科技提高工业竞争力的意见，并由工业署和生产力促进局提供改良产品、改进质量等服务。此外，港英政府还成立了香港工业科技公司，并准备设立科学园，以推动技术转移及加强产学研之间的联系。

三、向服务经济转型：政府的角色

20世纪70年代，面对金融全球化发展的潮流，港英政府抓住难得的机遇，迅速撤销金融管制，包括于1973年放开外汇管制、1974年放开黄金管制以及1978年放宽银行管制，使香港成为全球金融机构在亚洲的重要据点。随着商贸物流业和金融业的蓬勃发展，香港的会议展览和旅游业也迅速崛起，从而奠定了香港作为区域性金融和旅游中心的基础。香港有针对性的产业政策虽不易实行，但经济多元化策略却初见成效。

到了20世纪70年代后期，在香港经济逐渐走向多元化发展的同时，内地开始实行改革开放政策，这给正受到成本和竞争双重压力的香港经济带来难得的调整转型机会。香港把加工贸易的制造工序——“后厂”搬到内地，特别是珠三角一带，香港本地则主要提供“前店”服务。这促使香港经济结构再次出现大调整，制造业比重不断下跌，服务业则蓬勃发展，香港逐步转变为多功能的区域性服务中心。

但在调整转型的过程中，香港经济也多次受到严重的政治和经济冲击，包括20世纪80年代初的金融风潮、信心危机和全球经济衰退，1987年的全球股市风潮，90年代初的中东战争等，都使香港受到战后少有的冲击，以致经济发展的步伐很不平稳，波动极大。这使得港英政府不得不汲取经济危机的教训，对其一贯奉行的不干预政策作出调适，采取了一些较为积极的政策措施。具体包括：

（1）在货币政策方面，实施港元联系汇率制。香港70年代初让港元自由浮动，发行货币也没有百分之百的外汇储备保证，其结果是70年代末和80年代初的双位数通胀。随后中英两国对香港前途展开谈判，由于前途尚未明朗，港元汇率一度大幅度滑落，促使港英政府把港元与美元挂钩，实行联系汇率制度，同时采取一些干预政策以稳定金融市场，包括在80年代初期动用外汇基金支持面临倒闭的银行、1987年动用外汇基金解救期货危机以及用负利率政策对付港元投机等。

（2）在金融立法方面，为打造一个稳定健全的金融体系，香港加快金融立法的步伐。港英政府于1981年修订《接受存款公司条例》，将接受存款公司分为持牌和注册两个等级，加上持牌银行，形成接受存款机构三级制；1986年修订《银行条例》，扩大银监专员的权力，把香港对三级制下各类接受存款机构的监管提升到了国际水平。港英政府在80年代也重新修订70年代出台的《证券条例》和《保险投资人士条例》，同时成立了赔偿基金。此外，对公司收购、合并和证券上市等金融事务也制定相应规则，并对互惠基金和期货交易加强了监管。

（3）在金融监管方面，港英政府在1980年把4个证券交易所合并为联合交易所，由证券事务监理专员监管；1993年把外汇基金与银行监理处合并为金融管理局（简称“金管局”），金管局极力利用与国际看齐的法例，对银行实行监管。由于香港银行贷款较多流入地产物业，为了维持银行系统的稳定，金管局要求银行对地产物业的货款比率不超过四成，按揭比率不超过七成，随后又成立按揭公司，接受银行的转按；金管局还与中国人民银行签订双边回购协议，以增强所辖区域内外汇储备的流动性，在必要时可以互相支持。

（4）在产业政策方面，港英政府根据《报告书》的建议，采取措施扩阔经济基础及增强生产能量。具体包括增加工业用地，设立大埔、元朗和将军澳3个工业邨；大力发展专上教育，使更多的适龄学生有机会进入学校，同时设立联业训练局，开展工业及技术人才培训；扩建公路网，建设中港客运码头，在屯门建内河码头及筹建新的货柜码头；建成会议展览中心，同时积极举办各种对外贸易推介活动，努力吸引外资来港发展。

香港经济结构向服务型经济的调整和转型，似乎更为顺利。由于内地提供了庞大且廉价的生产基地，加上港英政府对产业迁移的不干预政策，作为经济支柱的制造业，在短短10多年时间内，几乎搬迁一空，其在香港经济中所占的比重迅速下降，香港成为高度服务的经济体。

在上述两个发展阶段，经济全球化已开始启动，自由贸易、市场自由化和公开竞争的观念广为人们所接受。政府的主要经济角色，就是以积极开放市场的策略去响应世界经济格局的变化，为市场提供一个有效运作架构，并在市场明显失灵时适当地采取行动。由此可见，在这两次经济转型过程中，政府的角色，主要是推动市场开放，为香港产品（特别是纺织品）打开国际市场创造条件，同时全面开放本地金融市场以抓住金融全球化带来的机遇。应该说，政府的经济政策基本上是成功的，这一自由开放的政策，让香港人能最快抓住全球产业结构调整的机会，率先发展轻工业和金融业，香港在顺利地完成工业化和向服务型经济转型的同时，为知识型发展打下了良好的政策基础。

四、推动创新型经济：政府的角色

1997年，中国政府对香港恢复行使主权，开创了香港发展的新纪元。回归后成为特区主人的香港人，对新成立的香港特区政府寄予厚望，希望其以维持香港繁荣稳定为目标，努力开创香港发展的新局面。然而，紧随而来的亚洲金融风暴，对处于泡沫顶峰的香港经济构成更严重的冲击，同时也引发了社会各界对产业结构转型问题的广泛讨论。面对当时楼股急跌、经济衰退、内需不振、财政恶化、失业急升等难题，社会各界人士普遍认为，香港经济存在严重的结构性问题，需要调整经济结构。为此，社会各界先后提出了香港应该发展信息科技、中药港、二元经济、本地经济及重新实施工业化等主张，希望加速向多元化和创新型经济的方向发展。更为艰巨和迫切的第三次经济转型，已摆在尚在襁褓中的香港特区政府面前。

在推动香港向创新型经济转型上，香港特区政府可谓不遗余力。首任行政长官董建华早在1996年10月20日宣布竞选行政长官时，就提出香港面对的迫切任务，是为影响长远的问题提出解决方案。从回归后行政长官的第一份施政报告起，香港特区政府就一直为香港经济寻找定位和方向，积极推动经济转型，提出要发展创新科技，鼓励香港发展高增值产业。其中最重要的，是采取三项行动：

一是成立策略发展委员会。研究转型策略，协助行政长官和香港特区政府探讨香港的长远发展方向，研究哪些因素有利于香港未来数十年的发展，香港应致力于发展成为哪一类城市，目前及今后应专注发展哪些领域，令香港打好基础，续享繁荣。策略发展委员会于2000年提交了一份题为《共瞻远景　齐创未来——香港长远发展需要及目标》的报告，提出要将香港发展成亚洲的首要国际都会和中国的一个主要城市，犹如美国纽约和英国伦敦。

策略发展委员会的报告把世界各大城市互相比较，从中可发现世界都会都有共通之处，即除了拥有面向国际的各种服务业外，还拥有具备专门知识和技能的工作人口，更能汇聚人才和资源，从而加强城市的竞争优势。世界都会也拥有优良的基础设施，以及世界一流的教育和培训等软件，而城市规划更是周详考虑。顾名思义，世界都会具有国际特色，汇聚全球资本、企业和专才，成为全球商业枢纽。为此，策略发展委员会拟定了一套策略大纲，提出四个重点策略：①继续加强与内地的联系；②不断增强竞争力；③力求全面提升市民的生活质量；④积极推广香港的良好形象等。

二是1998年成立由田长霖教授主持的行政长官特设创新科技委员会。该委员会经过15个月的努力，于1999年后提交了两份研究报告，勾画出一幅蓝图，赞成香港发展信息科技及创新科技，提出要把香港发展成一个由知识带动及科技密集的经济体系，变成数个行业和领域的国际和地区中心。香港特区政府在1999年9月宣布，经慎重考虑后，决定接纳委员会第二份报告（最后报告）的所有建议，包括设立一个向行政长官负责的常设咨询组织，以及一个由财政司司长领导的跨部门政策小组；将香港科学园、香港工业科技中心公司和香港工业公司合并；放宽入境限制，准许内地优秀人才来港工作；培养创新科技风气，扩充现有培育计划和为企业家的科技创业提供等额补助金。随后香港特区政府与电讯科盈公司（PCCW）合作兴建数码港，拨出50亿港元成立应用科技研究院，在大埔拨出土地建立科学园，制订引进内地优才计划，等等。

三是为了配合经济转型，香港特区政府进一步开放金融、电信、信息科技和广播市场，推动地铁和领汇上市，修改税制以促进香港进一步发展成资产管理中心。这些措施对香港相关产业，特别是知识型、高增值产业的发展起了重要作用。

由于香港科技基础较为薄弱，劳工素质相对较低，大量低技能的劳动人口需要寻找出路，因此，虽然上述行动符合经济全球化和知识经济的发展方向，也立足于香港高成本的现实，但不能完全解决香港经济转型中面对的问题。经过几年的反复探索，香港特区政府进一步明确了香港经济发展的思路，这体现在2004年的行政长官施政报告中，那就是“背靠内地、面向世界；善用香港优势，巩固支柱产业；运用新知识、新技术，向高增值提升”，推动香港发展成为亚洲的国际都会。换句话说，就是要充分发挥香港优势，以提升现有支柱产业带动经济增长。

除了设立策略发展委员会和特设创新科技委员会之外，香港特区政府也以更积极的态度去响应社会的需求，前面三任财政司司长均以不同方式阐述香港特区政府的经济政策。香港特区首任财政司司长曾荫权强调香港特区政府对经济所作的努力包括：①提供基本的法律及规管架构，作为发展自由公平市场的基础；②通过奉行“小政府”，以及奉行税率低、稳定而明确的税制，鼓励企业发展；③妥善管理公共财政，以满足市场对现代化的基础设施、更完善的居所及健康护理服务，以及更优良的学校和社会福利的要求。

第二任财政司司长梁锦松的第一份财政预算案对香港特区政府“积极推动

市场发展者”（Proactive Market Enabler）的定位，具体包括：①提供促进市场发展的制度环境；②提供市场不会投资的基建；③提供环境和资源，提升人力资源素质；④通过多边和双边经贸谈判，为香港本地企业争取更佳的进入境外市场条件，同时联同有关机构和组织，协助本地企业开拓境外市场；⑤在私营企业未能对一些符合香港整体经济利益的项目作出投资时，香港特区政府可以考虑推动；等等。

继任的财政司司长唐英年则以“市场主导、政府促进”来描述香港特区政府的指导原则，认为“企业的成功，离不开洞悉市场方向、灵活变通的能力。香港特区政府所扮演的角色，则主要是创造最有利营商的条件，便利市场运作及促进市场发展”。

2005年10月，新上任的行政长官曾荫权发表第一份施政报告，提出要全方位发展经济，鼓励企业精神和公平竞争，巩固香港作为亚洲国际都会和中国重要的国际金融、贸易、交通运输及信息中心的地位。换言之，就是要在香港具有比较优势的环节加强努力，巩固既有支柱产业的重要地位。2006年9月香港特区政府召开“十一五规划与香港发展”经济高峰会，会议取得明确而广泛的共识，即在面对世界和内地的急剧变化，在确保市场主导的同时，必须采取主动，研究如何结合政府与市场力量，为社会整体提供合适的平台，缔造最能支持经济发展的环境。2006年10月曾荫权发表第二份施政报告，提出香港应当建设成为一个能够在中国和平兴起中担当重要角色、能够在国际社会中发挥积极作用、能够令香港人引以为傲的世界都会。具体的经济发展路向包括提升金融中心地位，发展贸易、物流、信息和文化创意产业，推动自主创新，鼓励科技应用，等等。

2012年梁振英接任行政长官后，提出了“稳中求变、务实为民”的施政理念，着手处理和部署解决经济发展、房屋、贫穷和民生等急迫问题。在经济方面，设立了筹备委员会，筹组经济发展委员会及金融发展局，拓展香港发展的新空间；对市民极为关注的房屋问题，实施一系列短中期的政策措施，包括设立买家印花税和提高额外印花税、“港人港地”、增加土地供应、容许“白表人士”购买未补价的居屋单位和兴建青年宿舍等。新成立的长远房屋策略督导委员会亦已启动，研究制定长远房屋策略。在民生方面，除了重设扶贫委员会外，香港特区政府亦已落实多项措施，包括提早让长者和符合资格的残疾人士统一以2港元的优惠票价乘搭巴士、实施优化“鼓励就业交通津贴计划”安排、增加“长者医疗券”金额，以及推行“长者生活津贴”等，凸显新一届香港特区政府尽力尽快响应市民要求的决心。

2013年梁振英在第一份施政报告中还重新定义了香港特区政府的角色，认为“经济要发展，政府就要‘适度有为’。在市场可以发挥优势的时候，政府不应干预，只要提供公平竞争的平台。但当市场失效、未能发挥功能，政府一定要有所作为。政府以政策具体说明了对‘有所作为’的拿捏。当住宅供不应求，政府提出及落实‘港人港地’，减少非港人买入香港住宅，优先满足港人置业需求，推出买家印花税，以及用行政手段停收内地双非孕妇来港产子，都是政府‘适度有为’的例子，也初步取得成效和受到社会认同”。

在经济政策方面，施政报告提出，“经济发展有两大趋势。一是全球重心东移；二是随着国家‘十二五’规划的实施，中国经济会出现新的发展大潮。凭借香港的优势，配合适度有为的政府作用，香港可以发展多元产业，满足港人创业、投资、经营和就业需要”。认为香港“要将产业‘做多做阔’：要‘做多’，必须发挥优势，增加现有产业的业务量；要‘做阔’，就要在现有产业内增加门类，并且开拓新的产业”。为此，梁振英宣称“我们要制定全面的产业政策，宣布成立经济发展委员会，高层次、跨部门、跨界别地研究如何用好香港固有的优厚条件和国家给香港的机遇；并着力研究扩阔经济基础，促进长远发展的整体策略和政策，检视有助经济进一步发展的行业。经济发展委员会下设航运业、会展及旅游业、制造业、高新科技及文化创意产业及专业服务业小组，负责向政府提出具体建议”。

2017年10月，新任行政长官林郑月娥女士发表施政报告，指出本届香港特区政府正努力落实“新风格、新思维、新哲学”的管治理念，以新思维来缓解社会经济的难题，并透过新路径、新方法来开辟经济发展新天地，推动香港的发展迈上新台阶。其中最重要的，是采取如下几项行动：

一是大力增加创新投入，推动经济结构转型升级。发展创新科技是推动香港经济结构转型升级、提升竞争力的主要方向。事实上，香港邻近庞大的内地市场，具备较完善的知识产权保护制度、较先进的信息科技基础建设和金融体系等，拥有发展创新科技的优势。2015年中国香港研发开支占本地生产总值的比例只有0.76%，远低于中国内地、德国、美国和日本的水平，但近年在香港特区政府的积极推动下，创新科技也取得一定发展，2009—2015年创新科技产业增加值名义年均增长达到7.2%，较整体经济的名义年均增长率5.6%高1.6个百分点，创新科技产业的就业人数亦年均增长4.3%，也远高于整体就业人数的年均增长1.0%。施政报告提出，未来5年将以倍增本地研发开支相对本地生产总值至1.5%为目标，并从研发资源、汇聚人才、提供资金、科研基建、检视法例、开放数据、政府采购和科普教育的八大方面加强创科发展。具体措施包括：为大学研究资金预留了不少于100亿港元；为企业研发开支提供额外扣税额；为就读研究课程的本地学生提供助学金；推出“博士专才库”计划；致力于吸引海外顶级科研机构落户香港，以及成立行政长官创新及策略发展顾问团，为政府在创科发展方面出谋献策，确保维持香港的全球竞争力和加强与国家发展的衔接，让香港在创科路上急起直追，成为国际创新科技中心①。

二是巩固香港作为国际金融中心的地位。面对日益激烈的全球化竞争，香港实在也有需要巩固和提升其作为国际金融中心、全球离岸人民币业务枢纽和国际资产管理中心的地位。除了把握“一带一路”和粤港澳大湾区的机遇，以及善用自身的优势外，香港也需要推动金融市场的多元化发展。施政报告提出，香港特区政府会通过不断发展香港现有的各项融资渠道，以及适时更新现时的规管制度，将香港发展成区内新经济企业的首选融资平台，迎合新经济环境。

（1）由财政司司长主持的金融领导委员会将就此提出策略性和具有前瞻性的建议，并由香港特区政府指定有关部门跟进。

（2）香港特区政府将向金融发展局增拨资源，强化其进行策略性研究及提供建议、推动市场发展和培养人才的角色。

（3）香港特区政府将带头在下个财政年度发行绿色债券，并推动本地机构制订符合国际标准的绿色债券认证计划，以期推动中国内地、“一带一路”沿线国家以至国际投资者通过中国香港的资本市场为绿色项目进行

①蔡永雄：《施政报告以新思维关顾社会的各种诉求》，《中银财经述评》，2017年第62号。

融资。

（4）继续与业界和内地探讨扩大跨境人民币资金双向流通的渠道，并研究将更多不同的投资产品纳入双向互联互通机制，例如交易所买卖基金及把“债券通”扩展至“南向通”。

（5）继香港金融管理局之后，证券及期货事务监察委员会及保险业监管局亦推出了监管沙盒，帮助市场加快推出新的金融科技产品及服务。银行业正研究开发“专业信息机构”平台，以提升银行执行客户尽职审查的效率。

（6）金融管理局2018年推出快速支付系统，让银行和储值支付工具运营商在同一支付平台上进行实时支付和转账，以进一步推动市场发展，便利个人对个人转账，并鼓励商户采用更多元化的创新零售支付产品，以惠及市民。

三是增加税制竞争力，推动经济增长。施政报告亦提出了理财新哲学，以现时香港特区政府丰厚的财政储备水平，确实有条件把财政盈余更好地用诸社会，以增加对香港社会和经济的投资，增进市民的福祉，特别是香港作为国际金融中心，必须保持税制的竞争力。为此，下调企业首200万港元利润的税率至8.25%将惠及所有企业，亦可在较大程度上保持简单税制的优点。同时，为了推动企业投资科研，创新及科技局会就研发开支获额外扣税的建议咨询业界，建议首200万港元的符合资格研发开支可获300%扣税，余额则获200%扣税，以直接刺激企业增加投资或人手，促进科研行业的发展，惠及香港经济的整体发展。

2018年2月底，财政司司长陈茂波发表最新财政预算案，提出“面对创科大趋势和经济体之间的激烈竞争，今届政府会以前瞻和策略性的角度，审视香港的竞争力、经济和产业发展的情况与方向，并适时适度地推出措施，发挥‘促成者’和‘推广者’的角色作用，为一些具有优势和发展潜力的行业提供支持、开拓市场；并检视法规及税制要求，拆墙松绑，创造有利营商的环境”。为此，2018年财政预算案首先确保提供足够资源落实施政报告的各项政策措施，并采取了以下策略：①积极有为：大力推动经济发展，既为创科等新兴产业提供有利条件，寻找新的经济增长点，也要巩固和提升支柱产业的竞争力，令香港经济持续和多元发展，为青年人提供优质就业机会；②投资未来：大胆突破发展制约，善用盈余，在土地和人才两方面创造容量。

陈茂波进一步指出，“创科是新时代经济发展的驱动力。面对激烈竞争，要在创科路上突围而出，香港当善用资源，聚焦具有优势的四大范畴，即生物科技、人工智能、智慧城市和金融科技，循行政长官提出的八大方向，重点出击。而要见效果，必须辅以充足资源”。为此，2017年的财政预算案预留了100亿港元支持创科发展，2018年将预留额外的500亿港元，比2017年大幅增加。与此同时，为推动再工业化，香港特区政府于2017年4月成立创新、科技及再工业化委员会，兴建中的数据技术中心及先进制造业中心将分别于2020年及2022年完成；目前正扩建科学园，预计2年后可提供额外空间给初创企业和其他科技公司使用；香港生产力促进局亦于2017年10月成立知创空间，为初创企业、学生及毕业生提供工作空间和技术支持，协助他们将创新理念转化成为工业设计，并通过原型制作变成产品。

上述可见，香港特区政府正在推动香港向知识经济方向转型，虽然过程十分艰难曲折，但也取得了不少成效。其中最引人瞩目的是信息科技的发展和运用，大大改善了香港的生产和服务，提升了经济效率。香港资本市场的发展成绩也同样骄人，股市IPO集资总额连续几年名列全球第一，连长期位居世界第一金融中心的纽约也惊呼会被边缘化，甚至害怕被香港超越。

第八章　经济转型中的财富效应

财富效应、经济全球化和知识化以及中国经济的迅速崛起，是影响和推动香港经济转型的三大要素。其中财富效应对经济转型的影响最为直接，衍生的实际问题也最多。财富效应包括财富扩张效应和财富收缩效应。1997年以前，因房地产泡沫引发的财富扩张效应，带来虚假的经济繁荣，不但加重了香港经济中的结构性问题，也大大推迟了经济转型的进程。1997年以后，由房地产泡沫破灭产生的财富收缩效应，使香港不得不进行长期经济调整；痛苦的调整和艰难的转型交织在一起，使香港陷入50年来最严重的经济困境。2003年"非典"疫情之后，香港楼价又进入新一轮更大更长的上升周期，目前私人住宅楼价比1997年高出1倍多。香港的经济转型，比一般估计的似乎要更为困难和复杂。

一、经济泡沫和财富扩张效应

众所周知，任何一种经济活动，都是一个创造财富的过程。财富创造有两种方式：一种是生产创造，另一种是通货创造。前者是指实际提供商品和服务的生产活动，目前世界各地都用国内生产总值（GDP）或国民生产总值（GNP）来衡量这种活动新增加的财富总量。后者是指由价格变动引发的财富效应，它使按市场价格计算的现有财富总量不断出现膨胀或收缩。两种方式相互联系，互为影响，生产创造的高速发展可以带动财富效应，财富效应反过来也可以促进生产活动；但在一定条件下和一定程度上，通货创造可以离开生产活动而独立存在，其产生的经济效应甚至可以影响一个经济体的盛衰成败。

通货创造既适用于新增财富，也适用于现存财富。发展中经济体由于财富存量较小，通货创造主要表现为新增财富的价格变动，并带来不同程度的通货膨胀。发达经济体由于财富存量大于新增财富，通货创造主要由现存财富推动，并表现为现存财富的增长变化，其创造财富效应的能力比发展中经济体要大得多，因而财富效应主要发生在较发达经济体，成为影响经济增长的一项重要因素。

香港社会经过几十年的经济快速发展，累积了大量财富。1990年与1970年相比，香港银行存款增加了81倍，各种楼宇纷纷拔地而起，为推动财富效应奠定了基础。与此同时，由于香港市场高度开放，各种资金源源不断地流入香港，因而香港创造财富效应的能力和速度，比其他任何发达经济体都要高出一筹。但财富积累和市场开放并不必然带来财富效应，因为财富效应还需要一个约束条件下的市场实体，而当时香港的房地产市场刚好满足这一要求。因为当时每年50公顷的土地供应量和不变的联系汇率，就是两个难得的约束条件：有限的土地供应使房地产价格易升难跌，房地产市场遂成为资金的吸水池，港商在本地和外地赚取的大量利润、香港市民相当大的一部分收入以及大量外商投资，都投入房地产市场，造成房地产价格狂升不止，财富效应立竿见影；联系汇率则使不断膨胀的本地财富，迅速转化为等量的全球财富，并吸引更多资金流入。财富效应本可通过政府调节而加以适当控制，但处于后过渡期的港英政府，主要着眼于政治问题，根本无心他顾，香港社会也乐此不疲，致使财富效应无限发挥，经济泡沫不断吹胀。由此可见，香港财富效应的形成，既有香港经济本身的因素，也是特殊历史时期下的产物。

香港主要由通货创造形成的财富效应，到香港回归时达到最高峰。据统计，1997年私人住宅平均价格，是1984年的近10倍，平均每年上升接近两成。1997年第三季度与1990年底相比，香港包括私人住宅、私人写字楼、私人商业楼宇和私人分层工业大厦在内的房地产市场总值，从1.93万亿港元猛增至7.46万亿港元，增加5.53万亿港元。其中因房地产价格上涨而增加的市值高达4.55万亿港元，占八成以上；因房地产数量上升而增加的市值占不到两成，总值不足1万亿港元。

让我们再来看看不同类型的房地产在财富扩张效应形成中的作用。在各类房地产中，私人住宅是财富扩张效应的主力。1990—1997年，私人住宅市值从不足1万亿港元，急升至超过4万亿港元，即增加3.5倍或3.15万亿港元。其中，因价格上升而增加的市值达2.62亿港元，占同期房地产市场因价格上升而增加的市值的57.7%。换句话说，房地产市场的财富扩张效应有接近六成是由私人住宅引发的。其次是私人商业楼宇，这期间因价格上升而增加1.48万亿港元市值，占同期房地产市场因价格上升而增加的市值的32.5%。最后是私人写字楼和分层工业大厦，分别占8.5%和1.3%。由此可见，香港房地产市场泡沫主要集中在私人住宅和私人商业楼宇上，两者占整个房地产泡沫的九成以上。

应当看到，香港财富扩张效应不是局限在房地产市场，而是迅速扩大至企业和金融等领域。由于经济泡沫创造大量生意机会，企业经营规模不断扩大，实际利润不断增加，企业自身的投资价值也不断上升。与此同时，有关上市公司的市值也随之不断膨胀，使香港的财富扩张效应进一步放大。香港恒生指数从1990年底的3024点劲升至1997年8月最高峰的16673点；股市总市值从6572亿港元劲增至4.8万亿港元，即增加4.1万亿港元，估计其中因股价上升而增加的市值约3.1万亿港元，约占股市总市值增加额的3/4。当然，影响股价的因素甚多，不能把因股价上扬而增加的市值全部作为财富效应，但从香港在这期间的经济活动和恒指成分组成情况看，房地产泡沫无疑是其中一项最为重要的因素。

综合而言，中国香港的财富扩张效应，和世界上其他经济体一样，主要是通过房地产和股市表现出来。但香港财富扩张效应持续时间之长、浓烈程度之高，则是世界上少有的。粗略估计，1990—1997年房地产和股市泡沫，一共为香港带来约7万亿港元由通货制造的额外财富，相当于香港在这期间生产创造出来的本地生产总值的总和。这期间香港的平均经济增长率虽然只有5.2%，但由生产创造和通货创造产生的全部财富，却以平均每年25.2%的速度增长，其中财富扩张效应起了关键作用。换句话讲，1997年以前的经济活动，不但造就了一个真实的香港，同时也造就了一个虚假的香港，这就是香港回归前夕经济高度“繁荣”的奥妙所在。

二、泡沫破灭和财富收缩效应

香港回归后的第二天，亚洲金融风暴首先在泰国爆发，3个多月后扩散到中国香港、中国台湾和北亚。处在泡沫顶峰的香港受到金融风暴的猛烈吹袭，经济泡沫应声而破，房地产价格急速回落，社会财富大量萎缩。香港开始进入财富收缩效应的时代。

香港财富收缩的规模丝毫不亚于财富膨胀，财富收缩的速度则有过之而无不及。2002年底与1997年第三季度的高峰期相比，房地产市值大幅减少55.2%，总市值从约7.5万亿港元收缩至3.1万亿港元，即大幅减值4.4万亿港元。其中由于房地产价格下跌而减少的市值约4.9万亿港元，相当于同期中国香港GDP总量的78%，与日本相比简直是有过之而无不及。跌幅最大的是1998年，全年房地产平均价格大幅下调约三成；其后3年每年下跌10%～15%不等。2002年房地产价格跌势虽有所缓和，但同年房地产市场仍因此而减值约2000亿港元，相当于当年中国香港GDP的16%，财富贬值的速度仍超过日本（据日本统计，2002年包括企业和政府在内的全日本国民所持有的土地、房地产和有形资产净值蒸发了56.2万亿日元，相当于GDP的10%左右）。2003年，在“非典”疫情的冲击下，房地产市场进一步减值约3700亿元，相当于当年GDP的近三成。值得注意的是，回归6年来香港房地产市场因跌价而损失的市值，已超过1997年前8年因价格上升而增加的市值。也就是说，6年来房地产市场蒸发掉的财富，超过20世纪90年代前8年房地产市场因价格上升而增加的财富，过去香港房地产市场的财富扩张效应，到此时已基本消失，房地产市场已经打回90年代初的原形。从各类房地产看，私人住宅因跌价而减值约2.2万亿港元，占所有房地产减值总量的一半以上；其次是私人商业楼宇，占31.7%；私人写字楼和分层工业大厦分别占13.3%和2.6%。

房地产价格大跌引发的财富收缩效应，也同样扩大到企业和金融等领域。由于经济泡沫破灭，生意机会大减，企业实际利润不断减少，甚至亏本经营，企业自身的投资价值不断下降。与此同时，有关上市公司的市值也随之不断萎缩，使香港的财富收缩效应进一步放大。香港恒生指数从1997年8月的高峰反复向下，到2003年最低时跌至8634点，加上这几年新上市公司的市值减少额，估计股市总市值大幅减少逾3万亿港元，其中大部分与房地产泡沫和网股泡沫破灭有关。也就是讲，香港回归6年以来由于经济泡沫破灭，房地产和股市总市值共损失约8万亿港元，比同期香港生产创造的本地生产总值还要多，也超过1997年前7年因房地产和股市泡沫上升而增加的财富总量。虽然1997—2002年香港经济平均每年增长1.5%，但生产创造和通货创造的社会总财富，却每年缩减16%左右，对经济发展产生了重大影响，香港社会不得不承担因资产大幅贬值而带来的巨大痛苦。

三、楼市再创新高酿更大财富效应

在香港面对严重困难的时刻，中央政府推出CEPA（内地与香港为打破贸易壁垒签署的《关于建立更紧密经贸关系的安排》）和自由行，这对恢复经济信心至关重要。加上国家入世后进出口大幅攀升，带动香港经济走出谷底，香港楼价逐渐企稳并进入新一轮上升周期。其中2004—2005年为恢复期，楼价年均上涨超过两成；2006—2009年为稳定期，其间虽受全球金融海啸影响，楼价仍每年上升7%；2010年后随着经济逐步恢复，投资资金加快入市，带动楼价加快攀升；至2017年12月到达新顶点，与2009年金融海啸低位相比，楼价劲升2.4倍，比1997年高峰期还高出106%。香港特区政府虽然多次出招调控，但房屋市场仍是“热烧不退”。2017年外地炒楼资金来港，令楼市更为亢奋，楼价连续冲关破顶，年内再大涨16.7%，2018年头4个月又上升6.6%，致使风险不断累积，完全抵消了香港特区政府六轮楼市调控的政策效力。

目前香港楼市价格正处在顶峰，已经与市民购买力完全脱节。据香港特区政府差估署资料，2008年4月与2003年“非典”期间的低位相比，私人住宅价格劲升5.3倍，比1997年高峰期还高出118%；私人写字楼、商铺、工厂大厦的售价比2003年低位分别飙升8.2倍、6.4倍和11.5倍，由楼市泡沫催生的天量市场价值，超过期内10年GDP的总量，资产泡沫之浓，财富效应之大，世所罕见。与此同时，香港银行业投放在房地产业上的资金（包括按揭贷款）高达2.76万亿港元，占本地贷款的44.3%。因此，在未来不断加息的环境下，持续10年的负利率将很快变成正利率，香港楼市出现二至三成的调整在所难免，而且也是健康的调整；但如果同时发生贸易战火纷飞、内地资产价格调整以及新兴市场金融风波扩散等事件，所产生的叠加效应将使香港楼价大跌一半或以上，资产泡沫破灭带来的经济金融风险就会急剧上升。

四、财富效应对经济转型的影响

由楼价急升剧降带来的投机式的财富效应，对香港来说，不过是做了一场发财梦。在梦中财富滚滚而来，自然喜悦无限，梦醒后财富化水而去，难免耿耿于怀；更重要的是，由严重经济泡沫引发的巨大财富潮剧烈地潮涨潮退，具有十分负面的冲击效应，对香港经济转型产生了重大影响。

1. 形成畸形产业结构，推迟经济转型进程

投机式财富效应带来的一个结果是形成畸形的产业结构。20世纪90年代初期，在经济全球化、知识化和中国内地经济崛起的新形势下，香港经济就面对新的转型压力。但香港不但没有推动新的转型，反而催生经济泡沫，逐渐形成以房地产泡沫为重心的畸形产业结构。到1997年高峰时，房地产及其相关行业的增加值，占香港GDP的比重超过三成，整个经济活动几乎都围绕房地产业而转，而原有急需加强的优势行业却沦为次要产业。房地产价格不断上升，使房地产及其相关行业的增加值中存在愈来愈多的泡沫成分。1990—1997年，香港全部私人房地产存量只增加25.4%，但房地产业的增加值却上升1.5倍，占GDP的比重达10.8%，高于金融业的10.1%。再以私人住宅为例，这期间私人住宅总存量只增加25%，但以当时价格计算的楼宇业权的增加值，却猛升1.9倍，占当年香港GDP的13.9%，比重更大大高于金融业。

由于香港回归前把十分宝贵的时间用在经济泡沫上，不但错失了推动经济转型的良机，而且加大了经济转型的难度，使回归后的香港经济不得不面对巨大的调整压力，并在调整中十分艰难地推动转型。这也是1998—2003年香港陷入半个世纪以来最严重困境的主要原因。经济大调整一方面恶化经济转型的环境，削弱推动经济转型的能力，使香港不得不把相当多精力放在解困救急方面，另一方面也使香港在寻找经济转型方向和出路时不断出现反复，从而进一步推迟了香港经济转型的进程。2004年以来房地产泡沫重现，规模更比1997年前大出数倍，不但使更多人买不起楼，经济转型的难度也大大提升。

2. 恶化香港营商环境，影响经济转型

投机式财富效应的另一个结果，是导致香港的营商环境严重恶化。具体表现在：

其一，经济陷入低增长甚至衰退，商业机会大量减少。20世纪90年代头7年经济泡沫不断膨胀，虽然也能带动经济增长，使平均每年增长仍达到5.2%，但这一增长率已低于80年代的平均6.7%，而且这种由财富扩张效应推动的经济增长存在不少泡沫成分。如房地产炒卖引发的大量交易，虽然也可以创造更多的服务增加值，但这类同一房地产多次转手的中间服务，并没有有效增加房地产的使用价值。1997年香港全部楼宇买卖合约20.5万宗，涉及金额8680亿港元，比1996年分别增长39.4%和82.3%，从而带来大量服务增加值，但当年私人住宅的总存量仅增加1.8%，因而这类交易虽可活跃市场，刺激房地产生产和供应，但本身并没有带来多少实质的效用。香港回归后由于房地产价格大跌，导致内部需求不断萎缩，经济更陷入衰退，商业机会大量减少，难以吸引新投资来启动经济转型。

其二，恶性通胀和通缩交替出现，压抑私人投资和消费。1990—1997年，由于楼价急升，带动通胀急升，使得百物昂贵，对投资产生不利影响。其后6年香港房地产价格比1997年高峰期大跌六成半，使香港出现前所未见的长期严重通缩，且持续68个月之久。通缩虽然有利于降低营商成本，但在长期严重通缩环境下，消费和投资信心不断滑落，香港营商环境也不断恶化。由此可见，通缩基本上是恶性的，对经济转型相当不利。

3. 形成高成本结构，加大经济转型难度

投机式财富效应的第三个结果，是形成高成本结构。1997年前持续多年的所谓经济繁荣，并非建基于生产力的提升，而是来自极为负面的泡沫效应，其结果是产生极不合理的成本结构，包括上升过快的工资成本、服务成本和居住成本，这加大了香港经济调整转型的难度。就工资成本而言，1990—1997年，香港雇员报酬总额上升1.2倍，平均每年增加12%；就业人士名义薪金指数差不多上升1倍，每月就业收入中位数从5000多港元升至1万港元，平均每年约上升一成，大大超过同期香港劳工生产率升幅。就居住成本而言，房地产市场不断膨胀的结果，并没有使香港市民十分窘迫的居住条件得到实质性的改善，反而使香港的居住成本不断上升，供楼开支占家庭收入中位数的比重不断提高，私人住宅租金以平均每年8.4%的速度提升。高昂的成本结构使香港面对较大的成本调整压力，增加了经济转型的困难。

其后经过6年的调整，香港的营商成本已经有所下降，但自2004年开始，楼价进入新一轮上升周期，进一步带动工资成本上扬。服务成本方面（尤其是公用事业、公共机构、医疗、家庭生活服务等内部服务部门），由于存在不同程度的保护或垄断以及低效率现象（如保证回报、行业行规等），成本长期居高不下。内部服务部门是经济泡沫和财富扩张效应的主要受益者，因而也是成本变化的重点。这些部门如不加快调整，无疑将拖慢经济转型的步伐。

4. 财政问题日益严重，推动转型有心无力

投机式财富效应的第四个结果，是政府财政出现问题。长期以来，香港公共开支占GDP的比重，与其他发达经济体相比，其实并不算低，但香港之所以能维持简单的低税制，主要是依靠房地产市场的财富效应。由于土地限量供应，房地产价格高企难下，港英政府从房地产及相关领域取得大量收入，包括土地、差饷、房地产交易印花税等，其中大部分是非税收入，这些收入支撑了港英政府的庞大开支（这部分收入实质上是“居住税”，否则，香港的税率需要提高到30%才能应付港英政府的开支。因此，说香港税制简单一点不假，但实际税率并不低）。长期这样做的结果，虽然使香港市民的居住成本变得十分高昂，居住环境长期改善缓慢（香港人均GDP与其他城市型经济体不相上下，但人均居住面积却要小得多），但由于房地产不断升值，把买楼当作投资的小业主看到个人财富不断增加，也就不会太计较居住成本和居住环境问题。这正是当时港英政府的高明之处，因为对比其他经济体向企业和民众直接征税，这种做法似乎更具蒙蔽性，但前提是房地产价格只能升不能跌，否则这场游戏就会很快结束。

不断膨胀的房地产泡沫总会有爆破的一天。香港特区政府刚成立，就遇上了史无前例的亚洲金融风暴，地产泡沫爆破，财政收入大幅减少。在泡沫破灭情况下，按理过去的财富游戏只能反转过来玩：加税以弥补“居住税”的损失，但面对前所未见的经济不景气，香港特区政府不仅没有加税，反而增加开支以纾解民困，结果公共开支占GDP比重继续上升，香港特区政府财政连年出现赤字，且赤字情况迅速恶化，引起国际社会的关注和金融市场的波动。由于香港特区政府不得不采取开源节流措施去解决财政赤字问题，因此就不可避免地削弱了香港特区政府利用财政政策去推动经济转型的能力。2004年以来楼价不断创出新高，致使财政收入更胜从前，但由于民生艰难，香港特区政府不得不返富于民，推出各项改善民生的措施，于是无法拿出更多钱去推进经济转型。

5. 财富分布更加集中，影响经济转型信心

香港是全球最自由的经济体，由市场决定的初次收入分配差距，几乎也是全球最大的。1990—1997年，由于楼价急升，导致社会财富向有楼人士转移，贫富差距更加悬殊。亚洲金融风暴发生后，不但初次分配差距进一步扩大，而且原有的财富存量也出现结构大调整，财富分布更加集中。资产贬值使有产人士的资产大幅缩水，并造就了10多万个负资产家庭，他们大都陷入经济困境；而在1997年高峰期卖楼套现者的财富存量其实并没有减少，在通货收缩的环境下，这些人的实际财富反而有所增加。中产阶层是市场消费的主体，也是社会稳定的力量，投机式财富效应使中产阶层遭受重创，不仅严重削弱他们的消费能力和消费信心，使香港经济陷入长期不景气，而且严重影响他们的投资能力和创业热情。更重要的是，财富大调整使香港社会结构发生重大变化，本来作为社会主体的中产阶层迅速缩小，无产阶层和负资产阶层不断扩大，香港社会稳定的基础遭到削弱，艰苦创业的风气和精神日渐消失，社会分化现象日益严重，不论大事小事，都很难在理性讨论的基础上达成共识。这种情况对香港推动经济转型产生十分不利的影响。

过度炒卖地产，助长泡沫经济，好比一个人吸毒，在极度兴奋之后，是长期的萎靡不振。这一规律，全球皆然，香港尤烈。香港的财富效应不只是局限在房地产和金融领域，它渗透到香港经济和社会生活的方方面面，因而财富效应对香港经济转型的实际影响，比估计的可能还要大。香港需要认真对待和积极消除负面财富效应的影响，以便能够为加快推动经济转型创造条件。

值得庆幸的是，新一届香港特区政府似乎已经意识到这一思维的重要性。行政长官林郑月娥在首份施政报告中就提到："房屋并不是简单的商品，而适切的居所是市民对政府应有的期望，是社会和谐稳定的基础，因此在尊重利伯维尔场经济的同时，政府有其不可或缺的角色。"说明特区政府

新决策者已开始明白香港房屋问题的主要症结。

实际上，香港房屋市场本来就不是一个真正自由的市场，因为土地供应主要掌握在香港特区政府手中，香港特区政府要拿多少土地去建屋从来就没有规律可循。如前些年由于实行勾地制度，香港特区政府推出的土地极少，造成今天房屋供应严重短缺；现时香港特区政府拍卖土地，设有底价限制，也并非真正的随行就市，且经常出现流拍，影响房屋用地供应；又如居屋在2002年停建后，要到2016年才有新供应，空档期长达10多年。毋庸讳言，香港特区政府本身可能就是问题的一部分，只有正本清源，本着“保护居权”的理念，全面调整房屋发展模式，努力满足社会各阶层对改善居住条件的迫切需要，才能真正取信于民，也才能真正维护社会稳定。

从国际大环境看，与20世纪50年代开始的工业化转型一样，香港从工业化成功转型到服务经济，也是抓住世界经济结构调整机遇加快发展自己的结果。众所周知，服务经济是50年代开始崛起的新的经济形式，那时全球经济经历着一场结构性的变革，美国经济学家维克托·R.福克斯（Victor R.Fuchs）在1968年称之为“服务经济”，同时认为美国在西方国家中率先进入了服务经济社会，预示着始于美国的服务经济在全球范围的扩展。香港不仅最早抓住这个千载难逢的机会，加快发展服务经济，而且一开始就采取了金融开放发展策略，走对了路子。如面对金融全球化的浪潮，香港在1973年放开了外汇管制，1974年放开了黄金管制，1978年放宽了银行管制，80年代针对金融市场波动加强监管，出台了《银行业条例》，引入国际证券监管的原则和标准，为发展金融中心提供了自由开放和标准化监管的营商环境。

从港内关系看，内地改革开放也为香港经济转型提供了新机会。20世纪70年代末香港面临经济转型的巨大压力，内地改革开放为香港提供了制造业转移的好时机。香港制造业大量北迁，充分利用内地廉价的劳动力和土地，大大降低了出口成本，提高了产品竞争能力。与此同时，从80年代开始，内地资本也大量进入香港，设立了数以千计的企业，从事贸易、投资、金融、工程建筑等活动，逐步发展成香港经济的一股有生力量。

香港人的勤奋拼搏和创业精神，也是成功实现经济转型的重要条件。近代香港华人社会的崛起，成为香港经济起飞的主要角色。华商在19世纪80年代开始在财富方面超过外商，“二战”后在国际新形势下，他们的勤奋拼搏精神得到充分发挥。香港文化是东西方交汇文化，中华民族文化扎根很深，又受外国文化影响甚大，所以香港文化趋向多元化和国际化。这种文化结构有利于经济发展。此外，还有两个因素，即自由港政策和法制。香港是世界上最自由的自由港，市场机制对经济发展的功能得到充分发挥，而完善的法制保证自由港政策的有效执行，从而有利于维持正常经济秩序，保证经济活动的正常进行。

但也要看到，本次向服务经济转型的一大问题是忽视了香港本地工业的提升。其实，香港本地工业转型经过长期酝酿后也于80年代中期开始起步，如设立科技发展委员会、筹建科技大学等，可看出当时港英政府对发展科技与工业转型的态度较为积极。不过，由于港英政府经济思维过于自由放任，缺少强有力的产业发展和科技政策，导致本地制造业日趋式微，科技创新能力无法提升，知识经济难以形成，加上长期放纵房地产炒作，形成巨大的资产泡沫，从而埋下了一系列经济和民生问题的隐患。

第二编

两地经济合作的模式、重点及进展

第九章　两地合作模式及其演变

香港的前途命运与祖国的兴衰荣辱，相连相依，密不可分。国家争取民族独立、奋力站起的峥嵘岁月，正是香港转口贸易兴起的时期。香港凭借自由开放的贸易策略，充当了中外贸易的桥梁角色，逐步崛起成为举世闻名的转口港。

在国家获得完全独立并开始转向经济建设的时代，香港也抓住欧美国家产业转移的有利时机，借助上海等地迁移来港的人才、资金及技术，在亚洲率先开启工业化进程，并很快发展为“亚洲四小龙”之首。其后恰逢国家进入改革开放、全面开启“富起来”的时代，香港把大部分工厂搬到内地尤其是珠三角一带，以“前店后厂”模式展开互补合作，香港本地则提供转口贸易、航运、商务、金融和专业服务，因此香港迅速崛起为亚太区的主要服务中心，创造了惊人的经济奇迹。

香港回归祖国之初，由于亚洲金融风暴的猛烈冲击，加上“非典”疫情的影响，本地经济陷入严重衰退，失业率飙升数倍，通缩和财政赤字持续5年之久。在此关键时刻，国家正式加入WTO，及时开放CEPA、个人自由行和人民币业务，使香港经济迅速得到恢复。其后虽然发生全球金融海啸和欧债危机，但在国家全力护航下，香港经济幸得无恙，轻轻松松渡过难关，进而继续爬坡越岭，努力上行。

由此可见，两地经贸合作带来的是前所未见的巨大蛋糕，尤其是内地改革开放40年来经济突飞猛进，创造了西方国家需要100～200年才能达到的发展奇迹，香港作为先富起来的亚洲国际都会，在配合国家走向富裕的过程中，获得了实实在在的发展利益。

同时也要看到，香港经济的崛起及转型，与香港和内地经贸合作有很高的契合点。观察两地经济合作的发展历程，也往往需要从香港经济转型入手。由于早期自由港形成阶段和工业化阶段的两地合作情况已在第一编中详细交代，现在让我们来进一步观察内地改革开放40年来两地合作模式转变的历史轨迹。

一、两地合作模式及其转变

如前所述，在20世纪70年代，香港在致力于金融、地产和旅游业发展并逐渐建立区域服务中心地位的同时，也失去了发展资本密集型产业的良机。然而，服务经济的崛起也为以后的香港和内地经贸合作打下了根基，使香港经济在内地实施改革开放战略后，迅速进入由两地经贸合作主导的新阶段。其中，香港回归前的20年，主要是由市场自发进行的经贸合作；香港回归20年来，在国家大力支持下，开启了由政府推进的自觉合作的新时期。

1. 回归前20年：自发合作与特殊垂直分工

从1978年内地推行改革开放到1997年香港回归前的20年，是香港服务经济定型及迈向高度服务化阶段，也是香港和内地市场展开自发合作的时期。20世纪80年代初，正当香港成功实现经济多元化发展之时，世界经济开始出现衰退，香港出口困难不断加大，加上部分香港人对前途信心不足，严重影响投资欲望，香港经济面临第三次危机。直到1984年《中英联合声明》公布后，香港前途信心问题才烟消云散。在中国城市改革和扩大开放的推动下，香港与内地经济联系发展到一个新阶段，市场力量带动的两地自发合作，基于优势互补建立了“前店后厂”的垂直分工合作新模式。其主要标志：一是港商大量投资内地，这占中国实际外商投资额的六成以上，香港制造业转移到内地，香港本地主要提供接单、贸易、物流、金融、管理和专业服务，在共建全球加工贸易链下形成明确分工。二是在“前店后厂”模式的带动下，香港和内地两地贸易高速发展，迅速超过美国和日本，内地成为香港最大的贸易伙伴。三是香港充当内地引进人才、管理、信息和技术的窗口，协助内地引进资金、技术和人才，成为内地改革开放和经济起飞的主要引擎。

在这一阶段，内地与香港之间的经济合作关系更多地表现为一种特殊的垂直分工。众所周知，国际分工的类型主要有垂直分工、水平分工、混合型分工等三种。所谓垂直分工，是基于核心能力的一种分工，是指国际产业链下同一产品的生产过程中，技术和附加值程度较高的工序与较低的工序之间存在的分工，是同一产业内部因技术差距所引致的分工布局，一般由实力雄厚的跨国公司主导，以制造加工环节为分界点分为产品研发、制造加工、流通三个环节。香港和内地的“前店后厂”合作模式实际上是加工贸易产业链的一部分，在这条产业链中，掌握了研发环节和流通环节的欧美跨国公司，由于拥有技术、品牌、信息、管理、人才等知识密集要素，处于支配地位并成为最大的得益者；内地由于缺少核心技术，往往主要从事制造加工环节，在分工中处于低端位置；香港凭借已有100多年历史的国际贸易网，提供投资设厂、接单、设计、进料、安排加工、货物出口服务以及承担部分流通功能（主要是运输），可以说是处于中端位置，因为这些核心能力是当时内地所不具备的，因而处于相对重要地位，发挥指挥和营运功能，控制和指导内地的加工制造活动。在这期间，香港表现为加工制造的控制中心，利用管理经验、商业信息和市场网络，形成了以金融、贸易、航运、旅游和专业服务等多功能服务中心为主体的现代服务体系，香港经济也到达最辉煌、最引以自傲的高峰。

内地尤其是珠三角地区表现为加工制造基地，两地的经济关系呈现出明显且特殊的垂直分工。内地企业主要通过“学习曲线”吸收香港企业带来的知识和经验，不断提高生产水平，产生了“窗口（前店）—腹地（后厂）”的经贸合作模式和利益共享空间。在这个合作关系里，内地作为加工制造基地，透过系统学习，不仅降低了生产成本，而且逐渐掌握了香港市场的运作理念和经营方式。学习过程也是个外溢过程，香港和内地的“前店后厂”合作模式对内地相关产业或企业的产品开发、管理、营销等产生了提升效应，既包括给内地类似企业带来示范和刺激作用，也包括给内地上下游关联企业带来扶助与推动作用。更重要的是，内地深刻了解到市场是最基础也是最重要的经济手段，市场上的资源分配是以价格、供求和竞争三位一体的互动关系为基础的。

由此可见，这种“前店后厂”的分工，促进了两地合作优势的发挥，使得内地尤其是珠三角地区开创出新局面，成为全球最富活力的地区之一，成为全球最大的电子信息、玩具、鞋类、服装的生产基地，同时促进了香港服务业的进一步发展，使香港本地经济出现高度服务化，经济成功实现转型，两地在分工和合作中都获得了实实在在的共同利益。

2. 回归后20年：自觉合作及其政策效应

1997年7月1日，中国政府对香港恢复行使主权，离开母亲怀抱150多年的香港终于又回到了祖国这个大家庭中。对香港恢复行使主权为香港经济发展与社会繁荣带来了前所未有的机遇，同时，也将内地与香港的经济关系带入一个多层次、宽领域、全方位的发展时期。

香港自回归以来，作为中国的一个城市，在“一国两制”下，保持了原来的制度，且受惠于内地改革开放所带来的各式各样先行先试政策，如内地与香港《关于建立更紧密经贸关系的安排》（即CEPA），服务贸易自由化，离岸人民币业务，两地金融市场的互联互通，像沪港通、深港通、基金互认、债券通以及泛珠三角合作、粤港合作、深港合作等，因此香港可以率先受惠于内地改革开放的好处，尽享先行者的优势，使两地经贸合作进入一个由政府带动的自觉合作的新阶段。

与此同时，香港是中国众多城市中国际化程度最高的，其法律制度和普通法亦为国际社会所熟悉，同时，香港人才具备两文三语沟通能力及国际网络。凭借上述优势，香港的金融服务、商贸服务、专业服务及其他工商业支持服务行业都获得了理想的发展。一方面，香港以诸多特有的优势和多功能的国际中心地位，为内地现代化建设提供更广泛的支持；另一方面，内地以迅速扩大的经济规模、最具潜力的市场腹地和丰富多样的要素资源，配合区域合作安排下率先开放市场的政策措施，为香港经济提供了广阔的发展空间，进一步提升了香港的国际地位和竞争力。

从两地合作模式看，改革开放后持续20年的学习效应和消化吸收，推动内地与香港的垂直分工向更高层次的经济关系——混合型分工及良性竞争合作迈进。从回归之后到CEPA实施前这6年多的时间里，香港与内地的经济关系更多地表现出这一特征：“窗口（前店）”和“腹地（后厂）”的界限渐趋模糊，内地与香港在发挥各自比较优势的基础上产生了竞争，双方取长补短，在更高层次上实现了相互补充，双方的生产效率和管理效率均得以提升。在混合型分工及良性竞争合作中，一方面是产业转移和行业渗透使得两地的经济分工在协作化的基础上进一步趋同化，尤其是内地制造业的崛起导致香港制造业萎缩，同时也促使香港服务业繁荣；同时，内地服务业的进步也很快，在法律、会计、医疗、视听、建筑、分销、银行、证券、运输服务上不断追赶香港服务业水平，促使香港服务业为保持竞争优势，努力往更高层次发展。另一方面是内地和香港通过不断进行制度创新，进一步增强企业或产业的竞争力，促使企业或产业更有效地利用资源，从而产生新的能力。在这一时期，香港和内地在经济上的相互依赖程度不断加深，混合型分工及良性竞争合作所产生的巨大动能，为内地与香港经济发展注入生机和活力。

2004年CEPA正式实施后，香港与内地的经济关系呈现出由政策推动的自觉合作这一特点。CEPA作为一项制度安排，促进了贸易和投资便利化，不但消除了两地产品流动的成本，而且减少了行政区划的阻隔效应，有效降低了两地资本、技术、劳动力等生产要素流动的阻力。进言之，香港和内地签署CEPA及一系列补充文件，促使香港和内地的各种经济要素在更大范围内配置，促进了企业合作和产业合作，标志着香港与内地的经济关系进入一个新的历史阶段。

二、合作发展的有利条件

改革开放40年来，内地和香港的经济合作取得了极大成功，两地合作关系是现有区域经济合作中最为密切的。其主要有利条件包括：

1. 优势互补和高度依存：两地经济合作的基本条件

从国际分工经验看，无论是垂直分工、水平分工，还是混合分工，基于经济优势互补和核心能力而产生的比较利益，是各类经济体合作发展的基本条件和重要纽带。在过去40年的发展历程中，香港的独特优势是内地难以企及的，因为香港拥有密集的贸易网络、敏锐的商业触觉、先进的基础设施、完善的金融系统、严谨的法律制度、自由开放的政策、廉洁有效的公务员队伍和简单的低税制，是世界级的现代化城市和亚太区的国际金融中心、贸易中心、航运中心和信息中心，资金充裕，技术能力、加工装配、经营管理以及营销能力等均是其强项。内地则拥有完整的经济体系、较好的工业基础、充足的科技力量、巨大的消费市场、高质的劳动大军、充沛的自然资源等，加上政府发展经济和民众发家致富的强烈进取心，是香港产业转型和合作发展的理想之地。

与此同时，过去香港与内地都面对着各自的发展瓶颈，亟待寻求因应之道。香港产业结构处于转型升级阶段，但技术力量和劳动力不足，经济成本居高不下，需要寻找新的生产基地，输出生产能力，降低产品成本，而这恰好是内地的强项。内地则缺乏资金、应用技术、国际市场和管理营销经验等，这些又是香港的独特优势，香港可以通过引进国际资金、知识、技术、信息和人才，帮助内地发展经济，并把内地产品输往全球各地。换言之，香港和内地要素禀赋和经济发展水平的差异性和互补性，决定了两地经济合作的基本分工与主要内涵，40年来除了贸易和投资以外，金融合作、科技合作、劳务合作、人才交流等各层次的合作都在同时展开，产业部门之间、不同区域之间的合作也取得不小成效。

2. 内地市场化改革和对外开放：两地经济合作的市场条件

香港和内地相类似的市场经济基础，是两地经济合作顺利开展的条件。香港一开埠就成为自由港，后来又是独立关税区，是一个对外开放程度最高、市场体系最完善的城市经济体系，在19世纪下半叶开始一直是中国重要的对外贸易转口港。中华人民共和国建立以来的近70年间，经历了整体经济和内部市场从高度封闭到局部开放，再到全方位开放的过程，香港与内地经济合作的发展过程，实际上也是两地在经济上从严重分离到重新整合的过程。可以说，香港经济回归母体是从内地改革开放那一刻开始的，内地改革开放开启了香港与内地经济重新整合的过程。过去40年的发展表明，内地经济市场化和开放程度越高，香港作为国际金融、贸易和航运中心的功能就越能够得到提升，香港的独特优势也可以得到更好发挥，内地推动改革开放无疑是两地经济合作的市场条件。

3. “一国两制”和《中华人民共和国香港特别行政区基本法》：两地经济合作的制度条件

“一国两制”是中央政府对香港特别行政区的主要方针和根本政治制度。根据《中华人民共和国香港特别行政区基本法》（简称《基本法》）的规定，回归后香港特区保持原有的经济制度不变，继续保持自由港地位和实行自由贸易政策，保障货物和资本的流动自由，在经济领域享有高度自治，自行制定实施经济和贸易法规、政策和措施；作为单独关税区，可以以中国香港的名义对外发展经济关系等，为“一国两制”下的两地经济关系提供了法律依据与制度安排。香港回归以来，中央政府严格贯彻“一国两制”的方针，不干预特区包括经济问题在内的自治范围内的事务，两地经济属于一个国家主体内不同单独关税区之间的关系，在遵循国际经济规则和惯例下进行经济往来和互利合作。与此同时，在“一国两制”的原则下，凡是有利于香港繁荣稳定、有利于内地与香港共同发展的事情，中央政府都会积极去做，全力支持，尤其是每当香港经济面临困难时，中央政府都态度鲜明地给予实际的支持，协助香港渡过难关。

香港特区政府也严格依照《基本法》办事，自主处理各项自治范围内的事务，并主动加强与内地的经贸合作。香港特区政府深刻认识到香港好国家好；国家好香港更好，也完全明白，内地长期以来一直是香港经济增长的核心动力来源，“一国两制”和《基本法》赋予香港优越的条件和特殊的地位，香港必须充分发挥这个优势，抓住机会不断深化与内地的经济合作，把两地经济关系提升到一个更高的水平。

以CEPA为例，内地与香港签署的CEPA以及其他合作法律性文件，从制度上保障和促进了香港与内地紧密的经济联系，有利于两地经济的进一步合作和共同发展。实践证明，CEPA不但为香港经济带来新的活力，在“非典”疫情之后加快了经济复苏的步伐，更为重要的是，CEPA在两地经济合作史上具有里程碑的意义，在推动香港与内地经济进一步合作方面发挥了重要功效，是一个具有强大优势的经贸合作平台。

三、两地合作的作用和问题

从内地角度看，40年前，香港是内地对外开放的主要引擎，在内地经济起飞过程中发挥了不可替代的作用。回归以来，香港在国家改革发展中所发挥的作用，不但没有减弱，反而不断加强。这主要体现在外贸出口、外商投资和内企上市等方面。具体而言：

一是贸易功能得到加强。国家加入WTO后，对外贸易条件得到改善，香港以其独特的自由港地位，充分发挥转口贸易及支持角色功能。2017年，中国香港是中国内地第三大贸易伙伴，紧随首位的美国及第二位的日本。内地海关统计数字显示，2017年内地与香港之间的双边贸易总额达2866美元，占内地对外贸易总额的7.0%，是1997年的近5倍。其中，内地对香港的出口货值达2793亿美元，令香港成为内地第二大出口市场。目前香港是内地最重要的转口贸易地，据香港特区政府统计，2016年60%的转口货物原产地为内地，而54%的出口以内地为目的地，这些都带动内地进出口贸易高速发展。

与此同时，内地与香港的商品贸易结构发生了很大的变化，1997年内地出口至香港的商品主要以纺织原料及纺织制品、塑料制品、鞋帽等劳动密集型的产品为主，内地自香港进口的产品以机器、机械器具及其零件以及电机、电气设备及其零件、收音机、电视机等为主。而2016年内地出口至香港的商品以录音机、电视机、机器、机械器具及其零件以及电机、电气设备及其零件等为主，该部分商品占内地对香港总出口额的近七成；内地自香港进口的商品以铜废碎料、铝废碎料、塑料废碎料及下脚料为主，金额则不断下降。

二是港商投资规模不断扩大。2017年内地实际利用港资金额达945亿美元，比1997年大幅增加约4倍，占内地吸收境外投资的75%。截至2017年底，内地累计批准港资项目逾40万个，实际使用港资10082亿美元，占内地全部利用外资的53.2%，其中绝大多数都是在香港回归以后投入的。与此同时，内地对香港的投资规模也不断扩大，其中对港直接投资的规模扩大最为显著，2008年内地对香港投资首次突破300亿美元，截至2017年9月底，内地对香港非金融类累计直接投资5312亿美元，占中国对外投资存量总额的一半以上。内地企业在香港的投资多分布在贸易行业，将香港作为走向国际的“中转站”，通过香港实现其全球化的目标。

三是为内地企业融资功能不断提升。香港作为三大国际金融中心之一，在吸引国际资本方面优势明显，其自由开放的金融体系、成熟的市场运行环境、众多的金融高端人才、完善的投资银行服务、健全的法制基础和市场监管体制对于内地企业有着极大的吸引力，成为内地企业境外上市的首选地。1993年，青岛啤酒在香港上市，成为首家来港上市的内地企业。如今，香港已经成为内地企业首选的海外融资中心和主要基地，到2018年3月底，香港股市中内地上市公司有1070家，占上市公司总数（2179家）的49.1%，市值占67.3%，交易占80.3%。另据香港金管局的资料，2017年9月底香港银行业与内地有关的贷款高达40730亿港元，占全部贷款的45%，为内地经济发展提供了重要支撑。

从香港的角度看，40年来国家推动两地经贸合作的各种政策措施，尤其是CEPA这一建基于“一国两制”优势，又具有超越WTO开放性质，极具针对性的区域合作安排，取得了较好的政策效果，加上个人自由行和人民币离岸中心建设等国家支持香港发展的一系列政策措施，为香港带来了极大的社会效益和经济效益。具体表现在：

1. 提升香港经济的增长水平

虽然香港经济于回归初期曾受到资产泡沫、亚洲金融风暴和“非典”疫情等挑战，但香港凭借“一国两制”和“背靠祖国、面向世界”的优势，经济终于见底回升，并再创高峰。CEPA是在2003年香港经济处于最困难的时候签署的，是一剂“强心针”，对提振香港的经济信心无疑有很大的作用。但其后经济信心的维系，则取决于CEPA能否取得实效。实践证明，CEPA对香港经济加快增长确实起了重要推动作用。据统计，2004—2017年，尽管受到全球金融海啸的严重冲击，香港经济仍获得年均4%的增长，对比1997—2003年的平均约2%，速度要快1倍；甚至对比被视为经济好景的回归前1990—1997年的年均增长5.1%，也只是略有放缓。这虽然是拜此期间全球特别是亚太区对外贸易蓬勃发展带动香港货物出口和服务输出快速增长所赐，但显然也与CEPA全面推动香港贸易和物流及相关行业进入内地市场以及积极推进内地和香港两地贸易便利化等政策密切相关。

与此同时，内地个人自由行自2003年实施以来，游客数量不断增加，早已占内地来港游客的一半以上。自由行不但给香港的零售市场带来了庞大的购物消费额，也带旺了酒店、饮食、交通等行业，使香港服务输出中的旅游服务输出总量，从2003年的556亿港元急增至2017年的2591亿港元，年均实质增长11.8%，大大快于整体服务输出的增速；其中对内地的旅游服务输出占同期香港旅游服务输出增加量的70%左右，换句话说，近些年来香港旅游服务输出高速增长，约七成是由内地游客带动的，其中内地个人自由行起了关键作用。2017年到港的内地游客达4445万人次，占香港游客总量的76%，是带动香港旅游服务的主要力量。

综合估计，国家推出CEPA、个人自由行以及发展香港金融中心等支持香港经济的一系列政策措施，带动香港经济每年增长大约2.5个百分点。也就是说，10多年来香港经济增长至少有六成与国家支持香港的政策措施有关，香港经济已进入一个主要由政策推动，并与内地合作发展的新阶段。

从香港经济结构上看，金融业、贸易及物流业、旅游业、专业服务及其他工商业支持服务是香港四大支柱产业，分别占2016年香港本地生产总值和就业人数的57%及47%，较开始有此项统计的2000年上升8个百分点及3个百分点，其中金融业、专业服务及其他工商业支持服务业以及旅游业自回归以来均获得了长足的发展，这是香港与内地之间深化合作的结果。

从总量看，2017年中国香港经济规模达到2.66万亿港元，于全球排名33位左右，较1997年大幅上升约90%，年均实质经济增长为3.3%，人均生产总值也由1997年的21.2万港元上升至2017年的逾36万港元（4.6万美元），全球排名15位左右，足以媲美不少欧美先进国家，香港市民生活水平在回归20多年来也获得显著提升。

2. 推动货物贸易更上新台阶

过去20年香港和内地在贸易投资促进、通关便利化、电子商务、法律法规透明度、商品检验检疫、食品安全、质量标准、中小企业合作、产业合作、保护知识产权合作、品牌合作和教育合作等方面加快了合作，并取得了突破，从而带动两地贸易的快速发展。根据香港特区政府统计处的资料，2003—2017年香港整体货物出口从2234亿美元增加到4969亿美元，平均每年增长5.9%，大大高于1997—2003年的水平（每年增长2.8%）。这主要是由港内贸易推动的，过去14年香港对内地的货物出口从952亿美元猛增到2700亿美元，年均增长7.7%，快过同期香港整体出口的升幅；前后一共增加1748亿美元，占香港全部出口增加量的62.8%。换句话说，香港货物出口增长超过六成是由香港对内地出口带动的，这使得香港对内地出口占全部出口的比重，由2003年的42.6%增加到2017年的54.3%，共提升了约12个百分点。

CEPA也带动了内地对香港的出口，并通过香港的全球分销网络把内地货品更多地销往世界各地。据香港统计，过去14年香港从内地进口货物从969亿美元增加到2603亿美元，年均增长7.3%，快于香港整体进口的增速，使内地进口在香港全部进口中的比重从41.9%提高到46.6%。这些内地货物大多通过香港转口到世界各地，转口金额由2003年的1235亿美元，增加到2017

年的2855亿美元，既带动了内地对香港出口，也大大提升了香港转口贸易的规模和水平。与此同时，由于香港的离岸贸易总规模早已超过转口贸易，CEPA对推动香港与内地的离岸贸易也必然产生更大的影响。

3. 对香港服务贸易发展的贡献

近年来服务贸易迅速崛起并已成为香港经济的重要支柱和增长动力，2003—2017年香港服务输出总量从2636亿港元急升至8103亿港元，年均实质增长6.5%，是同期GDP升幅的1.63倍，也大大快于1997—2003年的水平（年均增加5.2%）；服务输出占GDP比重从1997年的17.5%，增加到2003年的21%，2017年更超过三成，这使得服务贸易对香港经济增长的贡献不断增大。过去20年香港服务净输出实质增量相当于GDP实质增量的39.4%，说明香港经济增长约有四成是由服务贸易带动的。

近年来香港服务贸易的快速发展，应与CEPA开放服务业从而加强香港与内地的服务合作紧密相关。在服务贸易方面，内地对香港服务业作全面或部分开放的部门有153个，占全部160个服务贸易部门的95.6%，不少行业对香港投资放宽或取消股权限制，降低注册资本、资质条件等门槛，放宽投资地域和经营范围等限制，尤其是2015年11月27日签署了《内地与香港CEPA服务贸易协议》。该协议是首个内地以准入前国民待遇加负面清单方式全面开放服务贸易领域的自由贸易协议，标志着内地与香港基本实现服务贸易自由化。2017年6月28日内地与香港签署了《CEPA投资协议》和《CEPA经济技术合作协议》，进一步给香港服务业进入内地发展提供了好机会，掀起了新一轮香港对内地投资的热潮。2017年中国内地实际利用外资达到创纪录的1310亿美元，其中来自香港的投资有989亿美元，占比高达75.5%，估计有较大比例的资金投入内地服务业，使得内地服务业利用外资比重接近三成。

CEPA对香港开放服务业，不仅使香港获得更多更好的投资机会，也带动香港本地的服务输出。据香港特区政府经济分析与方便营商处的调查结果，2004—2009年设于香港的服务企业由于CEPA而获得的额外业务收益累计约616亿港元，其中2007—2009年占525亿港元，相当于同期香港服务输出增长量的50.1%。也就是说，如果我们把香港服务企业因CEPA而获得的额外业务收益全部计入GDP，那么2007—2009年作为香港经济主要发展动力的服务输出的快速增长，超过一半是由CEPA推动的。虽然近几年尚无最新调查数字，但从趋势上看，相信CEPA对香港服务业增长的推动力会是有增无减，说明国家支持香港的政策对于香港货物出口和服务输出增长都发挥了加速器的作用。

4. 促进全球金融中心的崛起

过去20年香港金融业的发展，总的来说，是“在危机中发展，在合作中进步”。自回归以来，香港经历了1997年亚洲金融风暴、2008年全球金融海啸和2012年欧债危机的洗礼，但在内地经济迅速崛起和两地合作不断深化的带动下，香港国际金融中心地位持续强化。香港作为中国国际化程度最高的城市，不单具有“一国两制”，实行普通法，资金、信息自由流通，营商环境公平和透明，拥有大量国内外人才，以及两文三语等优势，也受惠于内地改革开放带动两地经济要素加快流动，通过CEPA、自由行以及人民币国际化等先行先试的政策，使香港跨境金融业务得到快速发展。

内地改革开放和人民币国际化进一步推进，带动香港金融快速发展，主要包括股市规模不断扩展、财富管理行业崛起以及人民币业务的突破，香港发展为服务内地的国际金融、专业和商业服务业中心，内地企业上市集资的首要平台，海外企业走进内地和内地企业“走出去”的跳板以至全球最大的离岸人民币中心，区内主要的财富管理和资产管理中心。2016年内地企业在港新股集资1813亿港元，令香港再登全球新股集资榜首，而在港上市的内地企业数目亦由1997年的101家大幅增加至目前的超过1000家，带动港股市值在2017年底升至34.4万亿港元，较1997年超出9.5倍。2015年香港基金管理业务合计资产达17.4万亿港元，较2000年超出10.7倍。

另外，自2004年以来，香港银行正式开展人民币业务，其业务范围和产品种类不断推陈出新，丰富了香港原来主要以港元和美元作媒体的交易品种，使香港成为拥有三大币种优势的金融中心，以及全球最大的离岸人民币中心，并通过高效可靠的金融基建，充分发挥其离岸人民币业务，以及亚太区支付及结算枢纽的优势。国家还支持香港企业以人民币到内地直接投资，允许以人民币境外合格机构投资者（RQFII）方式投资境内证券市场，在内地推出港股交易所基金ETF，进一步强化香港作为全球离岸人民币业务枢纽地位。这些新措施不但使香港人民币投资、债市、股市和汇市等市场更加完备，而且突破了内地与香港资本市场的藩篱。

国家支持香港金融发展的一系列政策措施，有力地促进了香港金融业的发展，更获得与纽约和伦敦齐名的“纽伦港”称号。过去20年香港金融业增加值差不多翻了两番，平均每年劲升7.1%，是GDP增速的2.2倍。2016年金融业分别占香港本地生产总值和就业人数的17.7%及6.5%，较2000年增加了4.9个百分点及1.2个百分点，带动期间香港GDP平均每年增长1.1个百分点。换言之，2001—2016年的15年间，香港经济增长约27%是由金融业推动的。目前香港金融业增加值占GDP比重已提升到18%左右，开始超越进出口贸易，成为香港第一大支柱产业。

5. 对改善劳动就业的作用

亚洲金融风暴发生后，香港失业率从不足2%急升至最高的8.7%，但自CEPA实施以来，香港的劳工市场逐步好转，并恢复到全民就业水平。当然，这一成绩并非全部来自CEPA和自由行，但国家支持香港的政策无疑起了一定作用。根据香港特区政府早期的调查资料，截至2009年底，因CEPA开放服务贸易措施而在香港创造的职位超过4400个，因实施自由行计划而增加的本地职位更高达50300个，两者合计为54700个，占同期香港就业人数增量的17.4%，而发展人民币业务也增加了香港金融业的职位。此外，根据同样调查，截至2009年底，香港根据CEPA在内地设立的企业共创造了约40600个职位，可见国家支持香港的政策对内地劳动就业也有积极影响。其后虽然没有新的调查数据，但从目前失业率只有2.8%看，两地经贸合作对香港就业市场的推动作用十分明显。

40年来两地经济的合作与交流已经证明，国家的发展是香港经济增长潜力所在、动力之源。与回归前相比，虽然香港在国家经济总量中的比例不断缩小，但并不意味着香港对国家不重要了，香港仍拥有许多不可多得的优势和条件，仍将继续在国家发展中扮演重要角色。

当然，也要看到，香港和内地在经济合作中，始终存在着不可回避的问题，影响经济合作的深度。比如两地政治和经济制度的不同，导致在经济合作过程中不可避免会产生一些摩擦和不和谐。又如内地各地方与香港对经济合作有不同的利益要求，容易导致两地之间的分歧，从而影响两地经济合作的效果。再如CEPA协议虽然消除了大制度环境方面的障碍，但在实施中仍然遇到种种不协调，迄今为止香港的众多专业人士在内地仍难有发展机会，主要原因是法律和会计制度的差异以及两地对于专业资格认可的不同，未来需要不断改进，使之日臻完善。

总而言之，40年来，尤其是回归后香港走过了一条不平坦的道路。香港回归以前，一些西方舆论曾预言，1997年香港回归将是“香港之死”“香港繁荣的末日”，认为香港从此将失去其国际经济和金融中心的地位。然而，20多年过去了，香港不但保持了原有的社会、经济制度和生活方式，而且克服了亚洲金融危机、全球金融海啸以及“非典”、禽流感等严重冲击，在内外部环境发生急剧变化的情况下保持了高度的稳定和发展。美国传统基金会连续20多年将香港评为全球经济自由度最高的地方，在世界经济论坛（WEF）和洛桑国际管理发展学院（IMD）的全球竞争力评比中，香港仍是名列前茅。实践证明，“一国两制”在香港的实施是成功的，香港与内地的经济联系越来越紧密，香港经济的发展动力就会越强，也就更能创出新优势，更上一层楼。

第十章　投资及产业合作

在过去40年，投资及产业合作是香港和内地经济关系的基础和原动力，其他领域如贸易、航运、物流、金融和专业服务等合作均由此而生。两地投资及产业合作虽有地理相近、血缘相同和文化相通的有利因素，但更重要的是它基于优势互补理论，其核心是国际直接投资中投资方与受资方的优势互补关系以及优势要素的转移和结合。在两地相互投资中，香港的优势要素表现在国际联系、资金供应、人才支持、组织管理和企业文化差异协调等方面，内地的优势要素表现在丰富的土地和人力资源、极具潜力的内部市场和历史性的投资机会等，两地互补优势要素发挥合力，使得相互投资及产业合作快速发展。

一、前20年：投资带动制造业转移

从实施改革开放的那一天起，内地首先为香港打开了直接投资和产业转移的大门，香港企业积极投资内地，广泛参与内地经济建设，成为内地外来投资的主要来源，40年来始终保持内地最大外来投资者的地位。其中又可分为香港回归前和回归后两个阶段，各有大约20年的投资合作历程。

前20年（1978—1997年）为香港对内地投资的第一阶段。在内地改革开放曙光初现的时刻，香港企业捷足先登，迎着内地改革开放的曙光大量投资内地，带动香港制造业向内地，尤其是珠三角一带转移，利用内地优势迅速扩大产能，大幅度降低成本，并获得了很大的业务拓展空间。

首先，香港对内地投资是从加工贸易开始的。1978年7月的一个晚上，被香港不断上涨的成本逼到濒临倒闭边缘的香港信孚手袋制品公司东主张子弥在东莞县第二轻工业局领导的陪同下，来到该局设在虎门的太平服装厂，出了一道按板加工的考题。张子弥从包里拿出一个黑色的人造革手袋和带过来的毛料，让太平服装厂复制手袋。太平服装厂安排技术人员赶工复制，第二天就交出一个和样品一模一样的手袋。张子弥感到很惊讶，没想到这个厂效率这么高，做工质量又极好，当即拍板投资200万港元，与太平服装厂合作开办了全国第一家来料加工企业——太平手袋厂。同年9月，太平手袋厂获得国家工商总局颁发的第一个牌照，编号为“粤字001号”，成为中国第一家“三来一补”的企业。

张子弥还从香港带了几个电工、机修工和技术人员到东莞，教导太平手袋厂的工人使用和维修设备。在这之前，这个厂都是用脚踏设备，全部改为电动设备后，生产能力得到了很大提高。太平手袋厂还根据张子弥的建议，在管理上学习香港的经验，制定了明确的厂规厂纪，靠制度管人，这在当时是非常先进的。大约半年之后，张子弥就把他在香港的工厂全部搬到了东莞，然后他又在珠三角其他城市陆续开设工厂，不断提高生产能力和扩充生意规模。

太平手袋厂的成功产生了良好的示范效应，很多港商纷纷到太平手袋厂参观，放下了对内地政策的各种顾虑，并决定来东莞投资建厂。其后短短10多年时间内，东莞“三来一补”企业遍地开花，散落在东莞各镇乡的街巷农舍。到1988年底，“三来一补”企业猛增至2500多家，遍布绝大多数乡村，东莞从一个默默无闻的农业小县，一跃成为全国知名的制造业大市，堪称“东莞奇迹”。

东莞探索的一小步，就是全国跨越门槛的一大步。东莞“三来一补”企业的成功，引起了全国各省市的普遍关注，随后，“三来一补”“两头在外”“借船出海”等新生事物在全国迅速推行开来，“东莞模式”被珠三角其他城市乃至全国各地广泛采用，吸引港资发展经济，一时间成为全国的潮流①，带动香港制造业加快向内地迁移。

其次，两地合资企业接踵而来。1979年，全国人大只用3个月时间就制

①唐志平：《东莞县太平手袋厂：全国首家“三来一补”企业》，东莞时间网，2015年10月19日。

定了7个重要法律，并在当年7月召开的中共五届全国人大二次会议上获得一揽子通过，创造了中国立法史上的奇迹，其中就包括了中国第一部利用外资的法律——《中华人民共和国中外合资经营企业法》。然而，众多港商对刚结束“文革”的内地仍持观望态度，香港企业家伍淑清有一次在内地飞机上就餐，同机乘客发现空姐送来的食品竟然是冰凉的，于是纷纷抱怨，而伍淑清却产生了开办航空食品公司的念头。1980年4月，由香港中国航空食品公司和中国民航北京管理局合资经营的企业——北京航空食品公司获得国家外国投资管理委员会发放的中外合资企业营业执照001号，开创了中国内地利用外资的先河，也开启了香港大规模投资内地的历史进程。

再次，经济开发区成为开放发展的策源地。始创于1872年晚清洋务运动时期的香港招商局，更是投资内地的急先锋。作为中国第一家民族工商企业，香港招商局自然不甘人后，1979年1月经国务院批准，在深圳蛇口开山填海，创办了蛇口工业园区。这一工业园区于深圳南头半岛东南部，东临深圳湾，西依珠江口，与香港新界的元朗和流浮山隔海相望，占地面积逾10平方公里，是招商局全资开发的中国第一个外向型经济开发区，充当中国改革开放的重要策源地，并形成了招商蛇口特有的土地开发和运营模式，为中国开放发展作出了历史性贡献。

最后，两地合作酒店为港企投资内地添砖加瓦。1980年夏，时任广东省委书记的习仲勋在中山视察了中山温泉宾馆，这是即将开业的中国第一家中外合作酒店，酒店的开业标志着香港和内地合建酒店正式拉开帷幕。这家坐落于中山市三乡镇罗三妹山南麓的大型度假酒店，是由港澳著名企业家霍英东、何鸿燊先生等人投资兴建，岭南派建筑大师莫伯治先生设计，中国改革开放总设计师邓小平亲笔题名的。此后，香港和内地合资合作的酒店在神州大地上遍地开花，成为香港投资内地的一种重要形式，也为内地完善投资环境提供了有利条件。中山市罗三妹山还是一座极富纪念意义的名山，1984年2月，邓小平下榻中山温泉宾馆期间登上罗三妹山，在这里向全国发出了改革开放的最强音：不走回头路！在他当年驻足远眺的地方，矗立着一座由霍英东家族捐赠的邓小平青铜塑像。

据统计，1978—1996年，内地吸收外商直接投资累计达1772亿美元，其中香港对内地投资总值达到1010亿美元，占内地外商直接投资总值的57%，稳居内地利用外资的第一位。可以说，这个时期香港的投资及产业转移是内地对外开放的重要启动器，在内地，尤其是珠三角的开放发展中发挥了不可替代的作用。

二、近20年：投资带动服务业转移

香港回归以后，两地经济合作进入了新阶段，香港对内地投资和产业转移出现了如下重要变化：

一是对内地投资经历了V形的重大变化（详见表10）。回归后不久，香港即遭遇了席卷亚洲的金融风暴，对内地的直接投资连续数年出现了下滑趋势，投资金额从1997年的206.3亿美元，减至2000年的155亿美元。但从2001年开始，便恢复了持续增长的态势，且增速不断加快，2006年开始更出现V形反弹，当年投资金额刚刚重越200亿美元大关，2008年就突破400亿美元，2010年猛增至600亿美元以上，2014年更超过800亿美元，差不多两三年就上一个新台阶。2017年香港在内地直接投资金额高达945.1亿美元，创下历史新高；2018年1–9月内地实际使用港资640.7亿美元，占内地实际利用外资的65.4%，在内地外商投资中居绝对优势的地位，无论其他任何外资，都难以撼动。

表10　香港对内地直接投资及其占内地FDI比重

年份	投资额/亿美元	占比/%	年份	投资额/亿美元	占比/%	年份	投资额/亿美元	占比/%
1997	206.3	32.0	2004	190.0	29.7	2011	705.0	59.9
1998	185.1	31.6	2005	179.5	28.1	2012	655.6	57.9
1999	163.6	31.1	2006	202.3	30.2	2013	734.0	61.8
2000	155.0	26.1	2007	277.0	35.4	2014	812.7	68.0
2001	167.2	33.7	2008	410.4	43.1	2015	863.9	68.1
2002	178.6	32.5	2009	460.8	50.2	2016	814.7	64.7
2003	177.0	31.5	2010	605.7	55.7	2017	945.1	72.1

数据来源：国家统计局编写的《中国统计年鉴》。

从占全国外商直接投资比重看，V形上升的趋势似乎更为明显（详见图4）。亚洲金融风暴发生后的大约10年时间里，香港在内地外商直接投资中的占比，从1978—1996年期间平均的67%，降至三成上下徘徊，最低的2000年所占比重仅有1/4。但从2007年开始，香港占比开始大幅反弹，当年占比提高到35%以上，2009年又超过一半，2013年更超过六成，2017年则高居七成以上，差不多回到内地改革开放之初的高水平，进一步强化了香港在内地外商投资中的主力军地位。40年光阴走了一个轮回，香港又回到了祖国内地外商投资舞台的正中央。

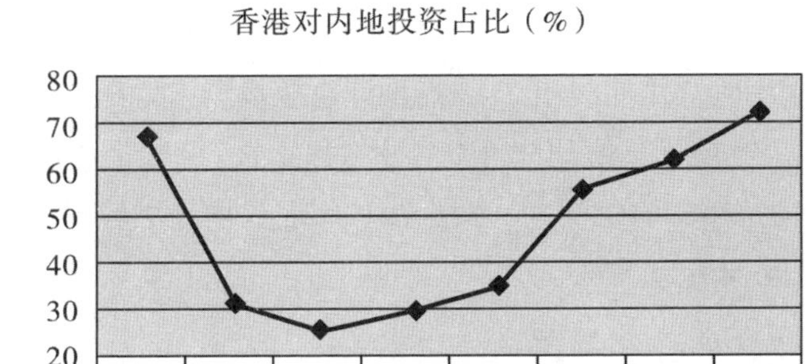

	1978—1996	1997	2000	2004	2007	2010	2013	2017
—◆— %	67	32	26.1	29.7	35.4	55.7	61.8	72.1

图4　香港对内地投资占比

数据来源：国家统计局及商务部。

二是香港对内地投资重点从制造业转向服务业。在香港回归的最初几年，香港制造业向内地迁移的步伐仍不停止，到21世纪初达到高峰。香港工业总会在2002年曾进行一个题为“珠三角制造——香港制造业的蜕变”的研究，估计香港有63000家公司在内地有生产活动，占12.3万家以香港为基地的制造商和进出口商的51%。2001年这63000家公司总共雇用477000名以香港为基地的员工，相当于香港总就业人数的14.8%，但在内地却雇用了逾1100万人，是这些企业在香港本地雇用人数的23倍，比香港在高峰期制造业就业人数多出10倍以上。

三是由于香港制造业外移已基本完成，加上内地通过CEPA协议向香港开放服务业，香港对内地投资行业从制造业一枝独秀到通信业、投资控股、地产、旅游、交通和各项商用服务等服务行业百花齐放。以2017年为例，在内地吸收的外商直接投资中，投入服务业的有955亿美元，占全部FDI的73.4%，其中，投入信息传输、计算机服务和软件业、批发和零售业、房地产业以及租赁和商务服务业等四大服务业的资金为654亿美元，占全部FDI的一半有多，而这些行业都是香港企业最擅长投资发展的领域，因而也是香港对内地投资发展的重点行业。在投资的地域分布上，港商涉足的地区从珠三角及东南沿海，逐步向内陆、中西部地区发展，香港对内地的投资结构也日趋完善。

总的来看，过去40年，内地累计批准港资项目41.7万个，实际使用港资10093亿美元，港资占内地累计吸收境外投资总额的53.1%。其中香港回归以来的20年（1998—2017年）里，香港累计直接投资内地达9083亿美元，占内地全部吸收境外投资总值的52.2%，平均每年投资444亿美元，大大高于回归前20年平均每年的61亿美元。截至2017年底，内地共注册香港个体工商户10495户，从业人员为28523人。

三、内地对港投资急起直追

与此同时，内地在香港的投资也与日俱增。20世纪80年代，正值内地改革开放大门刚刚开启，各省市地方财政普遍吃紧，经济建设资金严重短缺，为了吸收境外资金，内地地方政府纷纷在香港设立“窗口公司”，广东的粤海公司、福建的华闽公司等便是在这样的背景下成立的。1980年6月，广东省政府出资500万元人民币，在香港注册成立粤海企业集团。粤海企业集团于1981年正式开业，是内地省市在香港开办较早的经贸代表机构。随后，各地方政府纷纷效仿广东的做法，到香港开设“窗口公司”及其他各类企业，民营企业也尾随而至，开始进入香港大展拳脚。

到1991年，内地在香港经营的企业有1500多家，分布在不同的产业上，有商品贸易制造业、酒店、航运、物流、超级市场、金融、房地产以及基础设施工程等。到香港回归前夕，内地对香港累计投资425亿美元，设立中资企业2000余家，香港成为内地制造业、商贸物流业、建筑业、金融业和其他服务业在境外延伸的一部分，充分利用境外资源和市场为本地经济服务。

在中国内地境外直接投资中，以中国香港为投资目的地所占的比重一路遥遥领先，远远高于日本、美国等国。香港是内地境外投资最重要的目的地，内地的境外直接投资大部分都流向了香港，这一现实也巩固了香港国际金融中心的地位，并为中国内地企业在香港金融市场融资提供了间接的支持。据国家商务部统计，截至2017年底，内地对香港非金融类累计直接投资5481.5亿美元，占内地境外投资存量总额的52%。更重要的是，近年来内地对香港的投资规模有直追香港对内地投资之势，最典型的是2016年，内地对香港直接投资金额高达862亿美元，而当年香港对内地投资额只有815亿美元，表明内地已真正开始从“引进来”到“走出去”的方向转变。2017年内地由于加强对资金流出的监控，对香港投资金额降至560亿美元，这才再次低于香港对内地的投资额。另据香港特区政府统计处数据，截至2016年底，内地在香港的直接投资存量，以市值计算达4180亿美元，占所有来源地的25.7%。

为了吸引内地投资，自2002年以来，香港投资推广署先后在广州和北京设立了常设服务机构。2007年2月，香港投资推广署又在上海成立了常设机构——投资香港服务中心。继上海之后，香港投资推广署还将在成都成立在内地的第4家常设服务机构。

目前在香港的中资企业约有4000家，较有影响力的中资企业，除中银香港、华润集团、招商局集团、中旅集团等四大老中资外，还包括中信集团、光大集团、中保集团、中远集团、中国海外集团、航天科技集团、粤海集团、越秀集团、上海实业、华闽集团、深业集团和联合出版集团等，这些企业在香港各行业都占有一定地位。中资企业在香港的不断发展壮大，有力地支持了香港经济的发展和繁荣，也极大地丰富了香港的资本结构和产业门类。

内地在香港的投资遍及各种经济活动，包括投资控股、地产、各项商用服务、批发、零售、进出口贸易、运输及有关服务等。在内地对港投资的行业分布中，进出口类公司居首位，这与内地和香港的贸易依存度是高度相关的；其次是制造类企业、金融保险类企业、运输仓储类企业、房地产企业与旅游企业等。如中银集团在香港仅次于汇丰银行集团，居第二位，占有香港银行业资产和存贷款均超过一成。招商局集团在2017年实现营业收入5844亿元，利润总额1271亿元，在央企中排名第二；截至2017年底，集团总资产7.3万亿元，规模在央企中排名第一。中远集团作为当今世界最大的航运企业，拥有8500万载重吨、200万标准箱的货柜运力，可以为全球港口码头提供支撑服务。华润集团已发展成为中国内地和香港最具实力的多元化控股企业之一，2017年底其总资产达12159亿元，业务涉及大消费（零售、啤酒、食品、饮料）、电力、地产、水泥、燃气、大健康（医药、医疗）、金融等，集团共拥有实体企业1987家，在职员工42万人，直属企业中有6家企业在港上市，其中华润电力、华润置地位列香港恒生指数成分股。

四、对香港的作用和影响

香港与内地的相互投资和产业合作，在两地经济发展中发挥了重要作用。对内地而言，是经济起飞的重要引擎，有力地带动内地经济迅速崛起和发展。对香港经济转型和发展意义更加重大，具体来看：

1. 国际投资才是香港最大的经济支柱

香港虽然是亚太区首屈一指的国际投资及服务中心①，但国际投资对香港经济的极端重要性，却因其在基于“国土（本地）原则”的GDP核算中不被视为本地生产活动、投资及其带来的收益未能计入本地生产总值的“统计缺陷”，而几乎被笼罩在贸易和物流、金融、旅游以及专业服务和其他工商支持等四大支柱产业的光环之下，甚至连六大优势产业也都排不上。但“瑕”不掩瑜，从居民收入的角度看，国际投资及相关服务作为香港的一项动力最强、影响最广、收益最丰的经济活动，其重要性丝毫不亚于上述任何一个产业，甚至有过之而无不及。

根据香港特区政府统计处的数据，21世纪以来香港对外投资以相当于名义GDP逾两倍左右的增速扩张②，到2017年底香港国际投资头寸的资产总值，高达427351亿元（港元，下同），相当于当年名义GDP的16倍（详见表11）；为香港带来了13973亿元的投资收益流入（不包括本地投资支持服务的收入），相当于GDP的52.5%（详见表12），比香港四大支柱产业增加值的总

①在国际收支平衡表中，所谓国际投资包括香港向外投资和吸收外来投资两部分。本文论及的国际投资，主要指香港的向外投资。

②2000—2017年的17年间，香港国际投资头寸的资产总值劲增3.8倍，年均增长9.7%，同期香港名义GDP年均增长4.1%，前者为后者的2.37倍。

和（2016年为13675亿元）还要多，比香港第一大产业——贸易及物流业的增加值（2016年为5231亿元）要高出1.7倍，比香港第二大产业——金融业的增加值（2016年为4291亿元）更要高出2倍以上。可见，从收入规模看，国际投资才是香港最大的经济支柱。另外，香港也吸纳了大量外来投资，到2016年年底外来直接投资头寸高达126081亿港元，其中来自中国内地的直接投资头寸32414亿港元（见表13）占25.7%。

表11　香港国际投资头寸（期末头寸）　　单位：亿港元

项目	2000年	2010年	2017年	2000—2017年年均增长
资产	88993	232699	427350	9.7%
在外地的直接投资	30278	80780	159056	10.3%
有价证券投资	13943	72660	134904	14.3%
金融衍生工具	1311	4569	6201	9.6%
其他投资	35073	54717	93468	5.9%
储备资产	8388	19973	33721	8.6%
负债	71697	180589	317415	9.1%
在香港的直接投资	35508	90388	171901	9.7%
有价证券投资	11945	32185	44064	8.0%
国际投资头寸净值	17295	51711	108937	11.4%

数据来源：香港特区政府统计处。

表12　香港对外投资收益变动情况　　单位：亿港元

项目	2000年	2010年	2017年	2000—2010年平均增长
投资总收益	4234	9027	13973	7.4%
直接投资收益	1538	6812	9558	11.3%
有价证券投资收益	951	1868	3020	7.0%
整体收益/GDP	32.1%	51.6%	52.5%	—
直接投资收益/GDP	11.7%	39.0%	35.9%	—
国际投资头寸/GDP	675%	1283%	1604%	—

数据来源：香港特区政府统计处。

表13 2014—2016年香港外来直接投资头寸及年间流动 单位：亿港元

项目	年底头寸			年间流动		
	2014年	2015年	2016年	2014年	2015年	2016年
总计	116029	123359	126081	8765	13515	9112
中国内地	34935	32703	32414	2218	2008	2568
离岸中心	51334	57569	58725	4221	4521	4177
中国内地及离岸中心占比/%	74.4	73.2	72.3	73.5	48.3	74.0

数据来源：香港特区政府统计处。

2. 对香港产业及就业影响极大

更重要的是，国际投资不仅直接给香港带来巨额的经济收入，还深深影响着香港贸易、金融、旅游以及专业和工商支持服务等支柱产业的发展，从而带来了大量的就业机会，包括香港本地就业职位和海外工作岗位。以贸易为例，目前香港转口货物中超过七成与内地有关，而这些与内地有关的转口货物，大都是由香港投资在内地的来料加工企业提供的。据香港特区政府统计处的资料，2017年原产中国内地经香港输往世界各地的转口货品中，有72.6%曾经安排在内地加工制造，其他未涉及外发内地加工的转口货品，也有不少与香港投资于内地的生产企业有关，这说明香港在内地，特别是在珠三角地区投资设立的数万家工厂，实际上是香港贸易及物流发展的最大引擎。再以金融为例，多年来香港企业开展对外投资，带动了对项目融资、贸易融资、出口保险等庞大金融服务的需求，对外投资项目的成功运作又带动了企业对香港上市集资等高端金融服务的需求。对外投资对法律、会计、工程技术等专业服务的依赖更深，香港企业在对外投资谈判、项目评估、尽职调查和订立合同的过程中，经常可以看到律师、会计师等专业人士的影子。

3. 对外投资收益成为最重要的居民收入来源

由于香港对外投资收益数额巨大，而且21世纪以来以接近两位数的高速度（相当于同期名义GDP增速的2.4倍）扩张，预计未来香港对外投资收益流入总量占GDP比重将会持续上升，成为香港居民最重要的收入来源。这使我们看到了香港经济中更加亮丽的另一面，也让我们有充分的理由“拨乱反正”，确信国际投资才是香港经济中最有“钱途”的环节。

如果我们把香港国际投资按不同性质，再划分为直接投资和金融投资两大类，就会发现2017年香港向外直接投资收益流入高达9558亿元（港元，下同），相当于多年来社会各界力保不失的香港“三大中心”所创造的价值总和（2016年贸易、物流和金融业增加值合共9552亿元）。而且21世纪以来向外直接投资收益增长极为迅猛，2000—2017年年均增长11.3%，是同期名义GDP升幅的2.8倍，最近7年的平均升幅虽降至5.0%，但仍高于香港名义GDP增速。向外直接投资收益占香港全部国际投资收益的比重，从2000年的36.6%迅速增加到2017年的68.4%，从而成为国际投资的主力。向外直接投资包括有价证券投资、金融衍生工具、其他投资和储备资产在内的金融投资。虽然时有较好的表现，但由于饱受金融风暴的影响，过去17年的投资收益每年仅增长3.0%，金融投资收益占全部国际投资收益的比重，在2017年已降至不足1/3，尽管2017年底金融投资按市场价值衡量的全部头寸高达26.8万亿元，占香港国际投资总头寸的62.8%。有鉴于此，下面主要从对外直接投资角度探讨如何打造世界级的国际投资平台这一重大课题。

4. 内地是最重要的合作伙伴

在香港全部向外投资中，内地无疑是最重要的目的地。根据香港特区政府统计处提供的香港对外直接统计数字，2016年底香港向内地直接投资头寸为4.82万亿元（港元，下同），占香港向外直接投资总头寸的40.2%；当年从内地取得4526亿元的投资收益，更占到香港全部向外投资总收益的一半左右，说明对内地投资的效益要远远高于其他地区。但这些比重仍然低估了中国内地对中国香港国际投资的重要性，因为香港向外直接投资的最大特点，是约有45%的投资头寸投放于设在英属维京群岛、百慕大群岛和开曼群岛等离岸金融中心的公司，但这些离岸金融中心主要是簿记中心（Paper Center），并非实际投资的地方，大部分资金会转投到中国内地，部分资金甚至会转回中国香港。如果我们在香港向内地投资数额中加上香港通过离岸金融中心对内地的投资额（目前，内地在统计来自香港的直接投资中已加上香港通过离岸金融中心的投资），并在香港向外投资总额中扣除转回香港的投资资金，那么香港向内地直接投资的实际头寸以及从内地取得的实际投资收益，占香港向外直接投资总头寸和向外投资总收益的比重均在八成以上。

根据国家“十三五”规划中关于要“加大内地对香港开放力度，推动CEPA升级”的安排部署，2017年6月内地与香港签署了CEPA下的《CEPA投资协议》和《CEPA经济技术合作协议》。这两个协议是CEPA升级的重要组成部分，是内地与香港在“一国两制”框架下按照世界贸易组织规则作出的特殊经贸安排，是落实国家“十三五”规划的具体行动和支持香港参与“一带一路”建设的集中体现，也是香港回归20年来内地与香港经贸合作又一个新的里程碑，对未来两地投资合作和发展将带来促进作用，充分体现了中央对香港经济发展和长期繁荣稳定的支持。

《CEPA投资协议》是一个内容全新的CEPA子协议，全面涵盖投资准入、投资保护和投资促进等内容，为两地经贸交流与合作提供更加系统性的制度化保障。在投资准入方面，内地在市场准入方面再次对香港采用“负面清单”开放方式，进一步提升两地间的投资自由化水平。在投资保护方面，对投资的征收补偿、转移等给予国际高水平投资保护待遇。关于投资者与投资所在地一方的争端解决，双方共同设计了一套符合“一国两制”原则、切合两地需要的争端解决机制，为两地投资者的权益救济和保障作出全面和有效的制度性安排。

《CEPA经济技术合作协议》既包括对CEPA及其10个补充协议中有关经济技术合作的内容的全面梳理、更新、分类和汇总，也包括根据两地经贸合作实际需要提出的新的合作内容。重点内容包括：针对香港业界十分关心的香港参与“一带一路”建设设置了专章；设立了次区域经贸合作专章，既为香港经济发展注入新的动力，也为内地深化改革、扩大开放增添活力；进一步深化两地在金融、文化、中小企业合作、知识产权合作等十四个重点领域的合作，同时新增了“法律及争议解决合作”和“会计合作”条款，为香港的专业服务提供新的机遇。

商务部表示，内地与香港互为最重要的投资伙伴，通过《CEPA投资协议》，内地将进一步扩大对香港的开放，保持CEPA作为内地对外开放的最高水平，这将直接惠及香港投资者在内地的投资、创业，保持香港的竞争优势，为香港的繁荣稳定发展提供新的空间和创造更有利的条件。同时，也将对香港来内地投资和内地赴香港投资实现更加全面、完善的投资保护。通过《CEPA经济技术合作协议》，把支持香港参与“一带一路”建设、次区域合作的内容纳入其中，使香港融入国家发展战略，深度参与国家改革开放大局，有利于内地与香港经济的全面深入合作，实现共同发展。

第十一章 贸易及物流合作

以贸易起家的香港，不论是在工业化时期还是在服务业发展阶段，都离不开对外贸易这一主要经济活动，并且都与内地分不开，内地与香港可以说是唇齿相依、息息相关。我们在第一编中已谈及香港从开埠到20世纪70年代经济多元化时期与内地的贸易关系，本章重点阐述国家改革开放40年来两地贸易及物流合作的特点、进展和影响。

一、贸易合作的主要进展

改革开放40年来，内地和香港的贸易关系不断加深，目前内地已成为香港最大和最重要的贸易伙伴，香港则是内地第六大货物贸易伙伴和第四大出口市场，也是内地最大的服务贸易伙伴。两地贸易合作产生的巨大能量，有力地推动了内地开放型经济的飞跃发展，也带动香港经济不断转型并攀上新高峰。其主要进展和特点如下：

1. 投资及产业转移带动两地贸易高速成长

从1978年内地推行改革开放到1997年香港回归，是内地和香港深化贸易合作的第一阶段。在内地改革开放初期，内地主要把香港作为转口港，向国际市场转售内地生产的货品。据香港特区政府统计处资料，1978年中国内地对中国香港出口105.5亿港元，占香港全部进口额（630.6亿港元）的16.7%，仅次于日本（对香港出口144.1亿港元，占22.9%），排第二位。内地从香港进口的数量很少，1978年香港对内地转口的货值只有2.14亿港元，仅占香港转口总值的1.6%，在香港转口市场中的排名可谓五甲不入；香港本地生产产品对内地的出口量更少，差不多可以忽略不计。两地贸易额只有108.5亿港元，仅占当年香港进出口总值（共1170亿港元）的9.3%。

但仅仅两年之后，两地贸易关系急剧升温。1980年中国香港对中国内地的转口大幅增至46.64亿港元，跃居香港转口市场第一位，占香港转口总值的比重从两年前的1.6%急升至15.4%，超越排第二位的美国（30.9亿港元，占10.3%）和居第三位的印度尼西亚（27.1亿港元，占9.2%）。内地对香港的出口也比两年前猛增1倍至219.5亿港元，虽然仍是香港第二大进口来源地，但占香港进口总值比重从16.7%提高到19.7%。两地贸易总值增至282亿港元，比1978年劲升1.6倍，年均升幅高达61.3%，占香港进出口总值（共2099亿港元）的比重从9.3%提高到13.4%，两地贸易合作出现开门红。

1982年，中国内地对中国香港的出口额增加到329.4亿港元，首次超过日本的315.4亿港元，成为香港第一货物进口来源地。这一年，香港本地产品对内地的出口也达到38.1亿港元，居香港本地产品出口市场第四位。中国香港对中国内地转口的货物增加到79.9亿港元，继续排在首位，抛离排在第二位的美国（56.2亿港元）和退居第三位的日本（26.7亿港元）。两地贸易额增加到494亿港元，占香港货物贸易总额（2703亿港元）的比重提高18.3%。

1984年，中国香港对中国内地的转口货值再急增至280.6亿港元，是1978年的131倍，比排在香港转口市场第二位的美国（121.1亿港元）多出1.3倍；香港本地产品对内地的出口也增至112.8亿港元，跃升香港本地产品出口市场的第二位，是1978年的140倍。两地贸易额进一步增加到951亿港元，首次超过中国香港和美国的贸易额（908.3亿港元），内地成为香港最大的贸易伙伴，占香港货物贸易总额（4448亿港元）的比重达到21.4%，两地贸易合作结出丰硕的果实，开创出新纪元。

1988年两地贸易再创佳绩。当年中国香港对中国内地的出口额升至1329亿港元，首次超过对美国的出口额（1224亿港元），居香港出口市场第一位。香港从内地进口也达到1556亿港元，比4年前猛增1.8倍。至此，内地不但是香港最大的贸易伙伴，也是香港第一大出口市场和最大的进口来源地。香港进出口贸易额也劲增到接近1万亿港元（9919亿港元），两地贸易额占香港贸易总额的比重进一步提高到29.1%。

1993年，中国香港本地产品对中国内地的出口额（633.7亿港元）首次超过对美国的出口额（602.9亿港元），居香港本地产品出口市场第一位。虽然其后有所反复，但到香港回归时，香港本地产品对内地的出口额比对美国的出口额要多出16%。1997年无疑是极具纪念意义的一年，当年中国内地对中国香港出口6084亿港元，从香港进口5077亿港元，两地贸易额达到创纪录的11161.2亿港元，占香港贸易总额的36.3%，远超居第二位的中国香港和美国的贸易，是中国香港和美国贸易额（4418亿港元）的2.5倍。

总的来看，在这一内地经济起飞和香港经济急速转型的特殊阶段，两地贸易额大幅增加102倍（详见表14），平均每年增速高达26%，在香港贸易总额中的占比从1978年的不足一成急升至36.3%以上，对香港贸易增长的直接贡献率达到37.4%。与此同时，内地进出口贸易总额也从1978年的206亿美元猛增至1997年的3251亿美元，两地贸易的直接贡献率更高达46.5%。由此可见，在这一时期，两地深化贸易合作对外贸易发展的主要引擎，对内地贸易增长的贡献，甚至超过对香港贸易增长的贡献。

表14　1978—1997年内地和香港贸易发展趋势

年份	香港从内地进口/亿港元	港产品对内地出口/亿港元	香港转口内地/亿港元	两地贸易总额/亿港元	两地贸易占香港外贸比重/%
	（1）	（2）	（3）	（4）=（1）+（2）+（3）	（5）
1978	105.5	0.8	2.1	108.4	9.3
1980	219.5	16.1	46.4	282.0	13.4
1985	589.6	151.9	460.2	1201.7	25.8
1990	2361.3	474.7	1109.1	3945.1	30.8
1995	5394.8	635.6	3840.4	9870.8	34.8
1997	6083.7	638.7	4438.8	11161.2	36.3
1997年比1978年增长/提升	56.7倍	797.4倍	2112.7倍	102.0倍	+27.3

数据来源：香港特区政府统计处。

2. 内地入世促两地贸易平稳发展

香港回归以后，两地贸易合作进入一个新阶段。1997—2007年两地贸易合作进展较大（详见表15），主要是中国加入WTO带动进出口贸易迅猛发展，使两地贸易踏上新台阶，两地贸易总额从11161亿港元增加到26380亿港元，10年间劲增1.36倍，年均增长9%。其中内地对香港出口从6084亿港元增加到13297亿港元，10年间上升1.19倍，年均增长8.2%；香港对内地出口从5078亿港元劲增至13083亿港元，10年间上升1.58倍，年均增长9.9%，略快于内地对香港出口增速。

表15　1997—2017年内地和香港贸易发展趋势

年份	香港从内地进口/亿港元	港产品对内地出口/亿港元	香港转口内地/亿港元	两地贸易总额/亿港元	两地贸易占香港外贸比重/%	两地贸易占内地外贸比重/%
	（1）	（2）	（3）	（4）=（1）+（2）+（3）	（5）	（6）
1997	6084	639	4439	11161	36.3	44.0
2000	7150	542	4888	12580	38.9	34.0
2005	10493	446	9679	20618	45.0	18.6
2007	13297	406	12677	26380	47.5	15.6
2010	15298	312	15670	31280	48.9	13.5
2015	19840	204	19161	39205	51.2	12.8
2017	20301	173	20886	41360	50.2	13.4
2017年比1997年增长/提高	233.7%	-72.9%	370.5%	270.6%	+13.9	-30.6

数据来源：香港特区政府统计处和国家统计局。两地贸易额按香港特区政府统计处资料计算，内地外贸总额按国家统计局的资料计算。

最近10年两地贸易增长有所放缓，主要是受到全球金融海啸和欧债危机的影响，香港和内地两地贸易额从26380亿港元增加到41360亿港元，10年间仅上升56.8%，年均升幅从前10年的9%降至4.6%。其中内地对香港出口从13297亿港元增加到20301亿港元，10年间上升52.7%，年均增幅只有4.3%；香港对内地出口从13083亿港元增加到21059亿港元，10年间上升61%，平均每年升幅也不足5%。其中2016年还出现负增长，2017年才开始复苏并恢复增长，当年两地贸易额上升7.1%，2018年上半年升幅加快到10.3%。两地贸易增速前高后低，是近20年间香港和内地贸易合作的一大特点。

但也要看到，过去20年香港和内地在贸易投资促进、通关便利化、电子商务、法律法规透明度、商品检验检疫、食品安全、质量标准、中小企业合作、产业合作、保护知识产权合作、品牌合作和教育合作等方面加快了合作，并取得突破，从而带动了两地贸易的快速发展。根据香港特区政府统计处的资料，2003—2017年香港整体货物出口从2234亿美元增加到4969亿美元，平均每年增长5.9%，大大高于2003年前7年的水平（每年增长2.8%）。这主要是由港内贸易推动的，过去14年香港对内地的货物出口从952亿美元猛增到2700亿美元，年均增长7.7%，快过同期香港整体出口的升幅；前后一共增加1718亿美元，占香港全部出口增加量的62.8%。换句话说，香港货物出口增长超过六成是由香港对内地出口带动的，这使得香港对内地出口占全部出口的比重，由2003年的42.6%增加到2017年的54.3%，14年间共提升了约10个百分点。

CEPA也带动了内地对香港的出口，并通过香港的全球分销网络把内地货品更多地销往世界各地。据香港统计，过去14年香港从内地进口货物从969亿美元增加到2603亿美元，年均增长7.3%，快于香港整体进口的增速，使内地进口在香港全部进口中的比重从41.9%提高到46.6%。这些内地货物大多通过香港转口到世界各地，转口金额由2003年的1235亿美元，增加到2017年的2855亿美元，既带动了内地对香港出口，也大大提升了香港转口贸易的规模和水平。

近20年间香港和内地贸易合作的第二个特点，是香港本地生产的产品对内地出口持续减少。港产品出口内地在1997年创下639亿港元的高峰后，就一路不停地下滑，这与香港本地制造业不断萎缩直接相关，即使有CEPA协议也难以挽衰落之势。2007年港产品对内地出口额降至406亿港元，比1997年下降36.5%；到2017年，港产品出口内地的金额减少到只有173亿港元，比20年前大跌逾七成，占香港对内地出口的比重在20年前仍占12.6%，至今已降至不足1%。

近20年间香港和内地贸易合作的第三个特点，是两地贸易占香港外贸比重越来越大，但占内地外贸比重却越来越小。正如上述，1997年香港回归时，两地贸易占香港外贸比重已高达36.3%，10年后进一步升到47.5%，平均每年提升超过1个百分点，这主要是中国加入WTO带动两地贸易加速成长的缘故。最近10年两地贸易增速虽有所放缓，但由于其增速仍高于香港整体贸易，因而其在香港外贸中的占比继续上升，近几年都在50%以上，占有香港贸易的半壁江山。

两地贸易在内地外贸中所占比重则是一路向下。1997年香港回归时，这一比重高达44.0%，稳居内地进出口市场第一位。但10年之后，两地贸易占内地贸易比重却急降至15.6%，大幅下跌28.4个百分点，主要原因是内地在此期间对外贸易总额从3251亿美元大幅增加到21738亿美元，狂升5.7倍（两地贸易仅上升1.36倍），年均增速超过两成，尤其是中国加入世贸后的5年，外贸总值激增2.5倍，平均每年飙升28.5%，大大超过两地贸易增速，令两地贸易占比迅速下降。另一个因素是人民币汇率持续回升，即人民币兑美元平均汇价从1997年的8.29，升至2017年的6.75，而港元与美元挂钩，抬高了内地以美元计算的贸易增速。到2017年，两地贸易在内地外贸中的占比进一步降至13.4%，不过近年来这一比重已逐步趋于稳定，在13%左右徘徊。当然，这一比重的下降还与两地贸易统计口径的不同有关。按国家统计，目前中国香港是中国内地的第五大贸易伙伴，排在欧盟、美国、东盟和日本之后。

3. 外发加工是两地贸易的重要特点

如前所述，贸易与投资及产业转移相结合，是两地贸易的一个重要特点。40年来，香港的加工制造业逐步迁移到内地进行生产或完成一定的加工工序，这种由内地加工、香港销售的“前店后厂”合作模式，在香港也叫作“外发加工”。外发加工的安排可以由“来料加工”或“进料加工”方式进行，一般是从香港或经香港将原料或半制成品出口往内地加工，经加工后的制成品再依据合约安排进口香港。在香港现行贸易统计系统下，与外发内地加工有关的贸易是与其他类型的贸易混合一起记录，为了更有效评估香港与内地之间的贸易表现，香港特区政府统计处自1988年开始进行统计调查，以搜集涉及外发内地加工贸易的资料。数据显示，在香港输往内地的整体出口货值中，作外发加工用途所占的比重从2006年的35.5%逐步下跌至2016年的27.6%；从内地进口的货品中，与外发加工有关的货值所占的比重从2006年的64.5%下跌至2016年的39.4%；而原产地为内地输往其他地方的转口货品中，涉及外发加工贸易货值所占的比重也由2006年的80.7%下跌至2016年的70.7%。可见，近年来“外发加工”在两地贸易中的占比虽有所下降，但在两地贸易中仍担当着重要角色。

从货品种类看，在2016年香港输往内地作外发加工活动的整体出口中：

排第一位的是机械及机械用具、电动机器设备，占64.8%；第二位为录音器及播音器、电视录像录音器及回放装备，占13.6%。从内地进口而涉及外发加工贸易的货品中：排头位的是录音器及播音器、电视录像录音器及回放装备，占35.5%；第二位是机械及机械用具、电动机器设备，占31.9%；衣物及衣服配件（纺织衣物）排在第三位，但只占6.4%。原产地为内地经香港输往其他地方而涉及外发加工的转口货品排序与从内地进口相同，其中录音器及播音器、电视录像录音器及回放装备排在第一位，占40.3%；第二位是机械及机械用具、电动机器设备，占29.4%；衣物及衣服配件（纺织衣物）排在第三位，只占8.7%。

4. 内地全力保障对香港农副产品的供应

对香港农副产品供应不仅仅是两地贸易，而且事关香港民生及稳定，中央政府历来高度重视此项工作，要求有关部门和地方要保障供港农副产品稳定供应、质量安全。长期以来，国家有关部门和省市与香港特区政府有关部门建立了密切且高效的联系机制，同时内地还培育了一支长期稳定的供港经营队伍，建立了一批供港高标准生产加工基地，农副产品均经国家检验检疫部门检验合格后对港出口。

香港回归祖国以来，商务部会同有关部门及地方，始终按照“优质、适量、均衡、应时”的原则，充分征求香港特区政府有关部门意见，足额安排配额，确保内地农副产品对港供应的稳定和质量安全，有效地保证了香港市场的稳定供应和市民的消费需要。据国家海关统计，2016年内地供应香港农副产品541万吨，比1997年增长了2.5倍。其中，供港活猪及猪肉19.7万吨，是1997年的5.5倍；蔬菜85.3万吨，是1997年的2倍。目前，香港全部的活畜禽、92.7%的蔬菜和64%的鱼，都是从内地进口的。根据香港特别行政区方面的检测，内地供港农副产品合格率始终保持在99.9%以上。商务部长期会同有关部门督促相关企业严格执行检验检疫制度，切实加强质量管理，确保让香港市民吃上安全放心食品。

二、贸易转型之特点与影响

近几年来，香港经济不论是内部还是外部，都经历了十分显著的结构性转变。对外主要是香港的贸易形态发生很大变化，贸易转型不断加快，对香港经济产生了重大影响。这一贸易转型持续展开，无疑与香港和内地经贸合作的发展变化高度相关。未来在各种因素的影响下，香港贸易转型将会进一步加速，香港将从一个转口贸易中心逐步转变为集各种贸易模式为一体的贸易营运和控制中心。

1. 贸易转型的特点和表现

香港贸易转型的一个重要特点是传统贸易中的本地产品出口更多地转向转口贸易，本地产品出口比重进一步下降，转口贸易比重大幅度上升。如前所述，香港本地产品出口占总出口比重在20世纪70年代曾达到创纪录的81%，是香港贸易的主导模式，其后逐步下调，80年代以后随着香港制造业的外移，本地产品出口比重跌势加剧，90年代初只占35.3%，2017年更跌至只有1.1%，转口贸易比重则从70年代的不足两成上升至2017年的98.9%。从这一戏剧性的转变可以看到：

第一，本地产品出口不仅是比重下降，而且还出现总量收缩。2017年本地产品出口总值仅有435亿港元，比1992年最高峰时的2341亿港元，大幅减少81.4%，倒退到内地改革开放初期的水平。这使得制造业的就业机会大幅减少，曾经给香港的劳工市场带来巨大压力，成为亚洲金融风暴期间失业率急升的重要影响因素。

第二，本地产品出口转向转口贸易并非简单的结构调整，而是伴随着整体出口水平的扩张和提升以及转口港地位的恢复和发展，转口相当于香港GDP的比重从1978年的只有15.5%，增加到1997年的90.6%，到2017年再提升至143.9%，对经济增长的贡献逐步增大。

第三，转口功能的加强是生产工序北移后香港加工贸易活动范围扩展的结果。2016年与原产地为内地的香港转口贸易货值中，有超过七成与外发内地加工贸易有关，这正是加工贸易不断扩展的成果；没有加工贸易生产活动范围的北移和扩张，就不会有转口港地位的恢复和发展。近几年，香港转口贸易增长放缓，也与香港在内地特别是珠三角地区加工贸易的发展变化有很大关系。

贸易转型的另一个特点是转口贸易转向离岸贸易，转口贸易增长放缓，离岸贸易迅速崛起。所谓离岸贸易，是指香港从事的无须途经香港的对外贸易活动，它和转口贸易的主要区别在于有关货品是从货源地直接运往目的地，没有在香港清关。长期以来，香港并没有把离岸贸易列入外贸统计范围，而是将其作为服务输出计算这类贸易活动的服务增加值，并列入“有关贸易的服务”项目之中，1999年开始香港特区政府才正式统计离岸贸易。尽管如此，由于“转手商贸活动及其他与贸易有关的服务”超过八成是离岸贸易，我们仍可从该项目的表现去分析离岸贸易的发展变化。1996—2015年，香港转口贸易平均每年只增加6%左右，但“转手商贸活动及其他与贸易有关的服务”的增加值却每年劲升8.1%，其与传统贸易业增加值的比率从不足三成提高至七成以上。

另据香港贸发局和香港特区政府统计处的统计数据（详见表16），1988年香港离岸贸易总额只有1377亿港元，仅为转口贸易的一半；1997年香港离岸贸易总额增加到10520亿港元，相当于转口贸易总额的84.5%；2000年离岸贸易额增加到14250亿港元，开始超过当年的转口贸易额；2014年创下新高峰，当年离岸贸易额差不多是转口贸易额的1.5倍。1988—2016年，香港离岸贸易额从1377亿港元劲增到42439亿港元，28年间共增加约30倍，大大高于同期转口贸易额的升幅（增加不到12倍）。离岸贸易的崛起，一方面是由于广东省以外地区特别是长江三角洲地区生产制造的加快发展和对外贸易的快速增长（21世纪以来广东外贸进出口额增加4.9倍，但除广东外的全国其他地区进出口额则劲升9.2倍，长江三角洲地区每年升幅更高达11.2倍，大大高于珠三角地区的水平）；另一方面则是由于内地贸易支持服务特别是珠三角地区港口的迅速崛起，因为根据调查，大多数的贸易改在离岸进行，主要是为了节省运费，或应客户要求从内地直接付运。不过，迄今为止离岸贸易处理的货品仍以中低档次的大宗产品为主，较高附加值的产品如珠宝和钟表等仍大多通过香港转口。

表16　离岸贸易与转口贸易对比数据

年份	离岸贸易总额/亿港元	转口贸易总额/亿港元	比率/%
1988	1377	2754	50.0
1994	6550	9479	69.1
1997	10520	12445	84.5

（续表）

年份	离岸贸易总额/亿港元	转口贸易总额/亿港元	比率/%
2000	14250	13917	102.4
2005	20872	21141	98.7
2010	38863	29615	131.2
2014	52302	36175	144.6
2016	42439	35454	119.7

数据来源：香港贸发局和香港特区政府统计处。

贸易转型的第三个特点是加工贸易转向非加工贸易，加工贸易比重下降，非加工贸易比重上升。据香港特区政府统计，1997—2016年，香港和内地贸易额从11161亿港元增加到38603亿港元，平均每年上升6.8%，其中涉及外发加工的贸易额从7360亿港元增加到12914亿港元，平均每年只增长3%左右，非加工贸易却劲升10.6%，加工贸易比重由约2/3（65.9%）逐步降至1/3（33.5%），平均每年下降1.7个百分点；2016年香港和内地贸易额只轻微增长0.4%，其中加工贸易更下跌3.7%，非加工贸易却上升2.6%。非加工贸易比重不断上升的原因，包括内地企业生产的货品通过香港转口的数量不断增加、跨国公司在内地设立生产基地及直接采购再通过香港出口数量继续上升、香港在内地的投资重点转向基础设施和服务业令加工贸易发展后劲不足以及加工贸易货品更多地改为离岸付运等。由于内地改革开放以来香港转口中心的发展，在一定程度上得益于加工贸易，因而近些年加工贸易增长放缓也就成了影响香港外贸表现的“诱因”。从理论上讲，非加工贸易的发展才能真正体现香港的贸易中介地位和功能，近几年香港与内地的非加工贸易增长速度，与内地进出口贸易升幅相差不大，说明香港作为贸易纯中介地位并非像一般估计的那样出现大幅下降，影响香港本地贸易增长的反而是过去带动香港经济起飞的加工贸易。

2. 贸易转型的效应和影响

贸易转型既有正面的扩张效应，也带来一些负面的影响和作用。从正面效应看，主要包括：

一是贸易转型的结果使香港贸易形式更趋多元化，包括本地产品出口、离岸贸易、加工贸易和非加工贸易在内的各种贸易形式层出不穷，形成传统贸易与离岸贸易、加工贸易与非加工贸易并驾齐驱的局面。贸易形态的发展，特别是离岸贸易的崛起，扩阔了香港贸易中心的市场腹地，使香港贸易公司可以用不同的贸易模式更好地满足各类客户的需要，从而进一步提升香港的贸易功能，扩充香港贸易中心的能量。

二是提升了香港在世界贸易中的地位。40年来，香港以加工贸易为重要动力的转口贸易的发展，使香港外贸总量在全球的排名从1980年的第21位大幅提高到目前的第7位。近些年，香港在世界贸易中的排名没能进一步提升，主要是离岸贸易并没有计入贸易统计当中，若加入离岸贸易数字，香港的排名则将大大超前。

三是贸易转型是经济发展的重要动力。过去40年转口贸易的发展使进出口贸易成为香港经济的龙头行业，进出口贸易业增加值占GDP比重从20世纪80年代初的10%左右提高到2016年的17.7%。近几年，离岸贸易的发展则主要体现在香港贸易服务的快速增长上。据香港特区政府统计，1980—1995年，转手商贸活动及与其他贸易有关的服务占GDP的比重一直维持在5%左右，2015年这一比重迅速提高至10.8%，充分反映离岸贸易加快崛起的现实。若加上同期进出口贸易业的增加值，香港全部贸易及有关贸易的服务增加值占GDP的比重从1980年的14.6%提高到目前的两成以上。换句话说，贸易转型从总体上看不但没有影响外贸在香港经济中的龙头地位，反而不断强化这一地位。

1980—1995年，以转口贸易为主体的进出口贸易至少带动香港GDP每年增长1.2个百分点，占同期GDP平均升幅的两成左右。21世纪以来，有关贸易的服务增加值增量占同期GDP增量的17%，仅次于金融业的23.3%，成为香港经济增长的主要动力之一。

由此可见，40年来贸易转型产生的巨大扩张效应有力地推动了香港经济发展，转口贸易和离岸贸易都成为香港经济增长的最重要动力之一。如果没有贸易转型和发展，就不会有香港今天的贸易中心地位和在低增长中仍有亮点的经济表现，近些年香港的经济问题也许会更大。但也要看到，贸易转型对香港仍带来一定的负面影响：

首先，是香港传统贸易在中国贸易中的地位不断下降。20世纪90年代初香港和内地贸易额占中国外贸总值的比重曾接近50%，其后逐步下降，近几年跌势加剧，2017年这一比重从1997年的44%急降至13.4%，表明愈来愈多的内地货物通过香港以外的其他各种途径直接运往世界各地。

其次，是对经济增长的影响。由于各种贸易形式对香港本地经济的贡献相差甚大（2016年香港离岸贸易的毛利率只有6.5%，远低于转口贸易和港产品出口），贸易形态从高附加值转向低附加值，必会影响本地经济表现。以离岸贸易为例，2006—2016年香港离岸贸易增加18974亿港元，这些货物若全部经由香港转口，香港经济增长率平均每年可提升1个百分点。换句话说，如果香港转口贸易更多地采用外地付运方式，相对减少对香港贸易服务的依赖，最终会降低本地经济增长率。与此同时，各种贸易形式对香港经济的带动作用也不一样：本地产品出口至少可惠及本地制造业、进出口贸易业和贸易支持服务业，因而对经济的影响面最广，对消费和投资的带动作用也最大；转口贸易只惠及进出口贸易业和贸易支持服务业，其影响面和带动作用要小于本地出口；离岸贸易仅惠及部分贸易支持服务行业，其影响面和带动作用也最小。

再次，是对各有关行业都产生了不同程度的影响。香港贸发局曾经调查发现：内地产品直接付运或转运安排地点差别甚大，影响最大的运输行业，由香港安排的占不足两成；其他分别是测试/证明、仲裁和保险，由香港安排的比例占40%～68%不等；影响最小的是贸易融资，仍有超过八成在香港进行。

最后，是对本地就业的影响。贸易转型对本地就业的影响极大，40年来随着本地加工贸易制造业的外移，香港制造业就业人数由过去的百万大军减至目前的只有10万人左右，即使加上贸易支持服务行业的全部就业人口，也仍低于高峰期制造业的就业人数。2006—2016年香港离岸贸易增加18974亿港元，这些贸易若以转口形式进行，仅本地运输行业就可以增加约14万个就业机会。

当然，各种贸易形式并非完全是非此即彼的关系，如不采用离岸付运方式，就一定要通过香港转口，或不经香港转口，就一定要采用离岸贸易方式，因而上述有关贸易转型带来的影响主要是对特定条件下的一种估计，但它仍可反映近些年香港贸易形态发展变化的基本情况，并将对未来香港的对外贸易继续产生重大影响和作用。

3. 贸易转型的趋势和前景

香港贸易转型的前景取决于如下几项影响因素：一方面是珠三角贸易支持服务的发展。珠三角贸易支持服务特别是港口群的崛起和发展是近几年香港贸易转型加速的主要原因之一，未来随着贸易支持服务的进一步改善，珠三角对香港贸易支持服务的依赖将会相对减少，香港贸易转型也将进一步加快，特别是转口贸易将更多地转向离岸贸易。以货柜运输为例，20世纪90年代中期以前，珠三角货柜经香港出口比重高达90%，目前已降至三成左右。另一方面是内地市场开放效应。虽然目前内地正面对中美贸易战的挑战，但内地市场主动开放仍将促进对外贸易发展，水涨船高，香港和内地的贸易量也会随着增加。与此同时，外商将直接进入内地搞分销和采购，香港贸易公司也将更多地进入内地并从内地直接出口，这将进一步推动香港的贸易转型及促进离岸贸易的发展。与此同时，香港特区政府十分重视物流业的发展，早在2000年的施政报告就把发展物流业列为重要政策，并设立了专责机构加以推动，后来的财政预算案又把物流业列为未来发展的四大支柱产业之一，加上香港特区政府进一步开放第五航权，这些都为物流业的进一步发展创造了良好的条件。但也要看到，香港发展物流业起步慢，成本高，缺乏经验和优惠，人才不足，且面对邻近地区的激烈竞争。新加坡物流发展比中国香港要早10年，现在已是亚太区最重要的物流中心之一；珠三角的物流发展规划十分庞大且超前，广州、深圳、珠海等城市都把物流业作为未来发展的重点产业。珠三角物流业的崛起一方面为香港提供了新的合作机会，但另一方面也在贸易支持服务领域为香港带来更大的竞争压力。

从上述各项影响因素可以看出香港未来贸易转型的主要趋势：一方面，贸易转型仍将持续。香港本地产品出口比重和总量都将继续下跌，且将变得微不足道，转口贸易仍可维持一定速度的增长，离岸贸易则可望保持比转口贸易更快的增速。从总量上看，离岸贸易增加值早已超过转口贸易，成为香港对外贸易的主要形式，离岸贸易增加值占转口贸易增加值的比重从2000年的约四成，提升至2016年的65%左右，未来可望进一步提升。另一方面，加工贸易的重要性将逐渐下降，非加工贸易将继续成为香港进出口贸易的主要动力。预计到2020年，加工贸易占香港外贸总额的比重将进一步降至30%以下。总的来说，未来香港传统贸易的重要性将逐步下降，离岸贸易模式将更为重要，香港将从一个转口贸易中心逐步转变成为一个集多种贸易模式为一体的贸易运营和控制中心。

香港贸易转型的前景最终取决于现代物流业的发展。发展现代物流服务不仅可以推动香港经济转型及创造更多就业机会，而且可以确保香港在国际产业分工和中国经济发展中的合适定位，巩固和提升香港的国际贸易中心地位。目前香港经济正处在调整转型阶段，香港需要更好地拥抱转变，把握机会，主动出击，进一步加强物流基建，降低物流成本；采取鼓励投资物流政策，争取吸引更多的国际物流公司到香港发展；加强与内地特别是珠三角地区在物流业方面的合作与协调，争取把香港进一步发展成为亚太区最重要的物流中心之一。在发展现代物流方面，要特别注意因应离岸贸易的兴起，采取针对性的政策和措施。只要现代物流能得到更大发展，香港的贸易转型和发展就会有更好的前景。

三、两地服务贸易之发展

内地与香港都是世界上重要的服务贸易地区。在世界贸易组织公布的2017年世界服务贸易总贸易额的排名中，中国内地与中国香港分列第2名和第16名。近年来，服务贸易迅速崛起并成为香港经济的重要支柱和增长动力，2003—2017年香港服务输出总量从2636亿港元急升至8103亿港元，年均实质增长6.5%，是同期GDP升幅的1.63倍，也大大快于1997—2003年的水平（年均增加5.2%）；服务输出占GDP比重从1997年的17.5%，增加到2003年的21%，2017年更超过三成，这使得服务贸易对香港经济增长的贡献不断增大。过去20年香港服务净输出实质增量相当于GDP实质增量的39.4%，说明香港经济增长约有四成是由服务贸易带动的。

中国内地是香港最主要的服务贸易伙伴，2016年两地的服务贸易总额达5174亿港元，占香港服务贸易总额的38.5%；其他主要服务贸易伙伴包括美国（1704亿港元，占12.6%）、英国（941亿港元，占7.0%）、日本（769亿港元，占5.7%）及新加坡（539亿港元，占4.0%）。

就服务输出而言，早在1998年，中国内地就取代美国，成为香港服务贸易第一大输出地，香港对内地服务贸易输出额占香港服务贸易输出总额的比例也在不断上升。2016年香港对内地服务贸易输出额达到2964亿港元，占香港服务贸易输出总额的比重从2000年的22.9%提升至四成以上，高于美国的20.9%和日本的7.2%。输往内地的服务输出当中，旅游是最大的服务组成部分，输出总额为1978亿港元，占对内服务输出额的2/3。这主要得益于个人游政策，2017年内地赴港个人游游客2538万人次，同比上升4.8%，占内地赴港游客57.1%。截至2017年12月底，内地赴港个人游游客累计2.38亿人次。

从服务输入来看，内地亦是香港最主要的来源地。2016年内地对香港服务贸易输入额达到2210亿港元，占香港服务贸易输出总额的比重从2000年的31.0%提高到38.5%，高于美国的11.4%和日本的8.0%。从内地的服务输入当中，制造服务是最大的服务组成部分，输入总额为882亿港元，约占从内地服务输入的四成左右。虽然香港与内地的服务贸易中存在超过700亿港元的顺差，但两地通过服务贸易合作，都能够从中获得比较利益。

在内地对外承包工程和劳务合作的发展过程中，香港一直是重要的市场。2017年内地在港承包工程合同数222份，总金额89.2亿美元，比5年前增加65.2%；完成营业额55.5亿美元，比5年前增加近1倍；在港劳务人数有5.8万人，比5年前增加2万人。截至2017年12月底，内地在港累计完成营业额604.3亿美元，在内地对外承包工程和劳务合作的比例一直均居内地与各国和地区经济合作的前列。

四、物流合作与竞争

物流业一直是香港经济支柱产业之一，香港乃是亚太区首屈一指的物流枢纽中心，因为香港在物流领域具有相当大的优势，除了地理位置优越外，还拥有完善的基建设施、高效的多式联运系统、健全的法律及金融制度。2016年香港物流业创造了近百亿美元增加值，共雇用员工17.5万人，为进出口贸易提供强力支持。

香港物流业的发展，与内地对外贸易密切相关。中国是全球最大的贸易经济体，进出口货运频繁，而广东更是内地对外贸易的重要基地，2017年进出口总额增长8%至10097亿美元，占全国进出口总额的24.5%。进出口增加推动香港货物运输业务的快速扩张，香港曾经多年雄踞全球货柜码头吞吐量第一的宝座。然而，随着内地及东南亚在航运及空运业上发展日趋成熟，上海、蛇口、盐田和新加坡等港口兴起，香港物流业面临着日趋激烈的竞争，广东2017年货物运输量更已超过40亿吨，港口集装箱吞吐量超过6200万个标准箱，比2000年增加超过6倍。

珠三角地区已成为全球消费品和工业产品的主要生产基地，拥有成熟的供应链体系和丰富的生产支持服务，货运量更占广东全省货物运输总量的2/3，毗邻香港，包括蛇口、赤湾、盐田等港区的深圳港，集装箱吞吐量增至2521万个标准箱，已成为全球最繁忙的集装箱港口之一，香港进出口货运流量被大幅分流，国际物流枢纽中心地位受到严峻挑战，自2005年起已先后被新加坡和上海取代，后又被深圳迎头赶上。

尽管如此，香港仍是广东对外贸易的重要货物中转运输港口。2017年香港集装箱吞吐量达到2077万个标准箱，当中不少是源自或通过广东运送来港的货物，再利用香港网络转口或转运往海外市场，以及从外地通过香港输往广东或内地其他省市的消费品和工业原材料。更重要的是，香港拥有世界一流的机场，货运吞吐量长期居全球各机场首位，2017年空中货运量高达494万吨，空运出口货值占香港全部出口的四成以上。香港物流企业拥有广泛的国际商贸网络和丰富的物流管理经验，善于与大湾区相关的上下游企业合作，应用先进的信息科技管理系统，提升整体物流设施的使用率，以及解决广东省物流成本偏高问题、提升物流效率。

以菜鸟物流为例，2013年阿里集团就与银泰集团、复星集团、富春控股以及“三通一达”（申通、圆通、中通、韵达）等公司共同组建了菜鸟物流，目标是建立一个互通全国的物流网络，于24小时内把货物送至全国任何一个地方，72小时内送至全球各地。现时菜鸟物流的合作伙伴达89家，遍布224个国家及地区，物流网络相当健全。近期它们准备在香港耗资120亿元，建立全新的物流枢纽，选址定在香港机场的南区。落成后这个枢纽是香港第三大物流中心，相比起香港现时两个仍较多依靠人手操作的物流中心，可谓相当先进，能够吸引全球各地有意进军内地的高科技公司的客户，如生物科技、制药公司等，降低了运送易受污染货品时的风险，相信可为香港物流带来新客源。

由于香港的地理位置优势，许多货物的进出口都需经过香港，菜鸟物流本身专精于中国内地的物流，具有完善的网络，将部分业务移至香港物流中心，将可以加大香港与内地转口货物的吞吐量，提供更多转口及贸易的商机，把香港已有的优势充分发挥出来。

目前，粤港澳三地正加紧合作推进大湾区建设，包括构建大湾区内高效便捷的现代综合交通运输体系及强化粤港澳之间的交通联系，如港珠澳大桥、深中通道、虎门二桥、香园围/莲塘口岸等，再配以有效的通关便利措施，使不同关税区之间的货物可顺畅流通，改善物流运输和提高供应链管理效率。同时，粤港澳地区的物流企业也可加强合作，发挥优势，促进大湾区成为更具活力和更有竞争力的经济区。

国家发改委和中国物流与采购联合会联合发布的数字显示，内地物流总额由2013年的约198万亿元增加至2017年的253万亿元，平均每年增长6.3%；与此同时，全社会物流费用增长逐步下降，当中包括运输、保管和管理费用的增速均有所放缓，整体物流费用占GDP比例由18%下降至14.6%。[①]但若与美国和日本等先进国家的物流费用占GDP比例只有8%~9%相比，中国内地，尤其是珠三角的物流行业效率仍有较大提升空间。

广东物流效率虽稍优于全国平均水平，但仍欠缺完善发展的综合运输体系，货物集运主要依赖公路运输，连接海、空运输的多式联运仍未能有效实现无缝对接，浪费仓储及运输时间、增加物流成本。为此，广东正积极引导传统物流产业创新发展，推动企业应用先进的大数据、云计算、物联网等信息科技于物流活动，希望到2020年基本建成便捷高效的现代物流服务体系，以便更有效支持广东省的经济发展。

国家发改委及粤港澳三地政府在2017年签署了《深化粤港澳合作　推进大湾区建设框架协议》，其中重点合作领域之一，便是要推进三地的基础设施互联互通，构建高效便捷的现代综合交通运输体系。一方面，要发挥香港作为国际航运中心优势，带动大湾区其他城市共建世界级港口群和空港群；另一方面，要优化高速公路、铁路等交通网络布局，推动各种运输方式综合衔接。三地政府合作推进各项交通运输建设，对大湾区内货运物流起积极作用，有助于推动物流业进一步发展。业界认为，粤港澳三地合作增强联系区

①香港贸发局:《粤港澳合作升级大湾区物流服务》，2018年7月11日。

内交通物流网络、推进更多通关便利措施，可有效帮助广东省企业缩短利用香港国际机场从事进出口业务的物流运输时间，并降低跨境运输成本，使粤企可以更好地利用香港广泛的航空网络拓展国际业务。

不过，由于粤港澳三地分属3个不同关税区，拥有各自的进/出口清关、产品规格和检验检疫制度，货物在跨区流通时须符合不同贸易管制要求，难免影响有关物流效率和成本，理顺不同关税区的障碍，消除不必要的行政手续以达到三地的物流运输无缝对接，正是未来大湾区合作的重要发展方向之一。此外，随着消费者对各类进口消费品需求日增，广东省的跨境电商业务也进一步增长。而香港不但拥有完善的电子商贸设施，并且是内地网民寻找外国品牌和潮流产品的理想平台，可以预期，有关跨境电商和业者将更积极利用香港为内地消费者的跨境网购活动，提供集运、代购、国际转运、清关等服务，以捕捉有关市场的发展机会。

五、CEPA强化两地贸易合作

2003年6月，《关于建立更紧密经贸关系的安排》（CEPA）在香港正式签署，成功开启了两地制度性合作的新路径。此后10多年，本着先易后难、逐步推进的原则，两地陆续签署了10个CEPA补充协议、《关于内地在广东与香港基本实现服务贸易自由化的协议》和《CEPA服务贸易协议》，有力地促进两地贸易合作。①

整体而言，CEPA是中国国家主体与其单独关税区香港之间签署的自由贸易协议，也是内地最早对外签署、全面实施并完成WTO审议的自由贸易协议，是目前内地对外商签的开放程度最高的自由贸易协议。通过CEPA，内地对香港已全面实现货物贸易自由化、基本实现服务贸易自由化，并在贸易投资便利化方面开展了丰富务实的合作。在内地与其他国家和地区签署的自由贸易协议中，只要有优于CEPA的市场准入措施均将适用于香港，以保持内地对香港最高开放水平。

①齐湘辉、于佳欣：《商务部：积极推进香港与内地经贸领域深化合作》，新华网，2017年6月29日。

在货物贸易方面，自2004年1月1日起内地对原产香港273个税目的产品实行零关税以来，到2017年12月止，内地累计进口香港CEPA项下货物113.7亿美元，关税优惠63.7亿元人民币，香港共签发15.8万份原产地证书，货物离岸价总值为901.3亿港元。其中2017年CEPA项下内地进口香港零关税货物65.1亿元人民币；关税减让5.8亿元人民币，同比上升5.0%。受益于零关税措施，港产药品、食品、纺织服装等香港传统优势产品扩大了市场份额，机电及光学等香港新兴产品也获得了较大的发展。

服务贸易方面，根据不同行业的特点，内地在对世界贸易组织成员承诺和内地现行开放政策的基础上进一步向香港扩大开放。特别是2015年底两地签署了《CEPA服务贸易协议》，这是内地首个在全境范围内以准入前国民待遇加负面清单为主要方式，全面开放服务贸易领域的自由贸易协议，标志着内地全境与香港基本实现服务贸易自由化。

近年来香港服务贸易的快速发展，应与CEPA开放服务业从而加强香港与内地的服务合作紧密相关。在服务贸易方面，通过《CEPA服务贸易协议》，内地对香港开放服务部门已达到153个，涉及世界贸易组织160个服务部门的95.6%，其中62个部门完全实现国民待遇。使用负面清单的领域，限制性措施仅120项，跨境服务、文化、电信等使用正面清单的领域，对香港开放措施达183项。不少行业对香港投资放宽或取消股权限制，降低注册资本、资质条件等门槛，放宽投资地域和经营范围等限制。对香港累计开放个体工商户行业达135个，同时明确在内地全境给予香港最惠待遇。截至2017年12月底，香港工贸署签发香港服务提供商证明书3192份，其中运输服务及物流服务签发证明书1391份，占核发总数的43.6%。

值得一提的是，《CEPA服务贸易协议》的签署，进一步给香港服务业进入内地发展的好机会，这将掀起新一轮香港对内地投资的热潮。2017年，中国内地实际利用外资达到创纪录的1310亿美元，其中来自香港的投资989亿美元，占比高达75.5%，估计有较大比例的资金投入内地服务业，使得内地服务业利用外资比重接近三成。《CEPA服务贸易协议》是CEPA升级的重要组成部分，相信可进一步带动香港对内地服务业的投资发展，并对未来两地服务贸易合作和发展产生促进作用。

第十二章　金融合作

在内地银行业开放进程中，香港以“背靠内地、面向全球”的战略定位，一直扮演“先行先试”的独特角色，发挥了带头和示范作用。与投资和贸易等合作不同的是，内地和香港的金融合作，主要发生在香港回归之后。回归之前虽也有金融合作，如1993年青岛啤酒来港上市，开创了内地企业来港上市集资的先河，香港银行业也经常向内地提供贷款等，但由于金融业的特殊性，由两地主动作为力推的金融合作，大多发生在1997年之后，因而本章论及的两地金融合作，重点放在香港回归之后。

一、共同应对亚洲金融风暴

香港回归没多久，就迎来了一次重大的挑战。1997年6月，一场金融危机在亚洲爆发，由泰国开始，之后逐步蔓延至邻近亚洲国家及地区。1997年10月，索罗斯等国际炒家在横扫东盟诸国之后，将目光投向香港，矛头直指香港联系汇率制度。那时香港回归祖国尚不足3个月，虽然经济根基远比泰国好，但房地产和股市却存在严重泡沫。国际炒家便积极研究，认为维持联系汇率成本高昂，新成立的香港特区政府必定无法坚守，便立即部署在汇市、股市及期市联动造市，对香港发动立体式攻击，首先大量卖空港元现汇换美元，同时卖空港元期货，再在股市抛空港股现货，并在恒生指数期货市场大量沽售期指合约，期望打垮香港汇市和股市，从中获取暴利，将香港变为他们的“超级提款机”，令仍沉浸在回归喜悦中的香港社会猝不及防，金融市场面临着前所未有的巨大冲击。

眼见泰国、菲律宾、马来西亚、印度尼西亚、韩国、日本等国在国际金融大鳄面前损失惨重，面对国际金融炒家的猛烈进攻，新成立的香港特区政府却沉着应对，与金融大鳄殊死决战，重申不会改变现行汇率制度。在香港特区政府的顽强抵抗下，对冲基金多次进攻都未能撼动港元，但造成香港银行同业拆息率一度狂升至300%，股市和房地产泡沫则在多次冲击下迅速破灭，10月23日香港恒生指数大跌1211点，28日更下跌1621点，跌破9000点大关，与回归前最高峰的16820点相比，短时间内大跌近半。私人住宅价格在短短一年内下挫45%，负资产开始大量出现；银行业业务大幅收缩，贷款及垫款在一年内下跌近两成。随后，失业率迅速飙升，香港由严重通胀转变为通货收缩。这是国际炒家对香港金融市场发起的第一波攻击。

1998年8月，国际炒家对香港发动新一轮更大规模的冲击，再次炒卖港元，先向银行借来大量港元向香港特区政府抛售，同时大量卖空港股期货，造成恒生指数再急速下滑至6544点，比1997年的最高点下跌61%。这次香港特区政府财政官员采用灵活手法，没有大幅加息，而是大量动用外储的美元承接港元沽盘，从而成功地稳定港元汇率。香港特区政府更于8月15日宣布动用近1200亿港元外汇储备于股市及期指市场入市，大量购入恒指蓝筹股，打击炒家操控市场行为，把恒生指数抬高到7800点以上，最终迫使国际炒家损手而退。据香港本地媒体估计，其间香港特区政府先后在股、汇两市投入的外汇储备，超过1993年英镑保卫战中英国政府投入77亿美元的规模，成为政府与国际投机者规模最大的一次对垒。

经此一役，香港终于顶住了亚洲金融风暴的袭击，动用大量外汇储备共买入33只恒生指数股，一度占港股7%的市值，香港特区政府于1999年11月将购买的港股以盈富基金上市，分批售回市场。在金融市场严重失灵时，香港特区政府入市干预的行动，虽然遭到国际投资者，甚至美国联邦储备局时任主席格林斯潘的强烈批评，但后来也得到国际社会（包括格林斯潘本人）的充分理解，连格林斯潘都要派人来香港了解情况，学习有关经验。

在香港抵御金融风暴的整个过程中，中央政府给予了大力支持，特别是在巨大的压力下，坚持人民币不贬值，避免货币危机进一步扩大，保护香港的联系汇率制。在1997年世界银行年会上，时任国务院总理的朱镕基当场向掀起连串金融风暴的金融大鳄索罗斯表明：“中国将坚持人民币不贬值的立场，承担稳定亚洲金融环境的历史责任！”1998年3月，在下一轮风暴即将大爆发之际，朱镕基总理又提前向港人大派定心丸："万一特区需要中央帮助，只要提出要求，中央将不惜一切代价维护香港的繁荣稳定，保护它的联系汇率制度。"及至与国际炒家决战的关键时刻，中央政府派出了两名央行副行长到香港，要求香港的全部中资机构全力以赴支持香港特区政府的护盘行动。中央政府成为香港战胜金融风暴的坚强后盾，香港赢得了具有历史意义的一场重要胜利。

当然，由于这场金融危机席卷整个亚洲，其后还波及俄罗斯和美国本土，香港自然也难以独善其身。受亚洲金融风暴的冲击，香港经济元气大伤：1998年GDP总量收缩5.9%，这是香港自1961年有GDP统计以来第一次录得年度负增长；失业率最高飙升至8.5%，楼价大跌约2/3，出现超过10万个负资产个案；与此同时，财政收支连年大额赤字，物价下跌引发持续68个月的通缩。由于经济总量大幅收缩，10年以后人均生产总值才恢复到1997年的水平。

二、推动两地互设金融机构

1982年，南洋商业银行率先在深圳开设分行，这是中国内地批准成立的第一家外资银行。此后，包括汇丰、渣打、恒生、东亚在内的香港大银行及其他一些金融机构纷纷进驻内地。2003年签订的CEPA协议以及后来的补充协议，内地在实施加入WTO开放承诺的基础上，对香港银行业又采取了更优惠的开放措施，包括：降低香港银行设立法人机构和分行的准入门槛，香港银行在内地设立分行的资产要求从200亿美元降至60亿美元；明确允许香港银行内地分行经营人民币业务，缩短香港银行申请人民币业务年限；允许香港/澳门银行在内地注册的法人银行参与共同基金销售业务，香港/澳门银行在广东省设立的分行或独资银行分行，可以在广东省内设立异地支行；鼓励香港/澳门银行到内地农村设立村镇银行；允许符合条件的香港银行在内地注册的法人银行将数据中心设在香港；等等。

政策既定，贵在行动。2004年新年伊始，银监会就批准5家香港银行根据CEPA规定的优惠条件在内地设立分行；2007年银监会还批准包括东亚银行、汇丰银行、恒生银行在内的9家外资银行将境内分行改制筹建为法人银行。这些港资金融机构主要分布在内地一些经济发达的省市，尤其是广东、上海等拥有许多港资企业的地区。

CEPA的开放措施，极大促进了港资银行内地业务的快速发展。到2017年底，香港银行在内地设立分支机构，包括8家法人银行、11家母行直属分行和5家代表处，经营点达到466家，较2004年的49家增加8.5倍，占外资银行机构总数的44%（详见图5）；其于内地的总资产达1.3万亿元人民币①，总资产、各项存款和各项贷款等指标均占外资银行整体的四成以上。香港银行业通过在内地设立分支机构和投资内地银行，不但为内地银行业带来资金，同时也引入香港的管理和经验，有助于促进内地银行提升管理能力和风控水平。

与此同时，在CEPA框架下，香港保险公司经过整合或战略合并组成的保险集团，可按照以下准入条件进入内地市场：包括集团总资产不少于50亿美元，在香港经营30年或以上，在内地设立代表处2年或以上。在外资保险代理公司设立审批方面，根据保监会在2016年发布的《保险代理机构设立审批事项服务指南》，允许香港保险代理公司在内地设立独资保险代理公司，申请人需满足：经营保险代理业务10年以上；提出申请前3年的平均业务收入不低于50万港元；上一年度的年末总资产不低于50万港元。

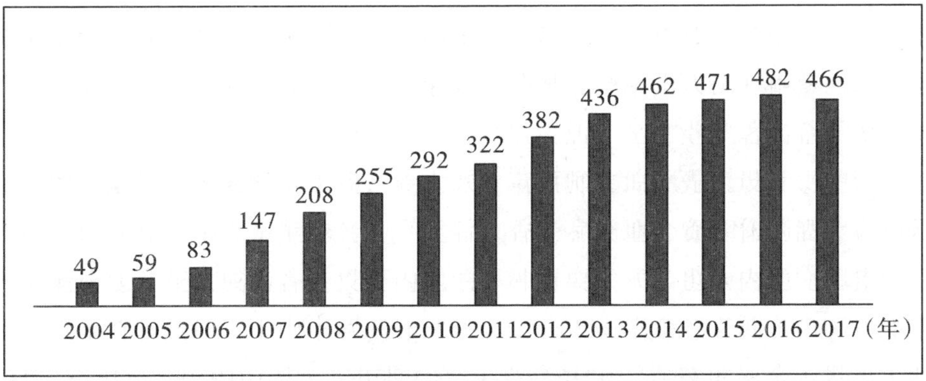

图5 港资银行在内地的经营点发展情况（机构家数）②

①陈德霖：《香港与内地银行业的发展》，《中国银行业》，2018年第6期。

②陈德霖：《香港与内地银行业的发展》，《中国银行业》，2018年第6期。

香港金融业通过在内地设立分支机构和投资内地，不但为内地金融业带来资金，同时也引入香港的管理和经验，有助于促进内地提升金融管理能力和风控水平。香港金融机构在享受政策红利、实现自身快速发展的同时，也进一步促进了两地经济在开放中发展，在发展中合作与互补，并为其他外资金融机构在内地发展提供了宝贵的经验和示范效应。另外，在内地银行业开放进程中，两地在监管合作、技术交流、人员互访等方面紧密互动，也促进了双方金融监管水平的共同提升。

另外，香港高度国际化的金融机构体系为内地带来了发达经济体成熟的管理经营经验，无疑是内地金融机构学习、借鉴和吸收先进经营管理经验，逐步把金融业拓展到海外的重要窗口。尤其是香港回归20年来，中资金融机构得到迅速发展，增长速度远超香港同业平均水平。其中，中资银行无疑是中资金融机构的主力，除了早就在香港立足的中国银行和交通银行外，中国工商银行、中国建设银行、中国农业银行以及浦发银行、民生银行、光大银行、招商银行和兴业银行等全国性股份制银行陆续掀起赴港设立机构的热潮。根据香港金管局的资料，目前共有28家中资银行业金融机构在香港地区设有分支机构50家，中资银行各项主要指标均占香港银行业的三成以上，可谓“三分天下有其一”。其中，中资银行总资产占香港银行业总资产比重由1997年末的11%上升至2016年末的35%，存款业务占香港银行业存款业务的比重由1997年末的22%上升至2016年末的34%，贷款业务占香港银行业存款业务的比重由1997年的11%上升至2016年末的39%，是香港金融市场一支不可忽视的力量。

从离岸人民币业务看，2017年12月香港人民币存款为5591亿元，2017年香港跨境贸易人民币结算汇款额超过3.9万亿元，继续成为全球最大的人民币离岸市场。这些人民币业务约有一半是由中资银行经手的，可以说中资银行占香港离岸人民币业务的半壁江山。

按进入香港市场的时间长短，在港中资银行可分为老中资银行和新中资银行两大类。以中银香港、交通银行、南洋商业银行、集友银行等为代表的老中资银行，根植香港少则数十年，多则上百年，与香港同生共存，荣辱与共，共同谱写了民族金融业在境外变革图强、发展壮大的奋斗史及扎根香港、服务香港的发展史，为香港经济繁荣和社会发展作出了重要贡献，写下了感人肺腑的不朽诗篇！

最具代表性的是中银香港。1917年9月，中国银行香港分行正式成立，当时员工不足10人，经过百年的发展，已成为香港第二大银行机构。中银香港在每一个历史阶段，不仅实现了自身的长足发展，也为国家、为民族工商业以及香港的发展、繁荣和稳定作出了突出贡献，尤其是自香港回归及集团重组上市以来，中银香港在公司治理、经营业绩、竞争能力、社会地位和市场影响力等方面显著提升，业务、盈利增长及股价表现均跑赢大市，为香港经济、金融发展提供了重大支持，在促进香港经济和维护金融安全方面发挥着举足轻重的作用，为香港繁荣稳定和国际金融中心建设作出积极的贡献。目前中银香港已成为与汇丰、渣打并列的香港三大货币发行机构，也是香港唯一的人民币清算行、香港最大上市公司及商业银行集团之一。目前中银香港的总资产超过2.5万亿港元，是1996年的4倍；存款和贷款分别超过1.6万亿港元和1万亿港元，股东应占溢利是2002年上市首年的5倍，拥有近200家最大本地分行网络、400万个人客户以及20多万企业和机构客户，连续多年被《亚洲银行家》评为亚太及香港地区"最稳健银行"和"香港地区最佳零售银行"，并荣膺英国《银行家》"香港地区最佳银行"。

另一个老牌的中资银行是交通银行。交通银行香港分行成立于1934年11月，至今已经走过80多年的风雨春秋。开业之初，交通银行香港分行当时只有一个营业点和36位员工，主要经营押汇和汇兑业务。在悠长的岁月中，交通银行始终坚持"拼搏进取，责任立业，创新超越"的交行精神，一直深深扎根于香港这块神奇的土地，服务于斯，成长于斯，伴随着香港经济腾飞的步伐，不断实现自身发展壮大，也见证了数十年来香港的沧桑巨变和经济腾飞。

新中资银行是在21世纪才进入香港的内地银行，较具代表性的是中国建设银行。2006年，中国建设银行全资收购美国银行（亚洲），并于当年底更名为中国建设银行（亚洲）。2009年，中国建设银行（亚洲）成功收购美国国际信贷（亚洲）有限公司，开拓信用卡市场及个人信贷业务。为发挥协同效应，2013年中国建设银行（亚洲）与中国建设银行香港分行进行机构整合，对内保留香港分行牌照，对外使用建行（亚洲）品牌运营。机构整合3年多来，建行（亚洲）的业务迈上了新台阶，2014—2016年总资产、客户存款、客户贷款、净利润分别劲增50.8%、56.6%、62.2%和61.4%，年均升幅分别高达14.6%、16.1%、17.6%和17.3%。

值得一提的是，内地银行来港上市带动香港快速发展。2004年，国有商业银行以“国家控股、多方参股”原则进行股份制改造，中国银行、中国建设银行和中国工商银行先后于2005—2006年在上海和香港上市，中国农业银行也在2010年于沪港两地挂牌，在香港成功发行新股共筹得3700亿港元。时至今日，在香港上市的内地银行数量达24家，总市值约4.3万亿港元（只计H股市值）。来港上市不只为筹集资本，更重要的是利用香港国际金融中心作为对外窗口，面向来自全球的投资者，努力与国际标准接轨，因为香港银行业发展历史较长，在风险管理和监管方面较成熟，与国际标准高度接轨，内地银行来港营运，得以在一个同文同种、双语并行的环境之中熟习国际标准，从而提升自身管理风险的能力。中银香港最近向母行收购东南亚的业务，转型成为区域性银行，就是充分利用香港这一独特优势的一步好棋，也体现了香港“背靠内地、面向全球”的策略定位。①除了上市这个途径之外，内地银行也纷纷在香港设立营业网点，有些通过收购香港的银行，例如：中国工商银行于2000年收购友联银行，易名为工银亚洲，而招商银行在2008年收购永隆银行，继续沿用旧名经营；有些则直接在香港以分行形式经营，服务走出去的内地客户。

内地保险市场发展也很快，与香港市场深入互动合作。早在20世纪30年代，作为华商保险公司之一的太平保险公司已到港发展。经历世纪风云变迁，如今已有数十家中资保险公司进驻香港，它们根植香港，服务民众。中国太平保险集团、中国人民保险（香港）有限公司、中国人寿保险（海外）股份有限公司、中国再保险（集团）股份有限公司、中银集团保险有限公司、中石化保险有限公司等中资保险企业秉承“保险姓保”理念，在港稳健经营，充分发挥了保险“社会稳定器”和“经济助推器”的作用。中国人寿于2007年3月起被纳入香港恒生指数成分股，从此成功跻身恒指蓝筹股行列。

与此同时，已有多家香港银行获准在内地从事代理保险业务；另根据香

①陈德霖：《香港与内地银行业的发展》，《中国银行业》，2018年第6期。

港保险业监理处的统计数据，2017年香港保险公司向内地来的游客所发出的新生保单保费大约为508亿港元，虽然比2016年大幅下降逾三成，但仍占香港个人业务总新造保单保费的32.6%。中资保险企业长期致力于服务香港社会，在经营过程中坚持以客户为中心，以市场为导向，为香港市民提供全方位、多元化、高质量的保险产品和金融服务。

过去20年，中资券商在香港资本市场经历了由弱变强的过程。初期虽已有中银国际、交银证券、国泰君安国际、申银万国香港、招商证券香港等一批中资券商在港成立，与香港券商之间进行多个业务领域内的广泛合作，但中资整体在香港资本市场的作用和声音仍属微弱。从2006年初起，内地允许符合条件的内地创新试点类证券公司在香港设立分支机构，内地期货公司也可以到香港经营期货业务，随后中国证监会批准了一批证券公司、基金公司和期货公司在香港设立子公司，五大国有控股商业银行先后通过在香港设立控股平台布局证券投行，格林期货、浙江永安等6家内地公司以收购、新设的方式在香港设立分支机构，从而掀起了内地期货公司登陆香港的风潮。

借助国企发行H股热潮和中国资本市场扩大开放，香港中资券商迎来了第一波发展高潮，并在投行、证券、资管、期货等业务领域崭露头角，中资券商已成为香港资本市场的主力军之一，目前香港中资证券业协会会员数量已达109家，在港影响力逐步增强。随着内地与香港资本市场互联互通的落实，香港证券行业正孕育着前所未有的机遇，中资券商拥天时、地利、人和，形成了百花齐放、百舸争流的发展局面。

两地互设金融机构使两地金融业务合作内容有了很大拓展，除了外汇交易业务、保险业务的合作以外，两地主要在投融资、结算、信用卡等方面取得了较大进展。以融资业务为例，20世纪80年代中期以来，伴随着内地经济体制和投资体制改革的逐步深化，内地产业结构进行了重大调整，许多大行业、大项目的建设对资金境外融通产生了极大的需求，香港在内地的经济建设中担当起重要的市场融资角色。此后，香港银行对内地的贷款逐年增加，内地筹集的海外银行融资中大多是经过香港安排的，包括银团贷款、联合贷款、双边贷款等。根据香港金管局的数据，目前香港银行业总贷款和垫款中，与内地有关的贷款超过四成，这不仅有力地推进了香港金融业的发展，也对内地经济的发展起到了很大的促进作用。

三、打造香港离岸人民币中心

为了帮助香港渡过难关，中央政府在2003年6月底连续推出CEPA、自由行等多项措施，其中一项重要措施是开办人民币业务，两地在金融领域的合作进程中不断加快，合作领域持续扩大，合作程度日益加深。具体合作内容及主要进展如下：

早在2001年底，中国人民银行及香港金融管理局就开始商讨设立合法管道，让香港流通的人民币可以回流内地。2003年11月18日，中国人民银行宣布同意为在香港办理存款、兑换、汇款及银行卡等4类个人人民币业务的银行提供清算安排，并于2003年底委任中银香港有限公司为香港人民币业务清算行。其后人民币业务分三阶段推出：第一阶段于2004年1月18日推出，香港商铺及自动柜员机开始接受内地银行发行的扣账卡及信用卡。第二阶段于2004年2月25日推出，香港银行可为客户提供存款、兑换及汇款服务，月底就有32家认可机构开办人民币业务。第三阶段于2004年4月底推出，香港银行可为客户发行人民币扣账卡及信用卡，供其在内地使用。当年香港人民币存款余额从2月份的不足9亿元，增加到年底的121亿元。

此后，香港人民币业务经历了缓慢发展的过程，直到2009年底，人民币存款总额也只有600多亿元。2009年4月，国务院常务会议决定在上海和广州、深圳、珠海、东莞等城市开展跨境贸易人民币结算试点，迈开人民币走向国际化的关键一步。2010年6月，内地有关部门扩大跨境贸易人民币结算试点地区至20个省市，此后香港人民币离岸市场发展进入新阶段，银行人民币存款迅速攀升，当年7月就越过1000亿元大关，年底更突破3000亿元，2014年底超过10000亿元大关，比5年前增逾15倍，香港人民币结算量占境外人民币结算总量的七成以上，经营人民币业务的认可机构数目从38家增加到149家。通过推行人民币跨境贸易结算、逐步开通多条涉及人民币投资管道，包括放宽以人民币支付境内外双向直接投资、推出人民币合格境外机构投资（RQFII），内地和香港金融市场的互联互通由涓涓细流渐渐汇成浩荡大江。两地监管部门间不断提供和优化各项离岸人民币交易的基建和措施，包括人民币实时支付系统、向离岸人民币市场提供流动资金安排等，确保香港离岸人民币运作有序。香港首创的“CNH”离岸人民币利率基准，被国际市场广泛采纳为离岸人民币产品的定价基准。

进入2015年后，由于人民币贬值预期较强，导致香港人民币存款额逐步下降，到2017年3月底降至5073亿元，比高峰期差不多减少一半。经历这两年人民币汇率大幅波动，自2017年下半年开始，离岸人民币市场重新走上健康稳定发展轨道，主要业务指针回稳，产品更趋多元化。[①]人民币加入SDR货币篮子的效果逐渐显现出来，“一带一路”倡议全面展开又进一步促进人民币国际使用。另外，市场因素逐渐成为推动人民币国际化的主要动力。正如中国人民银行行长易纲在2018年博鳌亚洲论坛强调的，人民币国际化是一个水到渠成的过程，主要是由市场驱动。到2018年6月底，人民币存款额回升至5845亿元，虽比2014年高峰期大幅减少四成以上，但香港仍是全球最大的人民币离岸交易中心。

值得一提的是，近年来离岸市场人民币计价的投资产品日趋丰富，人民币期权期货、人民币买卖基金（ETF）、人民币房地产投资信托（REIT）等业务都得到更大发展。香港人民币投资产品主要通过香港交易所发行及交易，2017年香港交易所人民币证券产品129只，全年总成交金额116.6亿元。其中，交易所买卖基金（ETF）42只，全年总成交金额62.9亿元；房地产投资信托基金（REIT）1只，全年总成交金额27.5亿元。衍生产品市场方面，人民币货币期货最受欢迎，2017年全年成交732569张合约，同比增长36%。截至2017年12月，人民币货币期货未平仓合约25218张，人民币货币期权未平仓合约3113张。

综合上述，自2004年香港正式开展人民币业务以来，其业务范围和产品种类不断推陈出新，丰富了香港原来主要以港元和美元作媒体的交易品种，成为拥有三大币种优势的金融中心，以及全球最大的人民币离岸交易中心，并通过高效可靠的金融基建，充分发挥其离岸人民币业务，以及亚太区支付及结算枢纽的优势。国家还支持香港企业以人民币到内地直接投资，允许以人民币境外合格机构投资者（RQFII）方式投资境内证券市场，在内地推出

①文轩：《中央大力支持政府沉着应对　金融风暴港击退大鳄》，大公网，2017年6月26日。

港股交易所基金ETF，进一步强化香港作为全球离岸人民币业务枢纽地位。这些新措施不但使香港人民币投资、债市、股市和汇市等市场更加完备，而且突破了内地与香港资本市场的藩篱。

近年来市场发展情况表明，人民币国际化格局正在发生变化。与人民币走出去初期业务一日千里、其后人民币贬值业务又快速回落相比，当前市场则显得波澜不惊，但平静之下蕴藏着强大动能及潮流：一方面，全球市场对人民币认识及接受程度不断提高；另一方面，“一带一路”建设及其他对外开放措施形成新的人民币国际使用需求。宏观审慎管理框架进一步优化，人民币跨境支付系统及离岸清算安排不断完善，为全球人民币使用提供坚实保障。可以预期，新一轮人民币国际化不同以往，将是一个长期、持久和稳步发展的过程，而行稳必可致远。①

四、担当内地企业海外筹资中心

除了银行业外，20多年来两地在证券市场的合作上也出现较大突破。中国香港拥有发达的证券市场，2018年6月底总市值高达4.2万亿美元，在世界排名第七位，与排在第五位的欧洲交易中心和第六位的伦敦交易所相差甚少。与内地证券市场相比，香港证券市场在对外开放和国际化水平、交易品种多元化、机构投资者数量、投资基金管理等方面均占有明显优势，是内地企业海外融资的首选之地。香港也不负众望，充分利用其独一无二的优势和条件，通过证券市场为内地企业注入大量资金。内地企业在海外上市大多选在香港进行，无论是主板还是创业板，都有一批排队等待上市的内地企业。从1993年7月15日首家内地企业青岛啤酒在港上市发行H股以来，到2018年7月底，共有1105家内地企业在香港上市，占香港股市全部上市企业的近一半，其中：H股公司有259家，红筹股公司有164家，民营企业有682家，市值总额为2.8万亿美元，约占当年港股市值总额的66.6%；内地企业的港股成交金额占当月港股总成交金额的81.4%。

---

①应坚：《2018年人民币国际化渐入平稳发展阶段》，《中银财经速评》，2018年第42号。

在内地企业的带动下，香港证券市场IPO不断增加，1997—2017年，香港股市共为企业筹集资金90259亿港元，超过同期香港银行业的贷款增量（53988亿港元）；其中2015年股市筹资总金额更高达10870亿港元，为历年以来的最高水平。其中，通过IPO筹集资金33040亿港元，占股市筹资总额36.6%，其余的为供股、配售及其他方式。香港IPO曾连续三年排在全球首位，其中2010年IPO金额高达4488亿港元，创下香港IPO最高纪录。在全部IPO中，H股企业筹集资金17083亿港元，红筹企业共筹集资金2706亿港元，两者合计为19789亿港元，占IPO总额的六成；若加上内地民营企业，估计1997—2017年内地企业在香港股市筹资总额将超过7万亿港元，占香港股市筹资总额的八成左右。

2017年香港市场共有174家企业首发上市，虽然由于缺乏超大型IPO使得香港新股市场总筹资额只有1282亿港元，同比下降34%，但仍排在全球第三位，而且出现了多家细分行业第一股企业，包括2017年2月上市的养老第一股“松龄养老”、9月上市的互联网金融第一股“众安在线”、11月上市的网文第一股“阅文集团”、汽车新零售的“易鑫集团”和电竞第一股“雷蛇”等，点燃了市场投资热情。这些企业主要来自内地。反观2017年美国市场也有174宗IPO，筹资395亿美元，当年中国企业赴美国上市再掀高潮，新IPO公司有25家为中国企业，筹资额为40亿美元，但仍比（中国）香港股市低，香港作为内地企业境外上市中心的地位没有改变。

值得一提的是，在内地来港上市企业中，银行业无疑是主力军。2004年在香港开办人民币业务的同时，由于监管部门政策支持以及香港市场对内地企业有较强吸引力等因素，内地金融机构也开启了赴香港上市的步伐。其中可分为三个不同阶段：第一阶段是内地国有商业银行纷纷登陆香港资本市场。2005年6月，交通银行捷足先登，成为首家来港上市的内地银行，集资金额168亿港元，实现了开门红；随后，中国建设银行、中国银行和中国工商银行等大型国有商业银行纷纷完成在香港上市，集资金额分别高达716亿港元、867亿港元和1249亿港元，可谓一浪高过一浪。其中中国工商银行首次开启A+H股上市模式，还打破港股IPO集资最高纪录，成为集资王。第二阶段是2007年之后，包括中信银行、民生银行等一批全国性股份制商业银行接替国有银行，成为来港上市的生力军。第三阶段是在2013年之后，由于内地银行业资本监管趋紧，融资压力增加，重庆银行、徽商银行、盛京银行等城市商业银行也加入来港上市的行列。至此，内地主要银行基本上都登陆香港交易所，为香港金融市场发展壮大并挤进国际金融中心三强（被誉为“纽伦港”）作出了重要贡献。

五、策略发展与监管合作

在内地金融业开放进程中，内地与香港的金融监管部门在金融市场策略发展、应对金融海啸、金融监管合作、金融市场互通与技术交流以及人员互访和培训等方面紧密互动，促进了两地金融市场的共同进步和监管水平的共同提升。主要内容有：

1. 制定香港金融发展策略

2006年9月11日，香港特别行政区行政长官主持召开“‘十一五’与香港发展”经济高峰会。与会人员组成四个专题小组分别讨论香港四大经济范畴的发展方向，其中金融服务专题小组撰写了一份专题小组报告提交行政长官，详细说明香港金融服务业如何应对“十一五”规划带来的机遇与挑战。

报告认为，应在“一国两制”框架下，建立内地和香港金融体系的“互补、互助、互动”的关系，通过常设机制，让中央考虑多利用香港金融体系，提高内地资金融通的效率。据此，建议国家定位香港特区发展为一个世界级国际金融中心：一方面，鼓励内地机构更多地利用香港的金融市场及中介机构进行国际资产管理、资金营运、集资（股票及债券）等活动；另一方面，内地证券及期货交易所应以香港交易所作为与境外交易所合作的首选伙伴及为两地证券及期货市场的合作做好积极的准备。此外，香港特区要与内地有关机构积极合作，包括通过在持股或技术层面建立策略性的联系，共同在香港及内地发展商品及金融期货市场。

报告提出，推动香港为内地资金融通作出贡献的五个策略方向包括：①放宽香港金融机构“走进去”内地并提供当地金融服务的限制，包括香港银行、证券公司、投资银行、基金管理公司以及保险公司；②放宽内地投资者、集资者及金融机构“走出去”的限制；③允许香港发行的金融工具在内地交易，特别是由内地融资者所发行的金融工具；④提高香港金融体系处理以人民币为货币单位的交易能力；⑤加强香港与内地金融基础设施的联系。

报告还提出未来推进两地金融市场合作的80多条具体建议。在证券市场方面，建议加强国家政府和香港特区政府之间高层次的沟通，并增强港交所、上海证券交易所和深圳证券交易所的联系，共同研究与两地交易所运作有关的事宜。为了充分发挥香港作为内地资金国际投资平台的功用，建议把符合资格境内机构投资者计划下的许可投资范围进一步扩大，包括香港股票及获证监会认可的集体投资计划，并可由H股及H股投资基金开始。在发展人民币期货及期权市场及商品期货市场方面，香港可考虑利用本身优势发展人民币及商品期货市场，以配合国家在这方面的发展，并扩阔香港金融市场的产品及功能，达到互惠互利的效果。在保险、再保险和资产管理方面，建议通过鼓励人民币贸易结算及在香港设立人民币债券市场，推广香港成为人民币离岸中心，吸引内地持牌保险公司在香港成立资产管理公司/附属公司等。

报告建议特区政府就探讨落实上述各项建议及市场建设与国家有关部委尽快展开具体讨论，以配合国家“十一五”规划的实施，提升国家金融体系的效率，保障国家金融安全并巩固香港作为国际金融中心的地位。这一定位及具体建议在后来的两地金融合作中，大部分都得到了落实。

2. 联手抗击全球金融海啸

值得注意的是，2003年“非典”疫情过后，香港经济在中国加入WTO中央惠港政策推动下，迅速得到恢复和发展，2004—2007年香港GDP平均增速高达7.4%，2007年名义GDP也比1997年高出两成，香港乘势召开经济高峰会并提出新的发展策略，准备大展拳脚。然而，2008年，由美国次贷危机引发的金融海啸席卷全球，香港经济急转直下，结束了香港自“非典”之后的经济复苏，股市、楼市暴挫，裁员及结业的情况此起彼落。恒生指数从2007年9月历史最高峰的31897点跌至2009年2月的11344点，在不到一年半时间内大跌64%；2009年香港GDP收缩2.5%，这是继1998年后再次出现年度负增长，香港经济和金融市场又面临严峻考验。

为了应对金融海啸，香港特区政府推出“稳金融、撑企业、保就业、纾民困、增合作、促发展”六大政策措施。“稳金融”措施包括确保港元汇率在强方兑换保证水平上运作、在货币市场以宽松货币环境增加货币供应和降低信贷成本、鼓励银行将宽松货币政策环境渗透到集资者、推出百分之百的存款保证、成立备用银行资本安排为有需要的银行注资等。“撑企业”措施主要是出台“中小企业信贷保证计划”加强措施和千亿“特别信贷保证计划”，帮助中小企业解决资金周转困难，渡过难关。“保就业”政策主要是政府启动“就业行动”，此举可增加6万多个就业机会，拨款提供6.2万个工作和实习机会，同时加快审批私营机构项目以增加就业岗位。“纾民困”是分阶段推出纾困措施，照顾社会，特别是中产和弱势社群的需要，并支撑消费。纾困措施共876亿港元，相当于GDP的5.2%。“增合作”是加强与内地经济合作，中央政府全力支持香港应对危机，表明一旦香港遇到困难，中央不会坐视不理，要求中央各金融部门与香港共订应对预案，并出台7招14式措施，广东出台30条措施助珠三角港企“过冬”和转型升级。“促发展”是希望化危为机，推动发展，主要政策措施包括促进贸易和刺激消费、进一步发展金融市场以及提出在中长期对香港有利的六大优势产业等。

在全港上下共同努力下，香港金融市场慢慢恢复稳定，加上中央政府推出4万亿刺激经济政策，带动香港在2009年第四季度迅速反弹，2010年经济增长率更达到6.8%，恒生指数也很快恢复到20000点以上。

3. 出台两地资本市场互通的措施

在联手抗击百年一遇的全球金融海啸并取得胜利之后，两地金融合作进一步展开，尤其是在促进两地资本市场的互联互通方面，出台了一系列强有力的政策措施。

一是沪港通。2014年4月10日，李克强总理在博鳌论坛上发表演讲，指出将建立上海与香港股票市场交易互联互通机制，进一步促进内地与香港资本市场双向开放和健康发展。同日，中国证监会正式批复沪港开展股票市场互联互通机制试点，简称“沪港通”。2014年11月17日，沪港通完成了平稳有序的各项筹备工作，如期启动。

沪港通作为一项重大制度创新，对于两地金融市场具有积极意义。从长期看，沪港通标志着中国内地资本账户加速开放，有利于加快人民币国际化进程。在中短期内，沪港通对两地资本市场的影响将渐次显现，并将出现以下三个变化：一是沪港通将为沪港两地资本市场提供新的增长动力。沪港通作为沪港两大资本市场的双向联通机制，在具体实施过程中，将为两地股票市场带来新的投资者和资金来源，更广泛的投资者构成和数额庞大的资金流入将为两地市场注入新的动力，使之更趋活跃。二是将推动香港离岸人民币资金池加速增长。沪港通涉及人民币结算及跨境资金调拨的安排，将改变香港离岸人民币市场的运行状态，增加离岸人民币市场的资金池来源，为海外投资者提供了配置人民币资产的新管道。三是创造性地拓展了跨境资本流动的管道，在封闭循环体系中推动资本项目开放，从而便利了人民币在两地的有序流动，推动离岸人民币外汇市场的发展，进而强化了人民币在岸及离岸市场的双向联动。

二是深港通。2016年8月，李克强总理在国务院常务会议中批准《深港通实施方案》，当年11月25日，中国证监会和香港证监会联合公告指出，深港通将于12月5日正式开通。作为市场期待已久的内地与香港股市进一步互联互通措施，深港通既吸取了沪港通成功的经验，又在两地市场互联互通实践基础上进行改进和发展，既呼应了市场需求，又在相关安排上更为灵活。在深港通启动之后，上海、深圳及香港三地股票市场可通过互联互通机制正式形成一个大的“共同市场”。

作为全球公认的国际金融中心之一，香港在历史上为内地金融发展与开放发挥过重要作用，其固有优势十分明显，深港通有助于巩固香港在内地金融发展中的固有优势。与此同时，深港通也有助于香港成为内地国民财富全球配置的首选市场。随着内地经济增长进入新常态以及国民财富的不断累积，内地投资者与资金寻求全球化配置的需求日渐上升，深港通启动之后，香港可强化作为内地国民财富全球配置的首选市场。

三是债券通。李克强总理在2017年3月人大会议闭幕后的记者会上表示，计划在2017年内在香港和内地推出债券通，加强两地资本市场的“互联互通”，并以“近水楼台先得月”形容香港。中国的债券市场目前排名全球第三，仅次于美国和日本，债券通实施后将允许外国投资者通过香港交易所购买内地债券，这将有利于维护和巩固中国香港作为国际金融中心的地位，也有利于人民币走向国际化。

2017年6月13日，中国外汇交易中心及上海清算所分别就债券通的交易及托管清算细则，公布公开征求意见稿。文件罗列“北向通”的市场基本规则及报价交易细节，包括“北向通”于内地及香港市场均为交易日时交易及具体交易时间，以及境外投资者请求报价的基金流程，指明投资者发送报价请求的请求量最低为100万元人民币。这说明债券通已经整装待发，并于当年7月正式开通。

4. 金融监管合作及有效协调

由于金融发展的环境不同，内地与香港的金融监管体系存在很大差异。香港金融监管体系已经比较完善，基本上符合国际标准，并与其金融体系相适应，而内地的金融监管体系仍处于逐步补充、完善相应法规的阶段，需要吸纳香港的成功经验，根据内地实际情况加以完善。以银行监管为例，1998年亚洲金融危机后，香港金管局进行了一次重大的银行业改革，当中影响较为深远的举措，就是深化了“风险为本”的监管制度，确保银行做好管控其业务运作的内在风险，并能够及早发现和处理潜在的问题，以降低银行出事和倒闭的风险。“风险为本”的监管制度沿用至今，加上20年来金管局持续优化监管措施，发挥了维持香港银行体系稳定的效用。香港银行资产总值在1998年后迅速增长，由大约7.3万亿港元，增至2017年的22.7万亿港元，增幅超过2倍。同时，香港银行体系成功抵御了2008年全球金融危机和2012年欧债危机带来的外来震荡。2017年香港银行业整体贷款额比1998年上升180%，生意做多了，但信贷质量没有因强劲增长而变差，2017年不良贷款比率只有0.67%，位于全球先进银行体系的前列，反映出信贷状况良好。①

正因如此，香港银行业成功的管理经验正好给内地参考借鉴。随着内地与香港金融管理部门联系的加强，两地在金融监管方面的合作卓有成效。比较有影响力的合作事件有：

在银行监管方面，1996年2月，中国人民银行与香港金融管理局签订了美元国债双边回购协议，明确表示内地对香港金融管理局美元现汇流动性予以大力支持的态度，帮助香港维护了港元联系汇率制度和金融体系的稳定。为满足人民币与港币相互结算的需要，中国人民银行和香港金融管理局还建立了两地支付体系的联合工作组，就两地支付体系的联通问题进行可行性研究。2003年8月，中国银监会与香港金融管理局在上海签署了《双边监管合作谅解备忘录》（MOU），并建立了年度双边磋商机制。通过签署谅解备忘录和建立年度双边磋商机制，银监会与香港金管局建立了非常有效的合作

①陈德霖：《香港与内地银行业的发展》，《中国银行业》，2018年第6期。

体系，大大加强了两机构间的信息交换。2003年11月，由时任香港金管局总裁任志刚率领的香港银行公会代表团分别与人行广州分行、广东银监局有关负责人举行会谈，就建立联络机制、进一步拓展粤港支付结算合作、加强粤港银行监管交流和反洗钱合作等问题进行磋商，建立起粤港金融合作联络机制。2006年，中国银监会与香港金管局牵头成立了由中国银监会、国家外管局、香港金管局和香港证监会4家机构组成的银行QDII业务联合工作小组，目的是建立监管合作框架，加强4家监管机构对这项业务的监管协作和信息交流。2010年11月，中国银监会与香港金管局签署《跨境危机管理合作协议》（MOU补充文件）。根据双方年度监管磋商机制，设定双方每年举行两次磋商。自2016年开始，中国银监会以“银鹰”计划为平台，开展了香港青年学生赴内地银行业金融机构暑期实习工作，积极推动两地金融青年人才交流，2016年首期实习项目接收了39名香港学生，2017年第二期实习项目接收了35名香港学生，由北京地区的中资银行组织实施。

在证券监管合作方面，1993年6月中国证券监督管理委员会、香港证券及期货事务监察委员会、香港联合交易所、上海证券交易所和深圳证券交易所，在北京签署了《证券事务监管合作备忘录》，明确了合作的基本原则及具体范围。1995年7月，中国证监委与香港证券及期货事务监察委员会又签署了《有关期货事宜的监管合作备忘录》，确立了两地证券期货市场监管合作的基本形式。1998年国务院颁布了《关于进一步加强境外发行股票和上市管理的通知》，即证券界所谓的“红筹指引”，为进一步加强两地在证券市场方面的协作监管提供了重要的引导作用。2007年4月，香港证监会与中国证监会就双方签订的《监管合作备忘录》及《有关期货事宜的监管合作备忘录》交换附函，借此加强双方合作调查跨境罪行及违反监管法规活动的能力。与此同时，中国银监会与香港证监会签署了《代客境外理财业务双边监管合作协议》（QDII），这是银监会与境外监管机构签署的第一份QDII档，旨在进一步巩固监管合作框架，双方通过相互提供监管协助并共享信息，以便及时准确地识别风险，采取监管措施保护投资者利益。

在保险监管方面，2004年11月，中国保监会与香港特区政府保险业监理处签署《保险监管合作协议》。该协议广泛涉及保险监管法规交流、信息支持、高层互访与合作等多方面内容，有力地推动两地保险监管当局深入了解彼此监管手段与方法，密切开展保险监管合作，广泛交流保险监管经验，及时共享保险监管信息。

由此观之，两地金融监管部门的交流合作，使双向交流逐步走向经常化、制度化，促进了两地金融同业以及金融同业与客户之间的相互沟通，建立起两地金融业合作的通道，强化了香港金融业在内地发展的信心和稳定的政策预期，为香港巩固国际金融中心地位发挥了积极作用。

综合而言，内地和香港的金融合作，尤其是国家支持香港金融发展的一系列政策措施，有力地促进了香港金融业的发展，更获得与纽约和伦敦齐名的“纽伦港”称号。过去20年香港金融业增加值差不多翻了两番，平均每年劲升7.1%，是香港GDP增速的2.2倍。2016年金融服务分别占香港本地生产总值和就业人数的17.7%及6.5%，较2000年提高了4.9个百分点及1.2个百分点，带动香港GDP平均每年增长1.1个百分点。换言之，2001—2016年的16年间，香港经济增长约27%是由金融业推动的。目前，香港金融增加值占香港GDP比重已提升到18%左右，开始超越进出口贸易，成为香港第一大支柱产业。

2018年4月，国家主席习近平在博鳌亚洲论坛公布四个扩大开放的重大举措，必将迎来新一轮的开放大潮，尤其是针对金融业的开放力度和决心，将为中国银行业带来一番新气象。中国人民银行行长易纲在出席博鳌亚洲论坛“货币政策的正常化”分论坛上，一口气公布了11项将在今年落地的进一步金融开放措施，并明确给出落地时间表，其中6项大部分在2018年6月末完成，包括：①取消银行和金融资产管理公司的外资持股比例限制，内外资一视同仁，允许外国银行在我国境内同时设立分行和子行；②将证券公司、基金管理公司、期货公司、人身险公司的外资持股比例上限放宽至51%，3年后不再设限；③不再要求合资证券公司境内股东至少有一家是证券公司；④为进一步完善内地与香港两地股票市场互联互通机制，从5月1日起把互联互通每日额度扩大4倍，即沪股通及深股通每日额度从130亿调整为520亿元人民币，港股通每日额度从105亿元人民币调整为420亿元人民币；⑤允许符合条件的外国投资者来华经营保险代理业务和保险公估业务；⑥放开外资保险经纪公司经营范围，与中资机构一致。其余5项将在2018年底前推出，包括：①鼓励在信托、金融租赁、汽车金融、货币经纪、消费金融等银行业金融领域引入外资；②对商业银行新发起设立的金融资产投资公司和理财公司的外资持股比例不设上限；③大幅度扩大外资银行业务范围；④不再对合资证券公司的业务范围单独设限，内外资一致；⑤全面取消外资保险公司设立前需开设2年代表处的要求。

除了上述11项金融开放举措外，经中英双方共同努力，目前“沪伦通”准备工作进展顺利，将争取于2018年内开通“沪伦通”，这是深化中英金融合作、扩大中国资本市场双向开放和向世界表明中国坚定不移扩大开放信心的一项重要举措。

这是香港金融业期待已久的新机遇。香港金融机构正在摩拳擦掌，加快进入内地拓展业务，如汇丰银行就表示会重点投资珠三角地区，并计划增聘数千人，希望将内地业务变成未来盈利增长的动力。相信内地新的金融开放措施将进一步扩大香港金融业的发展空间，巩固和提升香港国际金融中心地位。

第十三章　旅游合作

旅游业是香港四大支柱产业之一，2016年的经济增加值和就业人数分别达到1124亿港元及25.98万人，占整体经济和劳工市场的4.7%及6.8%。自香港回归以来，两地在旅游领域展开了密切合作，并迅速步入蜜月期，经过双方的不懈努力，取得了丰硕的成果，两地互为对方最大的旅游市场。2017年两地双向旅游市场规模超过1.2亿人次，有力地带动了经济发展和人文交流，旅游业成为两地融合的重要载体。

一、两地互为最大的旅游市场

对多数香港同胞来说，内地是“神秘的远方故土”，对探索内地充满好奇。在香港回归之前，由于本地制造业向内地大规模转移，香港游客开始大批跨境北上，在深圳、广州及邻近观光、购物、休闲、置业，跨境工作及生活的人数也逐年增加。回归伊始，最受港人喜欢的是“锦绣中华”等“一站式”“快餐式”的微缩景观和温泉度假等休闲场所。紧接着，他们又爱上北京、西安等“另具风情”的古韵城市，走街串巷看古都、访胡同，到四合院里品碗茶。近年来，随着香港和内地往来的频繁深入，香港游客逐渐走向中西部的二三线城市，领略西藏、青海、新疆、内蒙古、云南等地的美丽风光，内地成为香港居民外游出境的主要目的地。

据统计，1997—2016年，香港到访内地的人数由3977万人次增加至8016万人次，香港赴内地旅游总人次连续多年居内地入境游客之首。若以2016年香港人口734万人计算，平均每位港人差不多每月就到访内地一次，犹如时常到友邻“串门”的常客。

除了观光游览和探访亲友外，香港游客来到内地也爱购物消费。2016年，香港游客在内地消费总额达305亿美元，占内地入境市场的四分之一。内地电商兴起后，港人也加入网购大军，最爱买的就是各地特色产品和小吃。香港对内地旅游业更重要的推力，便是香港成熟的商业模式和旅游管理，不断为内地提供经验和指导。内地第一家合资酒店建国饭店、广东第一家合资酒店白天鹅宾馆，均是港资兴建的。如今，在旅行社、酒店、景区、餐饮、交通、购物和娱乐等行业，香港仍为内地同行带来与国际接轨的经营理念和管理人才。[①]

与此同时，过去20年内地访港游客以更快的速度上升，特别是2003年赴港“自由行”开通后，香港以一种包容、自由、多元化的城市面貌迎接着北方来客，内地访港游客数量不断增多，占比也越来越高，成为访港游客的中坚力量。数据显示，香港常年处于内地出境游目的地排名的第一位，很多内地消费者走向世界的第一站便是香港，对于他们来说，香港是“走向世界的开始”。

据香港旅游发展局的统计数字，内地访港游客从1997年的236万人次增至2017年的4445万人次，20年来增加了17.8倍，占整体访港游客的比重则相应由20.9%上升至76.0%。当中消费能力最强的是过夜游客，2017年香港全部过夜游客总数为2788万人次，其中来自内地的过夜游客1853万人次，占全部过夜游客的三分之二。香港太平山顶、海洋公园、迪斯尼、兰桂坊、星光大道等成了内地游客必去“签到”的景点。

来到素有“购物天堂”美誉的香港，内地游客总忍不住要“买买买”，但“买什么”还真有讲究。回归之初，香港商场里时髦的成衣、种类繁多的手表、功能齐全的小电器、样式精美的黄金饰品等都是内地游客的“心头好”，来港的内地游客回程时人手都要带几件。近年，日用品、化妆品、名牌包、药品、进口奶粉和有香港特色的产品成了新热门，是内地游客赴港的“必淘货”。[②]内地游客数及在港消费总额已超过其他国家的游客，成为访港游客的

①《回归20年　香港内地互为最大旅游市场》，《人民日报》（海外版），2017年7月10日。

②《回归20年　香港内地互为最大旅游市场》，《人民日报》（海外版），2017年7月10日。

首位，大大推动了香港零售业的发展与兴旺，旅游收入从1997年的96亿美元提高到2017年的380亿美元。内地游客创造的旅游收益占香港旅游总收益的比重不断增长，内地游客已成为香港旅游业的重要支柱。

二、购物天堂褪色及其影响

不过，也要看到内地和香港的旅游合作也并非总是一帆风顺。回归后5年，内地访港游客从1997年的236万人次猛增至2002年的683万人次，五年间大幅增加了1.9倍，占香港全部游客的比重提升了约1倍。“非典”之后得益于内地向香港开放个人游，香港作为“购物天堂”的优势得以发挥，游客购物成为零售业发展的最大引擎。其后十余年是香港零售业的春天，来港游客和购物消费齐齐大升，可谓“既旺丁又旺财”：访港游客从2003年的1554万人次劲增到2014年的6084万人次，其间劲增4530万人次，年均增长13.2%。其中以购物为主的内地游客2003年为847万人次，2004年首次突破1000万人次，达到1225万人次，占香港全部游客的比重提高到56.2%。其后几年增速有所放缓，在香港全部游客中的占比有所下降，直到2010年才突破2000万人次，但此后增速再次加快，2012年再突破3000万人次，2013年又突破4000万人次，2014年达到最高峰的4725万人次，占全部访港游客的比重高达77.7%。11年间内地访港游客猛增3878万人次，年均增幅高达17%，占全部访港游客增量的86%，为香港旅游业的发展壮大提供了源头活水。

因缺乏访港游客购物的直接统计，我们根据香港特区政府统计处出版的《有关香港入境旅游的旅游附属账户》提供的零售毛利和零售商的货品成本等数据进行加总推算，发现到港游客购物金额在2003年时只有335亿港元，到2014年急升至1972亿港元，平均每年劲升17.5%，带动香港零售业总销售值从1729亿港元增加到4945亿港元，平均每年增长11.1%。综合计算，这11年间游客购物对香港零售增长的贡献率为51.1%，即提供了超过一半的零售增长动力。

进入2015年，香港旅游业正式步入调整期，访港游客出现负增长，人均消费开支下滑，陷入“不旺丁也不旺财”的经营困境。据统计，从2015年6月开始，访港游客人数持续收缩，以全年计减少2.5%；2016年进一步下降

4.5%，与2014年相比，访港游客人数大幅减少418万人次，加上作为购物主力的过夜游客人均境内消费开支降幅更大，导致香港零售市道每况愈下，从2015年3月起连续两年陷入负增长，导致市场萧条，生意大减（见表17）。

表17　1997—2017年内地游客占香港全部游客比重

年份	全部游客/万人次	内地游客/万人次	占比/%	年份	全部游客/万人次	内地游客/万人次	占比/%
1997	1127	236	20.9	2008	2951	1686	57.1
1998	1013	267	26.4	2009	2959	1796	60.7
1999	1133	321	28.6	2010	3603	2268	62.9
2000	1306	379	29.0	2011	4192	2810	67.0
2001	1373	445	32.4	2012	4862	3491	71.8
2002	1657	683	41.2	2013	5430	4075	75.0
2003	1554	847	54.5	2014	6084	4725	77.7
2004	2181	1225	56.2	2015	5931	4584	77.3
2005	2336	1254	53.6	2016	5666	4278	75.5
2006	2525	1359	53.8	2017	5847	4445	76.0
2007	2817	1549	55.0				

数据来源：香港特区政府统计处各年份统计年刊。

值得注意的是，访港游客下降主要是内地游客大减所致。2015—2016年，内地游客共录得9.5%的跌幅，总人次大减447万人次，超过全部访港游客减少量；若扣除内地游客，其他地区访港游客有所上升。究其原因，主要包括如下三个方面：

一是政治因素的干扰。曾几何时，内地居民来港旅游购物不仅仅是因为货品价廉物美，更是一种时尚。然而，这两年少数香港人对内地游客不礼貌甚至驱赶内地游客的恶劣行径，使香港作为“购物天堂”的国际声誉严重受损，令许多来港游客却步，从而使香港零售业大受打击。

二是政策因素的影响。由于香港旅游设施建设停滞不前，令相关货品和服务供应不足，租金和价格不断攀升，引发香港居民的不满，香港特区政府出台限购令，并把深圳居民到港从“一签多行”改为“一周一行”，影响甚大。据入境处最新数据显示，2015年4月13日至2016年3月底，持“一签多行”签注来港者约631.5万人次，按年下跌57.3%，同比减少游客847万人次，相当于同期内地访港入境总人数的20%。换句话说，若没有调整“一签多行”政策，内地游客仍可保持增长，香港零售业也不会有那么大的跌幅。

三是购物模式的转变。一方面，近年来日本和韩国等国纷纷向中国游客伸出橄榄枝，在旅游签证等方面给予松绑放行，加上因汇率和成本等因素令当地货品看起来比香港更加廉宜，带动内地居民转赴海外购物。据国家旅游局和世界旅游业理事会的资料，过去2011—2015年来，赴国外旅游的中国游客人数增长超过1倍，至1.2亿人次，2015年境外消费金额达2150亿美元，居世界第一，较2014年猛增53%，与香港的情况形成强烈对比。由于中国游客激增，日本2015年来自境外游客收入年增率高达49%，冰岛旅游业收入也大增近两成，在新加坡中国游客占游客购物总开支的一半以上。另一方面，网上购物的迅速兴起，内地居民尤其是年轻一代通过互联网也能买到心仪的海外货品，加上周围地区建造大型的免税购物商场，相应减少内地居民到港购物的需求。

综合而言，由于过去十多年香港零售市场的快速增长逾半是由游客购物带动的，游客购物占香港零售总值的比重从原先不足两成大幅提高到四成左右，造成香港零售业对游客购物的高度依赖，因而2015—2016年游客购物大减也是造成零售业不景气的“元凶”。从影响游客购物的各种政经因素看，这种变化有部分是结构性的，因而香港旅游业和零售业这一轮调整用了比预期更长的时间。

三、两地旅游合作的前景①

经过两年的调整后，香港旅游业逐步由低位回稳，2018年以来更是加快增长。但香港也面临不少挑战，全球多个旅游目的地积极拓展旅游业，邻近国家和地区包括日本、韩国、新加坡、马来西亚，以及中国大陆和台湾等，近年均致力于推动旅游业发展，包括推出便利游客到访的措施，例如放宽签证审批、简化申请程序，以及延长有效时间等，还有积极举办大型宣传以招徕游客，并增设旅游设施，使区内旅游竞争加剧。与此同时，面对中国内地

①蔡永雄：《香港旅游业的发展近况及前景》，《中银经济月刊》，2018年5月。

庞大市场，多个国家及地区会继续积极拓展内地市场，令香港面临更激烈的竞争。有鉴于此，预计香港旅游业仍难以返回以往高速增长阶段的强劲势头。展望未来，香港可凭借粤港澳大湾区合作和强化基建设施等机遇，积极提升旅游业的吸引力和竞争力。

1. 本轮旅游业复苏的特点

在香港特区政府、香港旅游发展局和旅游业界的共同努力下，加上外围环境的改善，香港旅游业自2017年初开始回稳，整体访港游客人次再次回升，中国内地、东北亚和东南亚游客为主要增长动力，但整体旅游业收益却尚未返回高峰期的水平。具体来看：

一是整体访港游客再次回升。香港旅游业于2017年见底回升，整体访港游客人次增加3.2%至5847万人次，结束了前两年的整固期，但仍较高峰期低3.9%。其中，内地游客仍是游客增长的主要动力，2017年访港内地游客人次达到4445万人次，占整体访港游客的76%，而其增速也高于整体访港游客，达到3.9%（见表18），来自世界各地的游客则只录得1.1%的增长。

表18　2017年香港旅游业表现

项目	2017年	比对2016年
访港游客总数	5847万人次	+3.2%
内地游客	4445 万人次	+3.9%
过夜游客	2788万人次	+5.0%
不过夜游客	3059万人次	+1.6%
酒店平均入住率	89%	+2%
酒店平均房租	1288港元	+0.1%
过夜游客平均留港时间	3.2晚	–0.1晚
过夜游客人均消费额	6443港元	–2.4%
与入境旅游相关的总消费	2967亿港元	+1.0%

数据来源：香港旅游发展局。

2018年上半年升幅有所加快，按年达到10.1%，预计2018年访港游客人数将创出历史新高。在整体访港游客中，消费能力较高的过夜游客也录得理想表现，按年增长达7.2%。内地游客的增速持续高于整体水平，按年达到13.4%，较整体高3.3个百分点。过夜游客的情况亦一样，2017年全年及2018

年第一季度，内地过夜游客分别录得6.7%及9.2%的增长，较整体高1.7及3个百分点。

二是整体旅游业收益尚未返回高峰。据香港旅游发展局的数据显示，2016年与入境旅游相关的总消费为2967亿港元，较2014年高峰期的3590亿港元低17.4%，过夜游客人均消费金额由2014年的7960港元跌至2016年的6599港元，跌幅高达17.1%，不过夜游客人均消费金额亦由2014年的2414港元下跌至2016年的2122港元，跌幅为12.1%。在各主要购物类别消费中，2016年过夜游客用于个人护理用品、电器/摄影用品、珠宝首饰及手表、皮制用品/人造制品的消费金额分别较高峰期时低50.3%、45.9%、41.6%和29.2%，明显反映高消费游客来港大量购物的景象不再。

三是从购物游转向深度游。“反水客”事件发生后，内地游客赴港购物的热情逐渐减退，如今，两边旅游市场都已步入理性成熟阶段。内地游客赴港旅游的方式正变得越来越自由，旅游目的地也越来越模糊化。现在不少人去香港旅游，都是“先去了再说”，到了香港再看要玩些什么逛些什么，或者什么都不干，就是去吃吃喝喝，享受几天休闲的时光。

深度游成为越来越多内地游客的“新宠”。“在许多人看来，香港这座摩登都市中到处都是钢筋水泥，但其实这座城市的70%是由绿地覆盖。生态香港系列就是把香港的世界级地质公园、秀丽的滨海景观带到人们眼前。”一名香港导游这样向内地游客介绍香港的小众景点。远离市区的岛屿、鲜为人知的行山径，或是沿着香港影视的足迹，寻找电影中和歌曲里的香港……这也符合了当前人们喜欢“探奇”“探险”的心态，去别人不常去甚至未曾有人去过的地方。[①]

由此看来，香港旅游业现在正处于复苏的阶段，主要是受惠于全球经济复苏动力有所加快、内地经济稳中向好、人民币汇率稳定以及内地和香港交通往返日趋便捷等，但香港旅游业的持续复苏仍面临不少挑战。

①《回归20年　香港内地互为最大旅游市场》，《人民日报》（海外版），2017年7月10日。

2. 香港旅游业仍面临不少挑战

一是以购物为主的旅游模式过于单一。香港作为一个自由港，基本上没有任何关税和销售税，令旅游业一直以“购物天堂”来作为吸引游客的主要优势。从中国内地、短途市场（不包括中国内地）和长途市场的过夜游客曾经在港购物的比例分别达到86%、75%、55%，以及整体和内地过夜游客人均消费金额分别达到6599港元和7275港元来看，购物是游客访港的一大原因。因此，过去数年内地游客消费模式的调整，由高端名牌奢侈商品转变至一般中产阶层的消费品，对旅游业和零售业构成明显影响，更突显了香港以购物为主的旅游模式过于单一。事实上，近年内地网购盛行，无论是普通网购还是海淘均深受内地中产消费者的欢迎，让他们可以更容易购买到世界各地的优质商品，并无须舟车劳顿专程来香港购买。2017年全国网上零售额达到7.2万亿元人民币，较5年前大幅增长约4.5倍。同时，世界各地的零售商正不断地在内地直接增设网点，故香港单靠购物为主的旅游业模式难以长期维持高速增长。

二是高端购物的旅游模式不再。如上所述，内地游客消费模式改变是推动香港旅游业深度调整的原因之一，其中电器/摄影用品，以及珠宝首饰及手表等购物类别的消费调整幅度高达四成甚至五成。现时，即使访港游客人次有所回升，但高端名牌奢侈商品的销售则仍较高峰期有一段距离。当中包括内地游客对高端名牌奢侈商品的热情降温、欧美等地放宽对中国内地游客旅游签证的限制、港元汇率相对欧元和英镑等外币币值相对较高，再加上内地本土的消费市场急速发展，吸引了大量名牌直接进驻内地，均影响了高消费游客来港的热情。然而，若高消费游客逐渐减少的话，香港旅游业只能倚赖游客人次持续增长来推动其进一步扩张，会对香港社会的承载能力带来新压力。

三是旅游景点吸引力不足。香港最受整体欢迎的旅游景点依次为太平山顶、香港迪斯尼乐园、女人街露天市场、乘坐渡海轮船及香港海洋公园等，但有关景点已落成多年，且没有什么明显变化，只有主题公园不时会为其游戏和主题作出一些提升。从表19中可以清楚地看到游客曾经游览的地方的比例实属偏低，最受欢迎的景点亦只有两成左右的游客曾经到访，这反映了香港确实有必要在旅游景点上多下些功夫，以提升其吸引力。

表19 游客在香港游览的情况

曾游览之地方	整体过夜游客	内地过夜游客
太平山顶/山顶缆车/山顶凌霄阁	23%	15%
香港迪斯尼乐园	17%	15%
露天市场（女人街）	14%	7%
乘坐渡海轮船	14%	7%
香港海洋公园	12%	13%

数据来源：香港旅游发展局、中银香港经济研究。

3. 提升竞争力，强化两地旅游合作

无疑，香港旅游业正逐渐复苏的势头值得肯定，未来需要积极提升竞争力，巩固与拓展新的优势，为经济发展作出新贡献。

一是善用基建设施落成机遇，为香港旅游业开拓更多新客源。解决了“一地两检”的问题后，高铁香港段目前已通车，香港将透过西九龙的总站连接总长度超过2.5万公里的国家高铁铁路网。在高铁开通后，游客无须转车，可直达内地17个城市（见表20）。

表20 高铁香港段可直达内地的17个城市

1小时以内	2~5小时	5小时以上
福田（14分钟）	汕头（2小时15分钟）	福州（5小时15分钟）
深圳北（23分钟）	长沙（3小时）	贵阳（6小时）
虎门（33分钟）	桂林（3小时15分钟）	郑州（6小时15分钟）
广州南（48 分钟）	厦门（4小时）	杭州（6小时45分钟）
	武汉（4小时30分钟）	昆明（7小时15分钟）
	南昌（4小时30分钟）	石家庄（7小时45分钟）
		上海（7小时45分钟）
		北京（8小时45分钟）

数据来源：港铁公司、中银香港经济研究。

一般来说，高铁的优势距离主要约为4小时的车程距离，即约1000公里以内。据香港特区政府的数据显示，配合内地的高铁系统，可于4小时内来港的内地城市所覆盖的人口规模有2亿～3亿人，超于世界各国高速铁路的覆盖范围。以往这些地区来香港的航班不多，价格也不菲，而有了高铁之后会大大增加游客来港旅游的吸引力，会成为来港过夜游客增长的主要客源地。未来香港可与内地有关部门商讨，争取开办更多直达内地其他城市的车次，并积极向高铁能直达香港的内地城市作宣传，吸引更多车程为3～4小时的内地游客选择前往香港旅游，特别是在周末来港旅游，为香港带来更多新的游客来源。

除了高铁以外，港珠澳大桥也顺利通车，大大缩减了由珠三角西岸来港的时间，将吸引更多珠三角西岸的内地居民来港旅游。不少旅行社也针对该主题推出“赏桥团”，游客坐船欣赏港珠澳大桥，之后抵达大屿山游玩、吃海鲜或购物，是颇受欢迎的新线路。再者，香港国际机场的三跑道工程亦可进一步扩大香港旅游业的覆盖范围。香港地理位置优越，可于5小时内飞抵全球近半数人口聚居的地方。其中东南亚市场甚具拓展潜力，经济前景最佳，且不少国家的经济已发展至中等收入水平，加上其人口年轻且多，对出外旅游将有较大的需求。

二是加快西九文化区的工程进度，增加香港旅游业的文化内涵。西九文化区是全球规模最大的文化项目之一，集艺术、教育及公共空间于一体。区内将有占地23公顷的公共空间，以及长达2公里的海滨长廊，并设有各种文化艺术设施，上演世界级展览、表演节目和文化艺术活动。第一期工程包括戏曲中心、M+、自由空间及M+展亭，这些场地已逐步启用。第二期工程包括演艺综合剧场、中型剧院、当代艺术中心、驻区艺团中心，以及香港故宫文化博物馆等，将有助于增加来港旅游的文化内涵，并可发挥香港东西文化汇合的一大特色，让香港展现出更具特色的旅游体验。

除了西九文化区外，其他新的文化区及古迹旅游景点会在2018年陆续落成。香港特区政府即将完成更新及丰富孙中山史迹径，包括重新设计史迹径的纪念碑和更新内容。史迹径配合PMQ元创方和将于2018年内开放的“大馆”（中区警署建筑群），可把中西区塑造为充满“古今、艺术”特色的小区。

与此同时，海洋公园现正全力发展全天候的水上乐园，预计2019年可以落成启用，配合海洋公园兴建的两家新酒店，预计可分别于2018年及2021年投入服务；香港特区政府及香港迪斯尼乐园亦正积极推展乐园的扩建及发展计划，务求令迪斯尼乐园在2018年至2023年期间差不多每一年都有新设施推出，以提升其吸引力和竞争力。此外，香港特区政府还计划在邮轮码头的毗邻推出“启德旅游中枢”计划，吸引市民和世界各地的游客到访，并会继续就大屿山发展进行规划研究，运用北大屿山作休闲及旅游用途。①

三是加快提升会展设施，吸引更多高端商务旅游。面对高端消费游客减少的情况，积极发展会展业亦可吸引高消费过夜商务游客访港。香港每年举办多项甚具规模的大型国际性会议及展览，包括亚洲金融论坛、“一带一路”高峰论坛、巴塞尔艺术展及设计营商周等。此外，香港每年还举办超过10个在亚洲以至全球最大的展览和采购平台。当中最具规模的包括电子、珠宝、礼品、钟表及灯饰等。为加强香港在举办大型国际会议及展览方面的竞争力，香港有需要加快兴建更大规模的会展设施，如拆卸湾仔北三座政府大楼重建为会展设施和加快落实在沙中线会展站上盖兴建会议中心的计划。同时，香港旅游发展局亦要继续争取更多国际性大型会展活动在港举行，以增强香港作为区内主要商业服务中心的功能，并吸引更多的高端商务旅游。

四是加强与大湾区联动，吸引更多一程多站游客。现时，香港不单是东西文化汇合的大城市，拥有海洋公园和迪斯尼乐园两大主题公园，郊野公园和离岛也深受游客欢迎，澳门则发展为世界旅游休闲中心，再加上粤港澳大湾区其他地区的特色旅游，如长隆野生动物乐园、长隆海洋世界、东部华侨城、温泉、高尔夫球和赛车旅游活动等。同时，一程多站更可让游客亲身感受到广州和深圳等城市的急速发展，以至广东地区的文化和饮食特色，有助于开拓更多元化的旅游客源和产品，争取新游客、吸引游客重游，以及延长游客留港的时间，丰富游客的体验，让香港旅游业可以持续健康发展。

---

①详见香港旅游发展局提交给立法会的2018—2019年度工作计划。

第三编

转型合作的未来

第十四章　香港经济转型的方向和策略

我们在第一编中提到，香港第三次经济转型尚未完成，一个重要原因是没能解决好转型方向和策略这一大问题。虽然经过多年的艰难探索，香港社会各界已就经济转型达成一些共识，如需要发展知识型经济等，香港特区政府也积极为香港寻找定位，但这一困扰香港的最大问题在相当长时间内并没有解决，甚至还没成为推动转型的实质行动。具体表现在：第一，各界人士对经济转型的具体方向存在较大分歧，各种不同定位及其组合模式各行其道、莫衷一是。第二，尽管香港特区政府在推动经济转型上不遗余力，但限于小政府格局，因而力度尚嫌不足，始终未见明显成效，不少人对香港经济成功转型依然欠缺信心。

产生这一现象的原因，主要是在影响转型的各种因素、外围发展提供的机会，以及与转型有关的一些重要问题上认识不足或把持不定，以致经济转型缺乏一个完整和清晰的图像，难以进一步凝聚共识，统一政策，形成合力。近20年来，香港各界对经济转型的方向虽然众说纷纭，但归纳起来主要有两种类型：

一类是主张发展以知识为本的高增值产业，特别是高增值服务业。1998年香港特区政府提出的发展创新科技以及2001年财政司司长提出的“超级曼哈顿”（Manhattan Plus）等，都属于这一类型。这种意见符合知识经济时代的发展潮流，并立足于香港高成本的现实，但也需要面对香港存在科技基础薄弱、劳工素质不高等现实因素，解决不了大量低技术、低技能劳动人口的出路问题（对政府来说，促进经济增长和保证充分就业同等重要）。

另一类则主张发展二元经济，一元是高增值低就业的部门，另一元是低增值高就业的部门。二元经济论、新工业化、工业回流、“4+1”模式（即四大支柱产业+新工业）、本土经济等都属于这种类型。这种意见照顾到香港劳工市场的现实，立足于解决大量低技术劳工的出路，但也回避了高成本的问题；更重要的是，它把高增值和低增值产业完全割裂开来，主张各种性质完全不同、互不关联的产业同时并存，甚至要形成相对完整的经济体系，有违经济全球化和区域经济分工发展的原则和潮流，不利于有限资源的最佳配置及提升香港的经济效率。

一、机会和优势

上述这些对香港经济转型方向的不同理解，虽然各有优点和不足，但它们实际上都必然触及如下两个核心问题：一是在由经济全球化、知识化和中国经济迅速崛起带动的新的产业分工中，香港可以扮演什么角色、能否担当这一角色。二是香港在担当这一角色的同时，如何解决现实经济中存在的诸多问题。前者是指外围环境的变化为香港带来什么机会以及香港是否有足够的优势和能力去把握这种机会，后者则是指在经济转型过程中出现各种矛盾如何去协调的问题。

值得庆幸的是，在改革开放40年之际，香港经济转型方向和策略已经明朗化，那就是全面融入国家发展大局，紧紧抓住全球经济重心东移和国家新时代加快现代化建设带来的历史机遇，以推动科技创新和知识型服务作为“国家所需、香港所长”的结合点，努力消除要素流动障碍及化解内部深层次矛盾，全面推动香港向创新型经济加快转型。

1. 三大机遇，机不可失

谋划香港未来经济转型和两地合作，绝不能明于微而昧于巨，首先必须掌握当前全球正在出现的一系列重大变化。当前，外围因素的发展变化，尤其是美国悍然发起贸易战是全局性或结构性的巨变，是未来牵动全球经济金融变局的真正动因，这将给高度开放和国际化的香港带来诸多挑战；但也应当看到，当前世界经济格局正在发生欧美国家主导世界数百年来最重大的改变，香港正面临许多难得的发展机遇。其中最重要的有三个，让我们一一道来：

第一，2008年全球金融海啸的一个正面效应，是开启全球经济重心向东转移的历史进程，具有全球一半消费人口、善于利用信息技术和互联网接受新知识以及提升自主创新能力的亚洲地区，特别是东亚地区，成为全球经济增长的主要引擎。如果和平和发展这一世界主流保持不变以及中国政治保持稳定的话，全球经济重心东移的大趋势和大格局应可维持到21世纪中叶或以后，其进程又可分为如下两个阶段：

第一阶段，走向“东亚主导”。东亚经济已成为全球经济增长的主要动力，全球金融海啸又加强了这一趋势，从而使东亚地区①的经济规模赶欧超美的时间大为提前，即在2017年已超过包括美国、加拿大和墨西哥在内的北美自贸区（NAFTA）和由20多个欧洲国家组成的欧盟，成为全球最大规模的经济区域，这意味着全球将全面进入“东亚主导”的经济时代。未来东亚地区的中产人数、财富积累和消费能力将进一步增加和提高，技术创新和生产能力也会加快提升。预计到2035年，东亚地区的GDP将占到全球的四成左右，真正成为全球财富增长的源头活水。

第二阶段，走向“亚洲半球”。在东亚地区成为全球最大经济区域之后，随着中国和印度等大国经济的进一步崛起，全球经济将进一步向“亚洲半球”的时代迈进。应当看到，在经济全球化和区域一体化发展的推动下，亚洲经济整合正在加快进行之中。以前亚洲各经济体推行出口导向发展战略，最终出口市场都在欧美，各经济体之间的经济联系不甚密切。但20世纪90年代以来，随着中国经济的崛起，亚洲经济格局发生了很大变化；中国经济发展既带来出口和引资等方面的竞争，又带来不断扩大的内部市场、对外投资和出国旅游，亚洲各经济体之间的经济合作迅速升温。尤其是1997年亚洲金融风暴发生以后，亚洲各经济体调整经济发展策略，积极刺激内部消费，也为进一步加强合作提供了现实基础。据统计，90年代初期亚洲各经济体之间的贸易占总贸易额的比重不到五成，目前已提高到六成以上，未来这一比重将会进一步提升，长期而言有机会逐步靠近欧盟的水平。当前亚洲内部各式各样的区域贸易协议（包括正在商谈中的RCEP）层出不穷，这将大大加快亚洲经济一体化的进程。

预计到2030年，以东亚为主体的整个亚洲地区的经济总量将占到全球

①本文所指的东亚地区，包括中国内地及港澳台、日韩、东盟十国，共16个经济体。

GDP的一半左右，人均GDP则可望达到全球的平均水平。这虽然只是正常的期望，但对人口占全球一半的亚洲来说，意义却是非同凡响。由于“一带一路”国家和地区大都在亚洲，在“亚洲半球”之后将进一步迈向“丝路半球”。亚洲经济整合需要多个商业枢纽和服务中心，香港有机会成为最主要的服务中心。

第二，随着创新驱动战略的实施，中国经济将真正走上高质量发展之路，科技创新、新型城镇化、区域协调发展等都将带来源源不断的增长动力。到2035年，当中国基本实现现代化之时，经济总量占全球的比重将从2017年的15%增加到25%，成为全球经济的龙头，包括香港在内的粤港澳大湾区也将建成世界上经济规模最大的湾区，并将形成全球科技产业创新中心、环球金融重镇、世界首要商贸平台以及首屈一指的优质生活圈。

中国经济的快速发展需要强大的服务体系的支持。目前中国服务业在总体经济中的比重只占一半左右，不但远低于发达国家，甚至低于许多发展中国家。未来内地推动高质量发展等战略，更需要先进的服务业，特别是金融、商贸、科技和专业服务的支持，香港有机会发展成为中国的主要服务中心。

第三，国家“一带一路”建设将是未来20～30年影响中国、亚洲乃至全球的一件大事，发展潜力巨大，前景看好。预计未来丝路沿线国家的GDP将以两倍于全球平均的速度增长，20年后这一区域的GDP总量将占到全球的一半左右，形成“丝路半球”。不仅全球经济流向将因此而发生重大转变，而且本区域也将形成真正的命运共同体和利益共同体，进而带动人类社会进入更和谐、更均衡、更美好的发展阶段。

香港若能抓住这样一个“三机（会）叠加”的历史性机遇，背靠祖国、融合大湾区、立足亚洲、服务全球，大力发展以知识为本的创新型经济，就有机会从亚洲都会进一步提升为世界级都会，享有媲美纽约和伦敦的国际地位。

更值得一提的是，习近平总书记在党的十九大报告中五次提及香港，并在三处展开，充分体现了中央政府对香港的重视。报告指出，要让香港、澳门同胞同祖国人民共担民族复兴的历史责任、共享祖国繁荣富强的伟大荣光。这充分体现了中央政府对香港和香港市民的殷切关怀，语重心长、情真意切、振奋人心、令人鼓舞。

香港中联办主任王志民指出，香港在国家改革开放进程和现代化建设中具有特殊而重要的作用。广大香港同胞怀着赤诚的爱国之心，率先到内地建厂，持续投资内地，支持内地各项事业发展。改革开放以来，内地经济以年均9.6%的速度增长，创造了举世罕见的经济奇迹，这一成就不仅凝聚着全体内地人民锲而不舍的艰苦努力，也饱含着香港和香港同胞的贡献。回归祖国后，香港重新纳入了国家治理体系，香港的发展也融入了国家发展大局。香港依靠祖国坚强的后盾，成功应对危机冲击，共享国家发展战略机遇、共谋区域合作发展、共同开拓国际市场，已经走上了优势互补、共同发展、永不分离的宽广道路。

王志民表示，在国家实现“两个一百年”奋斗目标和中华民族伟大复兴的进程中，香港不会也不应缺席。未来香港只要继续坚持“一国”之本、善用“两制”之利，从“国家所需”的角度挖掘“自身所长”，不断提升自身竞争力，就一定能在国家不断走近世界舞台中心的新时代，扮演好重大国家战略的首要境外推进平台、全球创新要素集聚平台、对外交流的参与和传播平台、国家“软实力”提升和展示平台等重要角色。党的十九大报告提出要支持香港融入国家发展大局，以粤港澳大湾区建设、粤港澳合作、泛珠三角区域合作等为重点，全面推进内地同香港互利合作、制定完善便利香港居民在内地发展的政策措施，就是期待香港在中华民族伟大复兴的新征程中获取更大发展空间，发挥好特殊优势，继续作出新贡献。

2. 优势仍存，难以取代

那么，香港是否能担当这一角色呢？答案显然是肯定的。香港过去一个多世纪的发展，是在周围地区尚处在封闭落后的状态下，以其无可比拟的优势取得的。但在周围地区相继开放和崛起后，香港原来拥有的绝对优势就转化为相对优势。不过，这些相对优势仍是香港推动经济转型和加快发展的重要基础。只要香港善用这些优势，加快推动经济转型，积极培养具有优势产业的核心竞争力，就有可能逐步巩固和提升其服务中心地位。

进言之，过去香港一直拥有自由开放、市场体制和地理条件等三大基础优势，由此形成的金融服务、对外贸易、交通运输、生产制造、国际旅游和专业服务等行业都具有较强的竞争力（见图6）。从20世纪80年代开始，对高成本最为敏感的制造业逐步北移；90年代以来，部分容易受高成本影响的服务行业（如运输业）也开始分流到内地。但无论如何，香港拥有的三大基础优势和主要服务行业的竞争优势仍将长期存在。

第一，在自由开放方面。香港是全球最自由开放的经济体系，不管周围地区今后如何进一步开放市场，只要这些地区仍然保持某种程度的管制措

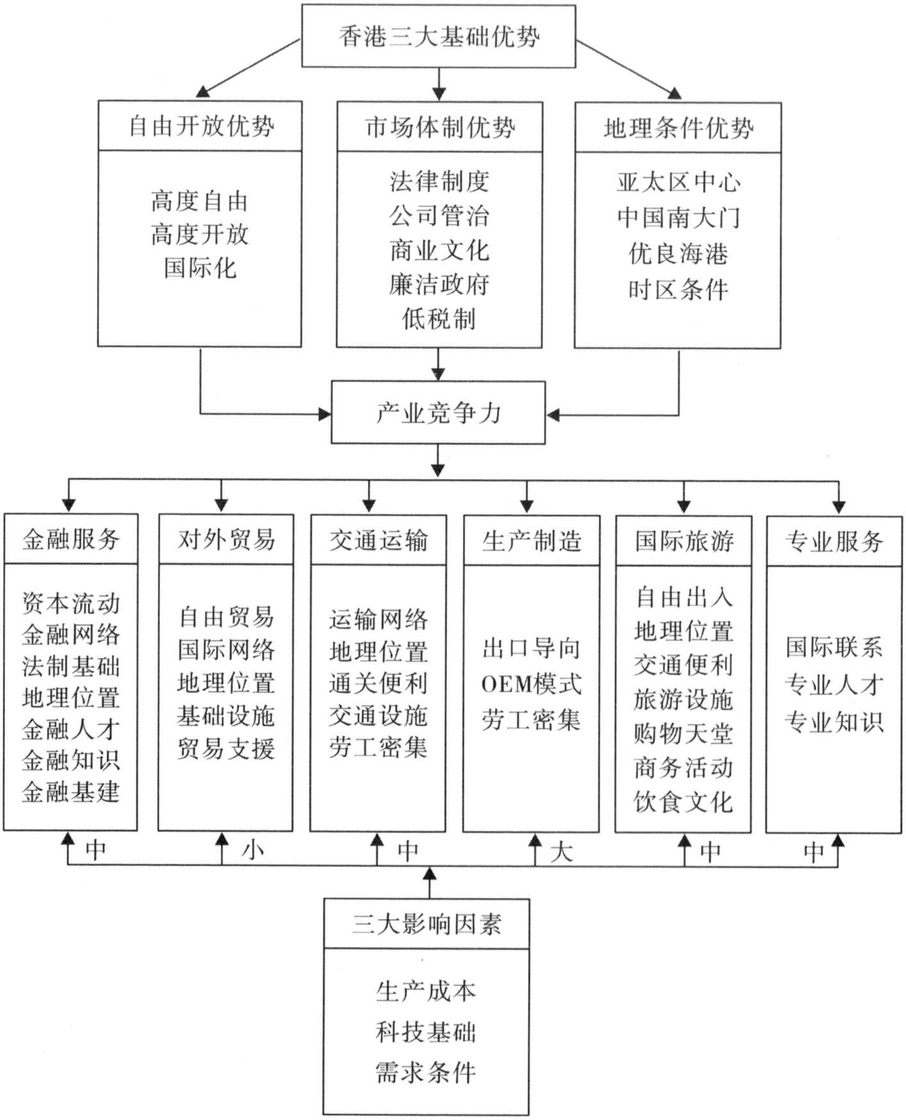

图6　香港三大基础优势和主要服务行业的竞争优势

施，就无法赶上香港，香港仍可长期保持全世界最自由开放经济体的优势。不过，值得注意的是，随着周围地区不断扩大开放，它们与香港的差距会逐步缩小；与此同时，具排他性质的区域贸易协议，虽然最终有助于推动区域经济整合，但短期内也会影响香港自由开放优势的发挥。香港需要更积极地参与区域经济合作，并在合作中充分发挥自己的影响力。

第二，在市场体制方面。香港的市场体制较为完善，产权保护、市场规则、法律制度、公司管治、商业文化等方面的成熟度，在亚洲都是首屈一指的。内地虽然已初步建立起市场经济新体制，但仍需要进一步完善，特别在最重要的产权保护和市场规则两方面，与香港相比仍有距离，需要多点时间去完成经济体制转轨的任务。可以说，目前香港拥有的完善的市场体制，代表着未来中国内地市场体制发展的前进方向，香港在内地未来的改革开放中仍将发挥积极作用。

第三，在地理条件方面。香港位于亚太区中心和中国南大门的优越条件是过去发展的重要基础，也是未来进一步发展的条件。现代科学技术特别是通信手段的发展，只能降低地理条件的相对重要性，但不能完全消除这种优势。

不过，也要看到香港也存在一些影响经济转型的因素：其一是生产成本仍较高，尤其是楼价居高不下，既不利于发展低成本的劳动密集型产业，特别是劳工密集的制造业，也妨碍创新型经济的发展；其二是科技产业化基础较为薄弱，因而短期内难以形成高科技产业；其三是需求条件仍受到限制，特别是进入中国内地市场仍受到开放程度的制约。只有突破这些限制，香港才能真正加快推动经济转型。

3. 实际问题，一并解决

推动经济转型，归根结底是为了解决香港经济中存在的矛盾和问题，扫清经济发展的诸多障碍。具体地说：

一是推动经济转型与解决就业问题的矛盾。推动经济转型需要更高的定位，为此需要大力发展高增值产业，但香港有一半以上的劳动力属于低技术、低技能的劳工，不能适应发展高增值产业的需要。这是当前香港面临的最大难题。推动经济转型确实需要为这些劳工寻找出路，把解决就业问题一并加以考虑。

二是降低成本与稳定经济的矛盾。香港成本过高是众所周知的事实。解决高成本问题，一方面要靠发展高附加值产业，另一方面也要适当降低成本。香港营商成本与周围地区相比，总体上仍然偏高。但若成本调整过快，就会引发更大的经济振荡，反而影响经济转型。因此，考虑经济转型问题，还需要在控制成本和稳定经济之间取得平衡。

三是涉外经济与内部经济脱节的矛盾。近些年来香港经济存在“外热内冷”和“外冷内热”交替出现的异常现象，涉外经济的强劲反弹并不能改变疲弱的内部消费和投资，由楼市泡沫带动的内部需求回升也不能弥补外部需求的不足。自20世纪90年代以来，内部需求已成为香港经济发展的重要动力，如果经济转型只考虑涉外经济活动，而忽视内部经济实际上也存在转型要求，就无法把香港经济导入良性循环的轨道。由此可见，推动经济转型还必须解决内外经济环节如何接轨和良性互动的问题。

二、方向和定位

通过上述比较和分析不难发现，当前香港经济转型的机遇，存在于新时代国家推动高质量发展、“一带一路”建设、加强科技创新、扩大对外开放和粤港澳大湾区合作发展等五个发展大局以及以中国为主导的亚洲经济深度整合当中；推动香港经济转型的动力，存在于香港固有的优势当中。香港经济转型的方向和定位，应是立足香港，配合国家发展战略和规划，服务“一带一路”建设和以中国为主导的亚洲经济整合，成为中国和亚洲的创新型经济枢纽和主要服务中心。

1. 方向：立足香港，服务中国和亚洲

未来香港经济转型的基本方向，主要包括如下三个方面：

一是立足香港，这是香港经济转型的根本出发点。一方面要通过科技创新和政策推动，把更多的经济活动引向香港，大力发展以香港为基地的科技创新产业和对外服务业；另一方面也要推动能够促进本地消费和投资的产业，尤其是以居住为本的房地产及相关产业，在提升对外服务的基础上搞好本地经济，促进香港整体经济的良性循环。

二是服务“一带一路”建设和以中国为主导的亚洲经济整合，并在其中

充当枢纽和支持角色。香港需要借助国家新时代扩大对外开放和亚洲经济加快整合的有利时机，进一步扩展现代服务业发展的市场空间，使香港的服务范围覆盖到整个中国内地和亚洲地区，以满足这些地区对高增值服务业和专业服务的需求。

三是要运用新知识、新技术，推动香港传统服务业的转型升级，巩固和提升金融、商贸、航运和专业服务中心地区，在与周边地区的竞争和合作中，建立香港主要服务行业的核心竞争能力。

2. 定位：中国和亚洲的科技创新平台和主要服务中心

未来香港的定位，应当是中国和亚洲的科技创新平台和主要服务中心。如前所述，随着国家转向高质量发展和亚洲经济整合的不断加快，未来区内将形成多个各具特色的科技创新及服务中心，包括东京、香港、新加坡、上海、北京等。东京目前已是国际大都会，但其服务对象主要是日本庞大的经济体系；受限于开放程度，未来东京难以像伦敦之于欧洲那样，成为亚洲的科技创新平台和主要服务中心。新加坡目前是东南亚的服务中心，也正在积极拓展与北亚和澳纽的经济合作，争取成为亚太区服务中心。由于新加坡在自由开放度和市场体制等方面与香港差距不大，在科技基础和政府功能等方面则大大强于香港，因而成为香港的强劲竞争对手。但受到地理条件的限制，新加坡在拓展中国这一未来最重要市场方面远逊于香港，因而要成为亚洲区内的科技创新平台和主要服务中心仍有不小难度。由此可见，香港最有条件发展成为中国和亚洲的科技创新平台和主要服务中心，成为覆盖整个亚洲地区的科技、金融及商业枢纽。

最值得探讨的是香港和上海的关系。上海是内地最重要的经济中心城市，未来的发展方向是国际经济、商贸和金融中心，因此许多人认为上海是香港强劲的竞争对手，甚至还可能取而代之。半个多世纪以前，上海曾是远东金融中心，遥遥领先于香港，今后历史是否会重演？我们认为不会，因为目前情况已经发生很大变化。

其一，60多年前上海的对外开放度甚高，特别在金融开放方面要领先香港。未来上海能否成为国际大都会，取决于中国内地的对外开放进程，在中国市场尚未完全开放，特别是在人民币实现可兑换之前，上海是难以真正成为国际经济、商贸和金融中心的。即使未来中国市场进一步开放和人民币实现完全可兑换，估计国家仍会保留一部分必要的管理措施，因此上海在自由开放度方面仍将逊于香港。

其二，就整个亚太区来讲，香港的地理位置要优于上海，因为香港是亚太区的地理中心，5小时航程可抵达亚太区内主要城市，特别是在拓展东南亚和南亚市场方面比上海更加方便，加上一百多年建立起来的商业网络、法制基础和营商环境，因而能得到更多的发展机会。

其三，在拓展内地市场方面，上海无疑比香港更为有利，但由于内地地域广大，各区域市场都有自己的服务中心，如上海是长三角的服务中心，香港是珠三角的服务中心，北京是京津及周围地区的服务中心等，形成了较明显的市场分工。而从地理位置看，香港在拓展中国华南、华中和西南三大区域市场方面比上海更为方便。

目前的问题是，上海具有优惠政策和同一关税区的有利条件，而香港却被作为境外经济体看待，无法像上海一样自由开展内地业务。未来香港若能争取到和上海一样的“国民待遇”，与上海在内地市场上展开公平竞争，有着多年成熟开放的市场体制和经验的香港，就有机会成为中国最重要的一个服务中心。

3. 举措：实现三大转变

从上述方向和定位可以看出，香港新一轮经济转型将具有与过去历次转型完全不同的特点：一是通过扩大服务范围，从过去以加工贸易为基础的自我服务，转变为亚洲首屈一指的商业服务中心；二是加强科技创新和充分运用新知识和新技术，从过去主要提供传统的商业服务，转变为以高增值服务为主导的更高层次的商业服务；三是把握内地企业“走出去”的良机，从为内地提供局部性的商业服务，转变为全面服务国家的经济发展和改革开放策略。明确地说，服务业自身的转型和提升，即从传统服务业转向提供全方位及更高增值服务的中国和亚洲的国际科技创新平台和主要服务中心，是当前香港经济转型的主要内容，也是新一轮经济转型有别于过去两次转型的重要标志。

必须看到，经济转型不仅是涉外经济转型，还应包括内部经济转型。所谓内部经济转型，是指通过提高内部消费品质量和改变内部服务提供方式，进一步提升香港的生活质量，使香港成为亚洲最理想的消费城市和居住地。

因此，在加快发展科技创新和服务中心的基础上，也要注意推动内部经济转型和发展，其中最为重要的，是房地产发展模式的转型和改善，即从投机炒卖型的房地产发展模式转向以居住为本的房地产发展模式，这是实现香港内部经济转型的关键一环。只有香港涉外经济和内部经济同时实现转型并顺利接轨，香港新一轮经济转型才能真正取得成功。

三、策略和措施

在确立了香港经济转型的方向和定位之后，有必要进一步确定具体明了的发展策略和政策措施，以便为香港成功完成第三次经济转型和深化两地合作提供明确路向和主要抓手。

应当看到，自2012年欧债危机爆发以来，香港经济连续数年一直徘徊在3%以下的低增长区间，远低于深圳和新加坡。虽然2017年以来经济增长有所加快，但目前外部环境因特朗普发动贸易战而出现巨变，香港本地经济社会内部面对的困难和问题仍未解决。在相对不利的内外环境下，倘若香港不采取措施去解决经济发展中的矛盾，而只是被动接受市场波动的结果，那么未来香港经济就难以看好，2%左右的低增长就将成为常态。但如果我们能够紧紧抓住内地新时期改革发展提供的机遇，善用“一国两制”和自身独特的优势，充分发掘和释放内部潜力，推动香港朝着发展创新经济、全面改善民生的方向发展，就有机会扭转低迷不振的局面，重塑经济竞争力，未来仍有机会实现4%或以上的中速增长。

而要实现较好的前景，需要从内部和外部两个方面同时采取行动。外部行动立足于深化合作，包括确立香港和内地经济关系新定位、全力配合国家高质量发展、“一带一路”建设和粤港澳大湾区发展规划，用新思维进一步完善CEPA等，以便更好地发挥香港所长以配合国家所需，使新时代国家发展战略成为香港经济转型发展的主要动力。

内部行动重在推动创新，关键是要在激励创新、保护居留权以及调整政府角色等方面下功夫。为此，香港特区政府要明确制定未来向知识经济枢纽和主要服务中心发展的总体蓝图，尽快凝聚社会共识和支持，进一步加强教育和人才培养，吸引全球顶尖人才汇聚香港，不断加大对知识服务R&D的投入，为本地经济更好地发展奠定稳固的根基。

必须强调，调整香港特区政府角色是经济转型和深化合作的重要保证。新一轮经济转型和两地合作需要政府推动才能成事；无论是经济定位、两地合作和基础建设，还是稳住地产和推动合作，都需要发挥政府不可替代的作用。香港特区政府应彻底放弃积极不干预政策，强化政府推动经济发展功能及调整策略，在坚持市场主导的前提下，积极发挥政府推动转型的特殊功能。只有看不见的手（市场主导）和看得见的手（政府推动）各司其职，共同发挥作用，才能形成合力，产生“1+1>2”的效果，新一轮香港经济转型就可以缩短时间、减轻痛苦，并取得更加显著的成效。

以下各章节，我们将分别探讨如上所述的主要策略和政策措施。由于两地经济合作关系的新定位十分重要，就让我们从这里开始吧。

第十五章　两地经济合作关系新定位

在迈向建设现代化强国的新时代，为了深化香港和内地的经济合作，有必要全面反思并确立两地经济关系的新定位。习近平总书记指出：“作为直辖于中央政府的一个特别行政区，香港从回归之日起，就重新纳入国家治理体系。”“不断推进‘一国两制’在香港的成功实践，是中国梦的重要组成部分。”党的十九大报告提出：“香港、澳门发展同内地发展紧密相连。要支持香港、澳门融入国家发展大局……”可以考虑把确立两地经济关系新定位作为重要的切入点、结合点，并立即采取行动。

一、推动转型需消除合作障碍

深化香港和内地的经济合作，既是实现香港新一轮经济转型的最重要条件，也是新时代内地推进改革开放和现代化建设的需要。目前两地合作遇到的最大瓶颈是制度性障碍，不利于两地充分发挥优势，开展更深层次的经济整合。推动两地合作首先需要跨越这一障碍，并在此基础上实现两地合作的新突破。具体而言：

第一，市场机制受限影响原有合作模式，削弱了香港的服务优势。如前所述，过去两地经济合作主要由市场主导，两地各自发挥互补优势，形成了以“前店后厂”为重点的合作模式。所谓“前店”，并不是简单的贸易中介，而是一个包括接单、设计、运输、融资、检验、营销、成本控制和利润中心在内的营运和控制系统。若按照多年来形成的比较优势，香港和内地特别是珠三角地区推进经济合作的方向，本应是进一步提升“前店后厂”这一合作模式，珠三角地区集中资源发展具优势的现代制造业，同时协助香港在内地的制造业进行技术升级，提高产品质量和水平。但由于内地有些地区的资源分配并非完全按照市场规则，重复建设情况时有发生。其结果不但造成盲目竞争和资源浪费，而且削弱了香港“前店”的服务功能，使两地合作面临严峻的考验。

第二，不同关税区制约两地进一步扩大合作。如果说盲目竞争不利于合作的话，那么两地分属不同关税区则是两地扩大合作的主要制约因素。由于单独关税区的存在，开展深层次合作必然受到内地市场开放程度这一制度性因素的限制：①在合作领域方面，过去的重点是制造业，但在香港制造业北移基本完成后，两地合作的重点就应转移到服务领域，不过由于内地服务业开放程度较低，即使是CEPA也面临“大门开小门不开”的问题，香港服务业进入内地始终受到较多限制，从而限制了香港服务业特别是高端服务优势的进一步发挥。②在要素流动方面，经济整合需要两地经济要素实行全面自由流动。由于香港是最开放的自由港，而内地对跨境（关税区）的要素流动仍实行严格管制，香港自由开放的优势无法充分发挥，因而两地难以展开更深层次的经济合作。

第三，在“一国两制”下两地合作尚缺创意。“一国两制”的方针政策在政治上保证香港的基本制度和生活方式不变，在经济上香港则作为一个单独关税区，保持了高度自由开放的特色。不过，这些规定主要反映两地经济关系的一个方面，即两地在体制上是相对独立的经济体这一业已存在的现实，并没有涉及两地经济关系的另一面，即两地早已形成相互渗透、密不可分的经济合作关系。更重要的是，这些规定主要是强调“两制”的边界，而对于作为前提条件的“一国”，尚未建立适当的机制或安排加以体现。在这种情况下，过去两地关系被片面地理解为“井水不犯河水”；香港在回归祖国后仍被视为外部经济体，与所有的外部经济体同等对待，没有任何区别；两地经济合作仍延续惯例，缺乏与时俱进的创意。其结果是缺乏发展的方向和目标，并出现停滞不前的迹象。

总而言之，目前两地经济合作面对的主要问题，是两个单独关税区下市场开放程度不同形成的制度性障碍，使香港在低端产业逐步外流的同时，高端优势却因制度性障碍而难以充分发挥作用，从而难以有效推动新一轮经济转型。面对未来，有必要认真研究如何在“一国两制”和WTO框架下，为新时期的两地经济整合提供一个战略性安排，以支持香港加快推动经济转型，尽快实现两地经济合作的新突破。

二、理顺“一国两制”下的两地经济关系

自香港回归以来，香港和内地的经济关系的性质实际上已发生重大变化，即转变为一国之内两个相对独立的经济体的关系。香港经济上的高度自主权是一国之下的制度性安排，并不能改变“一国”的事实；香港作为单独关税区也是基于历史现实，并没有超出一国的范围。因此，回归后两地之间的经济往来的定位仍维持旧惯实际上并不合理。

从主权的角度看，香港回归祖国后，香港和内地之间的任何关系，包括政治、经济、社会各方面的关系都已转变为内部关系。虽然香港作为独立关税区的性质和地位受到国际性组织或协议特别是WTO的严格规范，但香港和内地经济关系的性质仍主要由“一国两制”方针政策和《中华人民共和国香港特别行政区基本法》作出规定（《中华人民共和国香港特别行政区基本法》只规定香港保持原有的资本主义制度和生活方式50年不变，并没有规定香港和内地的经济合作属于中国的外部事务，香港作为单独关税区也是以“中国香港”的名义设立的）。因此，正确的做法是先确定香港和内地经济关系的“一国”性质，然后再考虑解决由两个不同的单独关税区在融合过程中存在的现实问题。“一国”是原则问题，“两关”是现实问题，孰轻孰重，不言自明。

进言之，按照“一国”原则，香港和内地的经济关系应是一个国家内部的经济关系。但由于香港是单独关税区，享有经济上的高度自主权，因而两地关系是一国之内特殊的经济关系。根据这一新定位，香港和内地的经济合作就不宜作为对外经济事务来处理，而应当作为特殊的内部事务，由内地和香港进行协商解决，香港投资者在内地的待遇就不能再视为外资，而应是特殊的内资，完全基于欧美贸易及投资规则的CEPA在签署后出现的“大门开小门不开”等衍生问题应立即得到解决。国家在制定发展战略和规划时，也应把香港列入一并加以考虑。

把香港和内地的经济关系，重新定位为一国之内的特殊的经济关系，意

义重大，好处甚多。举其要者，主要有：

第一，真正把香港融入国家发展大局，充分利用香港的有利条件，尤其是高端服务、国际化和法制化优势以及人才资源，协助内地推动高质量发展，强化中国的国家竞争优势。

第二，有利于推动香港经济转型升级，加快解决目前香港面对的困难和问题，提升港人的归属感和获得感。在香港回归以前，港英政府对内地采取隔离政策，严守两地政治和经济界限，两地经济整合纯粹是一种市场行为。这一遗留思想影响了香港一部分人的价值判断，从而造成两地经济整合的困难局面。香港回归后，香港特区政府注意到这一问题，积极推动两地经济合作，香港社会对两地经济合作的态度，由冷漠、分歧、争论到慢慢形成共识，认识到内地经济发展对香港的重要意义。这一共识来之不易，它表明大多数香港市民已寻回自己中国人的身份认同和对国家的归属感。由此可见，香港回归不仅是主权回归，而且是人心回归，人心回归是“一国两制”成功的一个重点标志。

第三，可以对台湾起到更好的示范作用，对祖国的和平统一大业起到极大的促进作用。香港始终是一个经济城市，“一国两制”不仅是政治概念，而且具有经济含义。“一国两制”的成功，不仅要维持香港原有的基本制度和生活方式，而且还需要确保香港继续保持繁荣和稳定。因为“一国两制”这一制度性的安排不仅是为了解决香港回归问题，而且还明确认定一个国家内的两种制度可以同时并存、共同发展，在经济上可以取长补短、互相促进。当前内地巨龙腾飞之势已成，香港若能与内地进一步深化合作，不仅可以保持繁荣和稳定，进一步增强香港市民对国家的认同感，而且“一国两制”在香港成功的事实，还会对台湾工商界和民众产生更大的吸引力。

由于香港和广东省的经济联系十分密切，在新定位确定后可把推动香港和广东的经济合作作为优先处理事项，先行一步，取得突破，然后视情况向内陆逐步推开。这样做，可能更加符合粤港两地的经济现实和需要，使粤港两地的优势更好地结合起来，把粤港澳大湾区打造成世界一流湾区和城市群，更好地辐射泛珠三角地区，并形成更大规模和充满生机活力的南中国经济圈，进而为国家新时代加快现代化建设作出新的贡献。

三、确立香港在国家发展中的战略定位

在理顺了香港和内地的经济关系之后，未来国家应出台支持香港融入国家发展大局的具体政策，并可考虑从以下五个大局着手进行：①支持香港参与推动国家“一带一路”建设大局，发挥国际服务枢纽的支持角色；②支持香港服务国家全面开放大局，对标香港探索建设自由贸易港；③支持香港参与打造创新型国家战略，采取措施协助香港发展科创产业，全面优化产业结构；④支持香港强化区域合作大局，尤其是参与粤港澳大湾区和泛珠三角区域合作；⑤支持香港与内地合作共同打造优质生活圈，尤其是大珠三角优质生活圈，在地产、教育、医疗、环保等方面实现优势互补，共同提升生活水平。

在此基础上，国家应从战略高度进一步确立香港在国家发展大局中的战略定位，使香港能充分发挥自己之所长，为国家在新时期的改革开放和发展战略服务。根据香港的优势和内地的需要，香港在国家发展中的战略定位，应是充当创新支持、全面服务和支持的角色，成为中国首屈一指的国际科创中心、经济活动的服务中心、对外开放的主要平台和体制接轨的试验场。

1. 中国的国际科技创新中心

根据党的十九大的部署，中国将把打造创新型国家放在首要位置，创新驱动将成为未来发展的主旋律，近期发生的中美贸易战和“中兴事件”也是警钟长鸣，反过来将倒逼中国加快自主创新的进程。香港拥有国际一流的高等教育、研究资源、科技转移、专业服务、人才配套、法制税制以及知识产权保护等优势，创新及科技上游产业之基础研究已晋升至世界级水平，完全可以担任中央政府提出的国际科技创新中心的角色。一方面为国家的创新型经济发展提供高端服务，成为粤港澳大湾区创新型经济的重要参与者；另一方面努力打造具有特殊优势、有较大发展潜力的科技创新和文化创意产业，形成一批国家所需、香港所长、具国际竞争力的创新产业链，为香港从服务型经济转型为创新型经济注入新动力。

2. 中国经济的主要服务中心

为了实现党的十九大提出的2035年基本实现现代化和21世纪中叶建成现代化强国的奋斗目标，今后20～30年中国经济仍将以较快速度增长。经济进

一步崛起需要现代服务业的配合和支持，否则很难见到成效。目前，中国在这方面至少面临两大问题：

一是服务业的发展与整体经济发展不相适应。2017年服务业增加值仅占GDP的一半，不但远低于发达国家的水平，甚至还低于大多数发展中国家的水平，其中作为现代市场经济最重要组成部分的流通业和金融业，更远远不能满足市场发展需要。

二是全面实现工业化是未来国家达到经济发展目标的主要措施之一，预计工业在经济中的比重会维持在较高水平，并对发展现代服务业提出更高的要求，但内地在有关规划中对发展服务业的配套措施仍嫌不足。而服务业是香港最大的强项，完全可以弥补内地的不足。香港可以在商品流通、金融服务和专业服务等方面对内地经济提供强有力的支持。

为此，内地应当充分利用香港的优势，从全面推进现代化和实现中华民族伟大复兴的战略高度，把香港定位为中国经济的主要服务中心。目前，香港已是华南地区的服务中心，未来只要内地向香港进一步开放服务业，香港就有机会发展成为涵盖全国的主要服务中心。

3. 对外开放的主要平台

推动“一带一路”建设和打造自由贸易港是中国第二次对外开放，也是中国经济与世界经济全面接轨的开始。在内地新一轮对外开放过程中，具有自由开放、市场体制和地理条件等方面优势的香港完全可以成为内地对外开放的主要平台。

一是商贸平台。香港过去100多年建立起来的国际贸易网络和经验，可以在国家新一轮对外开放中发挥更大作用；香港正在发展的现代物流和供应链管理，拥有更庞大的国际商业网络和高效率的先进商业模式，不仅可以为内地生产企业提供更好的服务，而且可以带来更多的订单，协助内地企业扩大出口规模及改善贸易条件，提高中国产品在国际市场的占有率；香港的航空和港口运输，虽然成本较高，但具有高效率的优势，目前正在与内地加强合作，将来可望为内地进出口贸易提供更大的支持。

二是引资平台。虽然过去十年跨国公司大量进入内地，但香港仍将保持内地最大投资者的角色，而且在外商投资中的占比不降反升。更重要的是，香港正在采取措施，吸引更多的跨国企业来香港设立分支机构，并以香港为基地拓展中国业务。这类跨国企业多达数万个，将是中国未来的重要投资者，香港在其中可以充当引资和服务角色。与此同时，香港金融市场高度开放，资金取之不尽，可以进一步发挥中国企业融资中心的作用，把更多的资金引向内地，弥补现代化建设资金的不足。

三是旅游平台。香港仍是外国通向中国的主要门户，外来游客将更多地通过香港进入内地，内地游客也将更多地通过香港走向世界各地。中信里昂发表2017年全球旅游业报告，指中国旅游业仍会稳步上扬，至2020年出外旅游将有2亿人次，调查亦显示香港仍是最受欢迎的外游目的地，至2020年来港旅游将增至6600万人次，内地游客更将每年增加3.7%。其中，大多数在香港的外国游客都会转到内地观光或从事商务活动，使香港成为中国最重要的旅游平台。

四是营运平台。海外企业到香港发展业务，不仅是因为香港是中国的门户，更重要的是利用香港的金融、商贸和专业服务功能。目前已有大约4000家全球跨国企业在香港运作，将来这一数量会进一步增加，香港作为海外企业从事与中国有关业务的商运平台的功能将进一步增强。

五是“走出去”平台。香港一向是内地企业“走出去”的主要通道，内地企业利用香港“借船出海”，成功机会必然大增。中国新一轮对外开放是双向互动的，其间除了外国企业大量进入中国外，内地企业也将大量“走出去”，到海外特别是“一带一路”沿线拓展业务，香港有机会成为内地企业“借港出海”到海外发展的中介和平台。

4. 市场接轨的最佳试验场

中国加入WTO的一个重要目的，是要利用国内和国外两个市场、两种资源发展自己，最终与国际市场接轨，实现国内外经济要素的自由流动。但内地市场机制尚未成熟，在与国际市场接轨的过程中也隐藏着较大的风险，包括经济风险、技术风险、金融风险和体制风险，需要通过试验去寻找化解和防范风险的办法。而香港就是一个最好的试验场。

第一，在商品市场方面，虽然入世协议规定中国关税平均水平高于发达国家，但世贸谈判不会就此停止，仍不断酝酿着新的开放协议，美国对世贸组织很不满意，正在推动与欧盟互免关税。因此，未来中国商品市场的开放进程一定不会只限于加入WTO的有关规定，而会更多地打开市场大门。香港是中国的商贸中心和物流基地，利用香港进行商品市场扩大开放的试验，不但有利于香港商贸中心的发展，而且有利于内地迅速积累经验，尽快提升竞争能力。

第二，金融市场是与国际市场最难接轨的一环，因而在中国入世协议中没有包含太多金融市场开放的内容。但也要看到，目前发达国家已进入后工业化社会，金融资本已取代产业资本而成为市场的主体，中国进行现代化建设所需资金甚巨，未来要利用国际资金，光靠产业资本已不足以满足需要，因而开放金融市场已是大势所趋。与此同时，一国货币的国际化是国家经济主权在海外的延伸，是国家经济实力的重要体现，同时也是利用国际资源的有效手段，因而人民币走向国际市场是中国经济与世界经济接轨的重要标志，只有迈出这一步，中国经济才能真正称得上融入世界经济体系。

中国改革开放40年的实践证明，只有在开放中竞争，才能真正提升竞争能力，金融市场也不例外。但金融市场的开放存在更大的风险，不可能一步到位，最好是先试验后开放，有规划按步骤地进行。香港是一个国际金融中心，金融市场监管较为完善，与内地联系十分密切，金融创新能力极强，因而是一个很好的试验场。内地可继续把香港作为金融对外开放的试验场，在保证国家金融安全的前提下，按照先易后难、循序渐进的原则，更多地利用金融创新手段，进一步打通香港和内地金融市场的联系。例如，可以根据情况和条件，在香港分阶段进行扩大开放人民币资本账户的试点，如增加内地游客带出人民币的数量以及适当放宽内地企业直接向香港银行融资的限制等，以后视市场运作情况再决定开放更多的金融合作项目。

第三，在市场体制方面，目前内地已初步建立市场经济体制，但仍很不完善，主要表现在两个方面：一是产权制度尚待进一步完善，如何合理有效地保护产权是需要认真探讨的问题；二是需要建立更加行之有效的市场规则，充分发挥市场的要素配置功能。今后20～30年，内地推动现代化建设的一个重要任务是进一步改善市场经济体制，健全现代市场体系，并与国际规则接轨，香港市场机制较为完善，且兼具东西方文化的优点，可以协助内地完成体制转轨的艰巨任务。

四、推进合作的配套措施

1. 在市场层面，进一步打开要素流动大门

市场是一切经济合作的基础，香港和内地经济合作也不能脱离市场运作而另搞一套。因此，除了战略性安排及其具体化的技术处理方式外，还应进一步夯实市场基础，为新阶段的两地合作创造更好的条件。其中一项最为重要的工作是进一步打开两地经济要素流动的大门，使经济资源根据市场原则进行有效配置，提高两地经济合作的效率。具体措施可包括：

一是进一步放宽内地居民到香港旅游观光、商务活动、教育医疗等方面的限制，引入更多的内地需求。尤其是可以考虑把深圳居民来港“一周一行”安排，逐步扩大到广州及其他珠三角地区。

二是允许内地居民以技术移民的方式取得香港居留权。这些人士可保留内地户口，自由选择在两地工作和生活。由于香港是中国的一部分，内地居民取得香港居留权的同时保留内地户口，并没有违反《中华人民共和国国籍法》的规定。这样做，一方面可以为香港带来更多的投资，另一方面内地也可以利用香港的免签证待遇，让更多内地人士更方便地到世界各地从事商务活动，扩大内地对外经贸合作的规模及培养更多从事国际商贸活动的人才。为了防止出现不确定因素，可以先实行配额制，以后视实际情况逐步放开。

三是放开香港车辆进入内地的限制，大幅度降低车辆两地牌照费，使香港居民更加方便地进入内地经商和旅游。由于香港和内地在土地空间上的不对称，在车辆出入境方面不需要采取对等原则，但可以在放宽香港车辆进入内地时，收取必要的管理费用。

四是放宽内地游客进入香港携带现金的限制，允许携带人民币金额应从目前的2万元增加到5万元，同时适当放宽内地游客携带在香港购买物品的数量及金额限制。

五是在皇岗口岸实行24小时通关的基础上，尽快在罗湖及其他口岸延长通关时间，同时加快通关速度，进一步提升口岸效率。

2. 进一步扩展CEPA的政策效果

为了进一步扩大CEPA零关税的政策效果，同时推动香港制造业的适度发展，可考虑在CEPA补充容许香港生产企业把原产于内地的原料和组合零

件计算在“从价百分比”内，使更多香港产品以零关税进入内地市场的基础上，进一步把原产于台湾的原料和组合零件也计入“从价百分比”内，以鼓励香港利用内地和台湾的综合优势发展本地制造业。由于海峡两岸已签订ECFA（《海峡两岸经济合作框架协议》），且对部分产品实行关税优惠，因而把原产于台湾的原料和组合零件纳入CEPA零关税计算范围，并不存在技术上的困难，相反还可以鼓励海峡两岸暨香港深化在制造业领域的互利合作，进一步提高大中华地区产品的国际竞争力。

与此同时，应尽快解决CEPA“大门开小门不开”的问题。CEPA是中央政府与香港特区政府之间的协议，虽然签署已有15年，但由于地方保护主义和部门利益，在落实服务贸易协议方面仍有不少障碍，也就是存在“大门开小门不开”的问题，且主要集中于商业存在的市场准入。正因如此，自2004年CEPA实施以来，在进入广东的香港服务商当中，大多数没有采用CEPA，而是循非CEPA规则进入。与此同时，CEPA从商谈、签署到落实好像只是政府之间的事情，香港民间对CEPA缺乏积极和广泛的讨论，即使是工商界和专业人士，也可能对CEPA不求甚解，在内地投资发展也常常是单打独斗，没能很好地利用CEPA的功能和优势。

换言之，国家推出合作新举措和签订新的协议固然重要，但推动相关政策和协议的落实更为重要。为了解决“大门开小门不开”的问题，应把市场准入和国民待遇作为一般义务，推动香港服务商加快进入广东服务市场。与此同时，还可考虑在全国港商投资较多的地方，设立香港现代服务专区，实行更方便的投资促进政策，吸引香港服务商入驻并为当地企业提供服务。下一步要把落实CEPA和中央支持香港的各项措施作为重点，在地方层面宣传和推动CEPA，特别是要把珠三角、长三角、京津冀、海峡西岸经济区以及中西部的经济发展区作为落实CEPA的重点区域，建议商务部和特区政府加强合作，在这些地区定期举办各类活动，促进两地企业积极探讨发展机会和合作模式。

3. 在政府层面，设专责机构加强协调

通过制度安排强化香港和内地经济合作，需要设立专责机构加以规划、推动和协调，特别是在目前两地政府的经济功能差别太大的情况下更是必不可少。专责机构应包括如下三层架构：一是两地经济合作指导委员会，由中

央高层领导挂帅，并由两地政府高层人士组成。这一机构主要负责宏观决策、政策指导和全面协调。二是两地经济合作工作办公室，由内地有关部门和地方政府负责人以及香港特区政府高层人士组成，主要负责调查研究、制定规划和政策、推动合作和对外联络等，是两地经济合作的日常办事机构，下设各类专门小组，具体负责有关方面的工作。三是两地经济合作咨询委员会，由香港和内地有关专家学者及各界人士组成，专门负责对两地经济合作提供决策咨询意见和建议，确保两地经济合作沿着正确的方向发展，实现两地经济的共同繁荣。

第十六章　“一带一路”和香港新角色

习主席提出的“一带一路”倡议能在短时间内就全面付诸行动，迅速打开局面，归因于推动战略的理念和方式取得突破，带动区域合作模式的全面创新，使沿线国家和民众看到了希望。“一带一路”在未来20～30年将是影响中国、亚洲乃至全球的一件大事，一旦成功推行，将重塑全球经济版图，并形成“丝路半球”。香港若能抓住这一历史性机遇，确定国际服务枢纽的策略定位，充当战略支持和协助推动的重要角色，就有机会发展成为世界级都会。

一、快速推进的“一带一路”倡议

2013年9月7日，习近平主席在哈萨克斯坦扎尔巴耶夫大学发表演讲，首次提出建设丝绸之路经济带的倡议。同年10月3日，习近平主席在印尼国会发表演讲，首次提出建设21世纪海上丝绸之路的倡议。至此，“一带一路”倡议已经大致成形，并快速推进。

2013年11月12日召开的党的十八届三中全会正式作出决策，提出要推进丝绸之路经济带、21世纪海上丝绸之路建设，形成全方位开放新格局。一个月后召开的中央经济工作会议，强调推进丝绸之路经济带建设，抓紧制定战略规划，加强基础设施互联互通建设；建设21世纪海上丝绸之路，加强海上通道互联互通。2014年3月5日，李克强总理在政府工作报告中提出要抓紧规划建设丝绸之路经济带、21世纪海上丝绸之路，推进孟中印缅、中巴经济走廊建设，推出一批重大支撑项目，加快基础设施互联互通，拉紧相互利益纽带。

2014年11月中旬APEC会议在北京召开，在11月8日的对话会上，习近平总书记对互联互通的内涵予以全新诠释，指出“我们要建设的互联互通，应该是政策沟通、设施联通、贸易畅通、资金融通、民心相通五大领域齐头并进；如果将‘一带一路’比喻为亚洲腾飞的两只翅膀，那么互联互通就是两只翅膀的血脉经络”。2015年3月28日，中国政府发布《推动共建丝绸之路经济带和21世纪海上丝绸之路的愿景和行动》。这是第一份有关“一带一路”的政府白皮书，介绍了倡议的时代背景、共建原则、框架思路、合作重点和机制，以及中国各地开放势态，号召各国积极推动共创美好未来。至此，“一带一路”倡议经过一年半的准备，已经正式登台亮相，接受世人的检阅。

从地理指向看，“一带一路”是中国向西开放之通道，其经略方向涵盖了大部分亚洲经济体，并一直延伸到俄罗斯及部分中、东欧国家，未来还将进一步拓展至西、北、南欧国家，将构建起世界上跨度最长与最具潜力的经济走廊。从辐射范围看，包括中国在内，沿线有64个国家，拥有44.6亿人口，占全球的60.8%；GDP21.9万亿美元，占全球的29.3%；货物出口7万亿美元，占全球的37.3%。当然，丝路建设并不局限于这64个国家，有意愿参与的其他国家和地区均可列入其中，但由于一开始以这些国家为界，下面的分析主要就以这个范围为准。

应当看到，“一带一路”沿线国家或地区大多数为新兴市场或发展中经济体，大都处于经济发展的上升期或崛起阶段，21世纪以来年均GDP增速为全球平均水平的2.5倍，是世界经济的主要增长点。区内后发优势强劲，各方开展互利合作的空间巨大。随着贸易和投资规模的不断扩大，预计未来沿线各国经济仍将以全球平均2倍的速度增长，20年后GDP总量将占到全球接近一半，形成意义非凡的“丝路半球”，成为全球真正的经济重心和财富增长的源头活水。

二、区域经济合作模式的创新

如果我们比较欧美国家长期倡导的以贸易和投资规则为核心的多边（WTO）和双边（FTA）合作机制，就会发现“一带一路”倡议正在带动区域合作模式的全面创新，使沿线国家和民众看到了巨大的发展潜力，并对未来寄予厚望。这一创新模式可概括为“一个核心、三大重点”。

1. “一个核心”是合作理念的创新

官方正式表述是：以运输通道和互联互通为纽带、以多形式合作机制为动力、以打造利益共同体和命运共同体为目标，开创区域经济合作新模式。具体而言，“一带一路”倡议针对性强，传统FTA大多以确定贸易和投资规则为核心，对绝大多数发展中国家来说，往往缺乏针对性，这是其一。其二，更重要的是，“一带一路”提出以打造利益共同体和命运共同体为发展目标，是全新的区域经济合作理念，其内涵甚至超越了现今全球区域经济整合的高级形式——经济共同体，充分体现了中华文明一向倡导的“和敬惠融、天下大同”的核心价值，也与亚洲国家持有的“开放、学习、包容和强调集体主义”的新亚洲价值观以及“多元一体、和谐共赢”的新地区主义理念基本一致，因而也是其核心价值所在。这将为成功推进“一带一路”建设提供根本动力，一旦取得成功，将为发展中国家的国际投资合作提供新的经验。

在2018年8月27日举行的“一带一路”建设工作5周年座谈会上，习近平主席明确提出，共建“一带一路”不仅是经济合作，而且是完善全球发展模式和全球治理、推进经济全球化健康发展的重要途径。习近平表示，共建“一带一路”顺应了全球治理体系变革的内在要求，彰显了同舟共济、权责共担的命运共同体意识，为完善全球治理体系变革提供了新思路、新方案。共建“一带一路”正成为我国参与全球开放合作、改善全球经济治理体系、促进全球共同发展繁荣、推动构建人类命运共同体的中国方案。

2018年9月3～4日，中非合作论坛北京峰会在北京举行。其间，“一带一路”建设无疑是被提及最多的词之一，与会非洲领导人都表示非方愿意积极参与“一带一路”建设。“一带一路”倡议之所以受欢迎，一方面正像习近平主席所说的，当今世界正经历百年未有之大变局，以共建“一带一路”为实践平台推动构建人类命运共同体，这是从我国改革开放和长远发展出发提出来的，也符合中华民族历来秉持的天下大同理念，符合中国人怀柔远人、和谐万邦的天下观，占据了国际道义制高点。另一方面，广大发展中国家加快工业化城镇化，进而实现经济独立和民族振兴正方兴未艾。本次峰会通过的《北京宣言》明确提到，非洲是“一带一路”历史和自然延伸，是重要参与方。非洲国家支持中国于2019年举办第二届“一带一路”国际合作高峰论坛，同意将中非合作论坛作为中非共建“一带一路”的主要平台。中方推动“一带一路”建设走深走实，非洲愿意深度参与，双方未来在“一带一路”建设中如何深度合作值得期待。

2. “三大重点”指向合作方式的创新

重点之一，以建设经济走廊作为重要推进平台。这是区域合作方式的重大创新。现阶段主要有新欧亚大陆桥、中蒙俄、中国—中亚—西亚、中国—中南半岛、孟中印缅和中巴等六大陆上经济走廊和三条海上经济走廊（见图7），如新欧亚大陆桥是横跨亚欧大陆的铁路运输系统，全长逾一万公里，是古丝绸之路的主要走向，以此建设经济走廊，将是世界上最长、最具潜力的经济走廊。又如中国—中南半岛经济走廊涵盖中国和东盟十国，早已是“10+1”自由贸易区，且已完成自贸区升级谈判，在此基础上打造经济走廊，无疑将锦上添花、事半功倍。

图7　“一带一路”经济走廊示意图

目前，这些经济走廊建设已取得不小的进展。以中巴经济走廊为例，巴基斯坦基础设施十分缺乏，尤其是电力供应严重不足，有些大城市因为缺电每天要拉闸10个小时，大大影响经济发展和人民生活。为了解决这一难题，巴基斯坦政府出台了一系列鼓励电力投资的优惠政策，然而效果一直欠佳。“一带一路”倡议为巴基斯坦带来了好机会，过去三年来，中巴双方共签订了总额近1000亿美元的投资协议，重点是瓜德尔港和能源电力项目，其中瓜德尔港是中巴经济走廊的西南门户，目前正在加强港口基建以及疏港公路、机场、电站和自贸区等一系列配套工程，这给当地政府和民众带来希望，期望未来可以把瓜德尔港地区打造成“巴基斯坦的深圳”；能源电力项目涉及水电、风电、太阳能、火电、核电和输电线路等30多项大中型建设工程，它是中巴经济走廊建设中真正的主角，挑起了中巴经济合作的大梁，中国内地多家金融机构如国家开发银行、中国进出口银行和中国工商银行等都参与融资，香港也有上市公司参与其中。

巴基斯坦水力、风能和太阳能资源丰富，第一大河印度河从北到南贯穿全境，沿途汇入杰勒姆河、奇纳伯河、拉维河等支流，估计水电装机容量可达46000兆瓦（比两个三峡电站还要大），目前已建成的水电站装机容量只有6459兆瓦，因而还有逾六倍的增长空间。巴基斯坦政府为了鼓励对电力行业的投资，设定了风电、水电和进口煤电工程回报率17%、本土煤电工程回报率20%的目标，并以此对电力进行定价，同时免除了发电公司的所得税、营业税和预提税，只收取中小企业5%的进口税。巴基斯坦政府还确立了保证购电义务，为政治不可抗力、法律更改和关税税收改变提供保护，确保投资者能取得预期收益。

中巴经济走廊金额最大的能源项目——卡西姆港燃煤应急电站项目位于巴基斯坦卡拉奇市东南方约37公里处卡西姆港口工业园内，项目总投资20.85亿美元，2015年5月开工，工程建设期为40个月，规划装机容量1320兆瓦，年均发电量约95亿度。2015年10月16日，中国进出口银行与中国电力建设集团下属卡西姆港发电有限公司签署了贷款协议，为该公司在境外投资的巴勒斯坦卡西姆港燃煤应急电站提供15.55美元贷款支持。本次协议的签订是政策性银行推动“一带一路”建设的重要成果。

中国一直是巴基斯坦核电市场最重要的参与者。巴基斯坦恰希玛核电工程是中国第一个对外援建核电项目，也是中国核电企业目前唯一出口的商用核电机组。2015年习主席访巴期间，中巴双方签署《中核集团和巴原委会关于在巴基斯坦新建ACP1000/华龙一号核电机组的框架协议》，中核集团计划再向巴基斯坦出口五台核电机组，机型均选择为百万千瓦级核电机组“华龙一号”，即中核集团自主研发的ACP1000核电技术。目前，正在建设中的卡拉奇核电站2号、3号机组计划建设两台百万千瓦级ACP1000核电机组，总造价96亿美元，是巴基斯坦国内目前最大的核电项目。

中巴经济走廊框架下的港口和能源合作模式极具针对性，主要针对巴基斯坦港口运输能力不足和电力严重短缺而采取的实质行动，其成功推进，将为中国输出发展经验推动国际投资合作提供示范。

再以中蒙俄经济走廊为例。“一带一路”倡议提出时正逢乌克兰危机爆发，俄罗斯因对欧盟的“东部伙伴关系”计划不满，本能地对中国这一倡议提出质疑。然而乌克兰危机爆发后，令俄不得不重新布局对外关系以摆脱困境，同时中方加强与俄政府、专家和研究机构的对话，加深俄方对“一带一路”倡议的认识和理解。两国领导人关于俄罗斯的欧亚联盟计划与中国“一带一路”并轨的共同声明，标志着俄罗斯已从最初的质疑走向主动对接。俄罗斯希望成为中国与欧洲贸易合作的“桥梁”，从而拉动俄罗斯的经济增长。

2017年4月，国家发改委公布《建设中蒙俄经济走廊规划纲要》，标志着“一带一路”框架下的第一个多边合作规划纲要正式启动实施。该纲要重点关注促进交通基础设施发展及互联互通、加强口岸建设和海关、加强产能与投资合作、深化经贸合作、加强生态环保合作等七大方面。其中，交通合作居于首位，未来将共同规划发展三方公路、铁路、航空、港口、口岸等基础设施，加强在国际运输通道、边境基础设施和跨境运输组织等方面的合作。

中国连续多年为蒙古最大的经贸伙伴，同时也是俄罗斯第五大出口市场和第一大进口来源地。2017年，中蒙、中俄贸易额分别达到66亿美元和840亿美元，中国累计对俄罗斯投资430亿美元，一批重大项目合作正在积极推进。截至2017年7月，中国对蒙古直接投资存量41.1亿美元，占蒙古吸引外资总额的比重超过30%，是蒙古第二大外资来源国。目前，中俄众多战略性大专案合作蓬勃开展，同江大桥、黑海公路桥、跨黑龙江索道建设已经启动，莫斯科—喀山高铁、北方航道、贝尔卡姆尔铁路等项目正在积极筹建之中。

此外，俄罗斯也出台了一系列投资优惠政策，吸引中国企业到俄罗斯西伯利亚等远东地区投资建厂，在能源、林业、农业等领域诞生了一批合资企业。

再以吉布提开发为例。吉布提是一个位于非洲东北部亚丁湾西岸的国家，地理位置十分重要，劳动力丰富，但国内自然资源贫乏，工农业基础薄弱，是世界上最不发达的国家之一。2012年招商局斥资1.85亿美元收购吉布提港口23.5%的股权，经过管理提升后，2015年的利润就比2012年增长两倍。2013年新建多哈雷港，大量招聘当地人就业。目前，招商局正在吉布提建设自贸区和工业园区，总面积达48平方公里。按照招商局高层的说法，招商局给吉布提制定的发展规划是“前港、中区、后城”，即先建设现代化的港口，再发展临港工业，在此基础上再建设提升城市质量。招商局高层表示乐意分享在开发建设深圳过程中积累的经验，使“一带一路”沿线国家获得较快发展。作为中国最大的港口经营者，招商局的31个港口分布于18个国家和地区，大多位于“一带一路”沿线国家的重要港口点位。

重点之二，与“一带一路”沿线国家签订谅解备忘录。几年来，已经有100多个国家和国际组织参与其中。中国已与56个国家和区域合作组织发表了对接“一带一路”倡议的联合声明，并且签订了相关谅解备忘录或协议。如中国和巴基斯坦，合作打造中巴经济走廊，目前合约总投资约1000亿美元。中国和塔吉克，主要建设中国—中亚天然气D线，合作解决能源供应、交通运输、粮食安全三大瓶颈。中国和马尔代夫，重点在海洋事务、基建、旅游和民生领域展开合作。中国和斯里兰卡，双方启动FTA谈判，在港口建设运营和临港工业园开发建设方面展开合作。

重点之三，成立新的多边开发机构筹集建设资金。“问渠哪得清如许，为有源头活水来”，成立新的多边开发机构就是要为丝路建设注入源头活水。推动“一带一路”需要巨额资金，如何融资成为关键。目前，主要通过设立亚投行、上合组织开发银行、金砖国家开发银行和丝路基金等四大机构筹集资金，初始资金逾2000亿美元。其中最具影响力的是亚投行，资本为1000亿美元，现有87个成员，并以新机制运作。亚投行吸收世界银行和亚洲开发银行的有益经验，并借鉴中国的成功做法，不成立常设董事会，日常决策和管理交给行政管理层，以提高运营效率。三大评级机构均给予最高信用评级。亚投行于2016年1月正式营运，当年就为7个亚洲发展中国家的9个项目提供了17.3亿美元贷款，撬动公共和私人部门资金125亿美元。中国还出资400亿美元成立丝路基金，作为投资主体支持“一带一路”重点项目建设和运作，目前已率先投入一些重点基建项目。

上述区域合作模式的全面创新，为成功推进“一带一路”建设提供了核心动力。模式创新是“一带一路”建设的灵魂所在，它解决了长期以来“南南合作”无法解决的问题，从而得到了沿线国家的热烈回应，形成了五通并举、区外共襄的良好局面，迄今为止总体进展好于预期。国家开发银行已建立沿线项目储备库，涉及60多个国家，总量超过900个项目；中国进出口银行与“一带一路”有关的项目有1000多个，项目分布于49个沿线国家。2014—2017年，中国与沿线国家货物贸易额为4.2万亿美元，占中国对外贸易总额的27%。中国对沿线59个国家累计投资637亿美元，主要投向新加坡、马来西亚、老挝、印尼、巴基斯坦、越南、俄罗斯、阿联酋和柬埔寨等国家。中国在沿线20个国家建设了56个经贸合作区，累计投资179亿美元，为东道国创造了数以万计的就业岗位。

值得一提的是，“一带一路”建设还得到英国、德国、法国等区外国家的关注和支持。其中，英国先行一步，尽管英国并非古丝绸之路沿线国家，但它是对“一带一路”倡议最持欢迎立场并高度乐观的国家。2015年3月，英国在西方大国中率先加入亚投行，使亚投行和“一带一路”在西方备受关注。2015年10月，在国家主席习近平对英国访问期间，这个欧洲大陆最西端的国家表现出了对“一带一路”的浓厚兴趣，并以实际行动表明了加入的意愿，两国签署超过150份合作协议，总金额约400亿英镑。英国政府明确表示，高度期待“一带一路”建设取得成功，希望能够促进欧亚地区的经济增长和互联互通的提升。作为西方首个宣布加入亚投行意向创始成员国的国家，英国对中国促进亚洲基础设施发展立场积极，愿同中方积极探讨在“一带一路”框架下开展合作。

据分析，英国参与“一带一路”有两大考虑：其一是商界的考虑。英国商界人士认为，由于英国在工程设计与咨询、金融服务、法律服务等领域处于全球领先地位，各界十分期待通过其在专业服务业领域的专长成为“一带一路”的西端支撑点。若能将大量基础设施项目的支持服务锁定在英国，必将为英国专业服务业提供不少商机。其二是战略的考虑。除专业服务业外，英国政府高度强调"北方经济增长区战略"及其国内高端制造业与"一带一路"建设对接，因两者有着高度互补性，"一带一路"建设将为英国北方地区发展提供庞大的国际贸易和投资平台。英国"英格兰北部经济带"计划，希望升级老旧过时的基础设施，并向中国寻求投资和基建方面的秘诀，于是促成了中广核拿下的核电大单欣克利角C项目。

德国政府对"一带一路"倡议给予积极评价和支持。德国总理默克尔明确表示，中国的"一带一路"倡议与历史文化元素相联系，不仅提法好，而且真正能够把沿线国家发展连接起来，促进国际贸易与合作，德国非常希望参与相关建设。德国专家认为，无论是从经济角度看，还是从安全政治角度看，"一带一路"都是中国、德国以及欧洲的首要共同利益。建议欧洲积极利用中国的提议，使之成为双方加深合作的助力器，因为欧洲也已出台具有互补性的倡议，例如欧高亚运输走廊项目以及向欧洲输送石油和天然气国家间项目等，为德国、欧洲以及中国在中亚和西亚共同开发项目提供了合作良机。

三、香港之定位

近年来，中央领导人多次发表讲话，充分肯定了香港在"一带一路"建设中具备的四大独特优势，明确了中央政府将支持香港在主动对接"一带一路"、打造综合服务平台、推动人民币国际化及深化与内地合作、共同开辟"一带一路"市场等方面发挥重要作用，为香港特区政府与各界参与"一带一路"建设提供了重要的指引和方向。

必须看到，香港在"一带一路"建设中拥有"一国"和"两制"双重优势。"一国"之利下，香港的货物和服务可以在CEPA和粤港澳大湾区规划等优惠政策下便利地进入内地；而"两制"之便则让香港有与内地城市不同的经济和社会制度及广阔的全球商业联系，便于展开与丝路沿线国家和地区的深度合作。具体而言，香港在参与和配合国家推进"一带一路"建设中，已取得如下进展：

一是积极打造香港为投融资平台。基建投融资方面，亚投行是"一带一路"倡议的重要一环，香港积极参与亚投行的筹建工作，已作为成员加入亚投行，并争取在香港提供财资、调解和仲裁服务。为进一步吸引跨国及内地企业在香港成立企业财资中心，香港特区政府建议在符合指明的条件下，企业财资中心的相关利息支出在计算利得税时可获扣免，以及就指明财资业务的相关利润，宽减一半的利得税。香港亦致力于建立有利伊斯兰金融发展的平台，其中包括强化有关市场基建、培训人才、鼓励伊斯兰金融产品开发和促进与其他伊斯兰金融市场的合作。

二是努力打造商贸物流平台。香港是亚洲最重要的会议展览中心、采购中心、商业配对中心，积极协助各地政府和企业物色商业伙伴，打造“一带一路”的主要商贸物流促进平台。如香港充分利用“一国两制”和高度自治的优势，加强与“一带一路”沿线主要贸易伙伴的经贸联系，推动高层互访，并缔结自由贸易协议（自贸协议）及“促进和保护投资协议”（投资协议），包括与东盟十国签订自贸协议以及与内地在CEPA框架下签订以准入前国民待遇加负面清单的模式开放投资准入的《CEPA投资协议》和把“一带一路”建设经贸领域的合作和次区域经贸合作纳入CEPA的《CEPA经济技术合作协议》，为香港提供参与国家发展策略的新机遇。目前，香港已与42个国家签订了民航运输协议或国际民航过境协议，还成立海运港口局，与航运业界携手制定海运及港口策略。香港特区政府还与香港贸易发展局合办“一带一路”高峰论坛，以便企业加强项目对接。

三是设立专责机构。为更好地抓住机遇，香港成立由行政长官主持的“一带一路”督导委员会，负责制定香港参与“一带一路”的策略和政策，并以商务及经济发展局成为协调统筹机构，负责推动研究工作，统筹协调相关政府部门及贸发局、旅发局等机构，以及与中央部委、各省市政府、香港的业界、专业团体和民间团体联络。在内地和海外加设经济贸易办事处，协助港商亲身了解“一带一路”的市场潜力。香港金管局也成立了基建融资促进办公室（IFFO），以促进基建投资及其融资。中国银行和中银香港均加入基建融资促进办公室，随时提供融资服务。

四是促进民心相通。“五通”当中，香港特区政府率先启动与沿线人民的“民心相通”工作，结合香港的半官方组织和大量的民间团体，发展与各地人民的交往。香港特区政府向奖学基金注资10亿港元，鼓励更多“一带一路”国家的学生来港升学，并鼓励学校在相关科目和学生活动中，加入关于

“一带一路”沿线国家的内容。文化方面，香港过去多年已经与部分沿线国家有不同层次的文化交流，现已在文化交流方面扮演积极角色。此外，香港大量的民间组织，包括商会、青年组织、社会组织，以及非政府组织等，近年来均举办大量高水平活动，配合“一带一路”倡议，建立及加强与沿线国家相应组织的联通合作。

但仅此还不够。香港对接“一带一路”，首先要确定自己明确的策略定位。香港特区政府对参与“一带一路”建设的策略定位，是作为“一带一路”的“超级联系人”，将国家和“一带一路”沿线国家联系起来，因为香港拥有“一国”和“两制”双重优势。在“一国”之利下，香港的货物和服务可以在CEPA等优惠政策下便利地进入内地，而“两制”之便则让香港有与内地城市不同的经济和社会制度及广阔的全球商业联系。

笔者认为，香港既是亚太区的金融、商贸、物流、投资管理和专业服务中心，也是21世纪海上丝绸之路的桥头堡，具有“一国两制”制度优势和独特区位“一带一路”优势。在国家推动“一带一路”建设的过程中，香港不仅是“超级联系人”，而且应当定位为“国际服务枢纽”，充当境外战略支持和全面服务的角色。这一新定位具有更实质性的内涵，使香港可以更好地对接国家“一带一路”，发挥至关重要的功能和角色作用。

四、实施五大行动

在这个新定位下，香港可以发挥独特优势，全面对接国家“一带一路”倡议，并由此获得更大的商机，进一步打造世界级都会，享有类似纽约之于北美和伦敦之于欧洲的地位。具体而言，香港可从如下五个方面积极参与和配合国家落实“一带一路”倡议：

1. 积极参与丝路沿线投资和管理，发展成为世界级的投资与管理基地

基建是“一带一路”倡议的重点。根据规划，未来将以基础设施建设为重点，共同编织陆运、海运、空运和信息等立体交通大网络。在交通物流方面，首先是充分利用现有新欧亚大陆桥，开通亚欧国际货运列车。新欧亚大陆桥是横跨亚欧大陆的铁路运输系统，包括西伯利亚大陆桥（从海参崴经西伯利亚到荷兰鹿特丹）和新欧亚大陆桥（从中国连云港到荷兰鹿特丹，又称

第二新欧亚大陆桥，1992年开通，全长10900公里），近几年已开通多条运输通道，包括渝新欧线（重庆—德国）、蓉新欧线（成都—波兰）、郑新欧线（郑州—德国）、汉新欧线（武汉—捷克）、义新欧线（义乌—西班牙）、苏满欧线（苏州—满洲里—俄罗斯—波兰）等。

高铁将是未来基建的主力。2014年11月中俄两国总理签署备忘录，决定开建北京—莫斯科高速铁路，总长7000公里。其中莫斯科—喀山段770公里率先开工，总投资210亿美元，这是中国铁路“走出去”的第一个开工项目。泛亚铁路中线有机会率先开工建设。泛亚铁路包含东线、中线和西线三个方案，目前进展最顺利的中线由中老铁路、中泰铁路和曼谷—新加坡铁路三部分组成，至今已取得部分进展。泛亚铁路一旦落成，中国到中南半岛各国均可一日直达，将成为区内各国货流和人流的黄金走廊，有利于进一步强化区域经贸往来和旅游合作，也可为中国建设“一带一路”提供示范。目前高铁输出虽然面临不少障碍，但前景仍可看好。

类似的情况还有很多，比如在东南亚和东欧地区，雅万高铁和匈塞铁路也都在推进之中，由中国三峡公司开发的一些水电项目也已开工建设，许多建设项目都需要资金支持。与此同时，陆路跨境油气管道建设也正在提速，主要包括西气东输三线、四线、五线工程，中亚天然气管道C线、D线以及中俄东线、西线天然气管道等。

那么，“一带一路”基建投资的需求有多大呢？据西方学者估计，总需求超过20万亿美元；亚投行估计2017—2030年仅亚太基建所需投资累计超过26万亿美元（不包括中国内地的基建投资需求，如包括在内则需要超过50万亿美元），平均每年需要1.75万亿美元。另据我们估算，仅规划中的欧亚高铁、中亚高铁及泛亚高铁网，加起来总长度超过3万公里，以国际上高铁建造成本（平均每公里3亿元人民币）计算，涉及的投资额就超过1.3万亿美元。与此同时，沿线国家资源丰富，如中亚五国的石油、天然气储藏量大，开发价值较高，未来开发力度将加大，石油化工、冶金及深加工、采矿、机械制造和电子等产业发展也需要大量投资。但由于丝路沿线国家储蓄率普遍较低，如中亚四国的储蓄率只有22%，仅及中国的一半，当地政府可用于基建投资的资金十分有限，资本市场不发达，较少使用BOT等民间融资形式，现有多边开发银行在该领域的年度融资规模也只有100亿～200亿美元，目前主要通过设立亚投行和丝路基金等四大机构筹集资金，不过资金缺口仍很大，如何融资成为关键。这就需要金融机构，尤其是银行业参与融资，打造畅通的金融大动脉和资金平台。

目前，香港是亚太区首屈一指的投资与管理中心，联合国贸易发展组织发表的世界投资报告披露2015年中国香港向外直接投资流出金额激增超过七成至1430亿美元，仅次于美国，居全球第二位，超过内地的1160亿美元，反映了香港作为全球直接投资管道的角色。丝路沿线基建和产业投资的强劲增长，给香港带来参与开发的机会，具体而言：

一是推动港商参与基建投资和管理。"一带一路"基建投资规模大，除了政府投资外，还需要民间投资的支持。目前，已有香港企业参与"一带一路"基建投资，未来可利用PPP模式及其他方式，更多地参与基建投资、建设和管理。

二是鼓励港商参与沿线资源开发和产业发展。"一带一路"沿线国家资源丰富，如中亚五国的石油、天然气储藏量大，开发价值较高，未来开发力度将加大。石油化工、冶金及深加工、采矿、机械制造和电子等产业将加快发展，给香港企业带来机会。

三是与外来企业一道投资丝路沿线。随着"一带一路"建设的推进，外来投资者将更多地以香港为基地进入内地及丝路沿线其他市场，内地企业也会愈来愈多地利用香港进行区内并购及投资等活动，香港企业可与这些企业一道到丝路沿线国家投资发展。

由此可见，未来国家"一带一路"建设将成为香港对外投资增长的主要带动力量，投资金额将有增无减，香港将有机会从亚太区的投资管理中心进一步提升为世界级的投资和管理基地。

2. 促进丝路沿线贸易发展，打造环球商贸和供应链管理平台

"一带一路"将从三个方面促进贸易：一是以投资带动中国高铁等运输设备、建筑机械、钢铁水泥等出口。二是实施贸易便利化措施，扩大中国消费品输出。三是推动丝路国家的能源、资源及特色产品源源不断地输入中国。五年来，中国同"一带一路"相关国家的货物贸易额累计超过5万亿美元，其中2017年达到1.1万亿美元；预计到2030年，中国与丝路沿线国家的贸易年均增幅将达到10%左右，双边贸易额将增加到3.5万亿美元以上，占中国

外贸总额的比重将从现时的27%提升至40%以上，这将给香港商贸活动带来更大的发展空间。

香港是亚太区贸易和航运中心，2017年货物进出口总额高达10555亿美元，另有离岸贸易额6000多亿美元。香港不但拥有庞大的商业人脉网络，也是亚洲最重要的会议展览中心、采购中心、商业配对中心，可以协助各地政府和企业物色商业伙伴，成为“一带一路”的主要商贸物流促进平台。目前，亚洲市场是香港国际贸易中心的主要出口去向和进口来源地，占香港对外商品贸易总量的77%。“一带一路”建设将增加香港货物转口或转运、离岸贸易和服务输出等机会，商贸洽谈、展览、品牌推广等贸易支持服务也将大幅增加。

“一带一路”也为航运业注入新动力。航运涉及的内容广泛，包括连接港口、码头、集疏运体系，以及船舶经营、船舶登记、入籍、保险、法律、中介代理、金融等服务。其发展不仅带动相关行业的增长，还将推动港口腹地产业结构和经济增长模式的转变，为当地经济发展带来巨大影响。可以说，航运业的发展状况，将直接影响到海上丝路建设的成败。

近年来，海上丝路沿线国家和地区之间的贸易额度正在逐年提升，但一方面航运基础设施落后，另一方面沿线国家或地区间缺乏合作，国际航运管理和有关标准不统一制约了业务增长。航运企业和港口充分合作，已成为航运业的一种发展趋势。在“一带一路”的背景下，多产业协同布局成为跨国航运企业战略调整的重要方向，香港要将“一带一路”的策略目标转变成实实在在的企业商业模式，打造航运物流产业的综合竞争力，成为航运业持续发展的新引擎。

更重要的是，香港将有机会加强贸易转型，进一步加强供应链管理业务，借助“一带一路”提供的机遇，把香港打造为环球商贸和供应链管理的重要平台。在政府层面，香港将充分利用“一国两制”和高度自治的优势，加强与“一带一路”沿线主要贸易伙伴的经贸联系，推动高层互访，并缔结自由贸易协议（自贸协议）及“促进和保护投资协议”（投资协议），特别是要在完成中国香港—东盟“10+1”自贸谈判后，伺机与南亚和中亚等国家签订自贸协议，才能更好地抓住区域贸易发展良机，也才能更好地配合和支持国家“一带一路”建设。

3. 为“一带一路”建设提供国际化融资服务，提升香港为世界级金融中心

在国家“一带一路”建设中，香港金融业拥有巨大的优势和条件，可以提供多功能的服务和多方面的支持，包括地理区位优越，同时拥有一个国家和两种制度的双重优势；作为国际金融中心，在融资等多元化金融服务中具备比较优势；作为最大离岸人民币业务中心，在人民币国际化进程中占有先机，未来海外人民币融资大都将在香港进行；拥有完备的法律体系、低税率及简单税制，在内地同沿线国家贸易、投资、财资管理中可以发挥关键性作用；等等。

以市场融资为例，作为重要的国际金融中心，香港无资本项目管制、资金自由流通，拥有同国际接轨的健全的法律体系，各类金融机构和金融专业人才富集，金融要素市场门类齐全，发债、上市、银团贷款、风险资本投资等各类融资工具成本相对较低，是丝路沿线国家政府、政策性金融机构、企业理想的融资平台。其中，基础设施建设互联互通项目具有投资金额大、建设和资金回收周期长等特点，香港金融机构可给予全流程金融支持，涵盖保函担保、结算汇兑、发债融资、政策性贷款、项目贷款、银团贷款、现金管理等多项金融服务领域；成熟的基建项目还可在香港上市及进行资本运作，为香港资本市场提供新机会。

在基建投融资方面，亚投行是“一带一路”倡议的重要一环。香港积极参与亚投行的筹建工作，已作为成员加入亚投行，并在香港提供调解和仲裁服务。为进一步吸引跨国及内地企业在香港成立企业财资中心，香港特区政府建议在符合指明的条件下，企业财资中心的相关利息支出在计算利得税时可获扣免，以及就指明财资业务的相关利润，宽减一半的利得税。在国际资产管理、风险管理及跨国企业财资中心方面，香港有条件吸纳“一带一路”的财富及满足其风险管理服务需求。

当然也要看到，丝路沿线国家经济、政局环境差异较大，一些国家市场化程度不高，法律制度不健全，企业乃至银行经营缺乏规范的行业准则，为金融业务风险管理带来新挑战。面对这些重大机遇和挑战，香港金融业要以战略思维把握全局，努力通过金融创新协助国家推动“一带一路”建设。具体可以从四个方面着手：

其一，为“一带一路”金融创新提供平台。香港金融机构可在银团贷款、项目贷款、发行基建债券以及基金等传统领域，以创新方式向沿线国家基建项目提供融资；以战略性思维吸纳沿线成熟的投资项目来港上市及资本运作，为香港资本市场进一步壮大提供新机会；亚投行、丝路基金等支持性金融机构将为香港商业银行和投资银行带来重大投资项目的创新合作良机；值得一提的是，亚投行、丝路基金等支持性金融机构的建立将为香港商业银行和投资银行带来重大基建项目合作良机，香港在亚投行运营中可以充当特殊的支持角色，包括担当亚投行的首要国际融资平台、作为亚投行支持项目的国际投资伙伴、配合亚投行促进人民币国际化以及为亚投行提供国际性人才等，成为亚投行在海外的主要营运中心。

与此同时，香港金融机构还需要加大对项目评估及风险防控的投入。由于“一带一路”市场规模大、分布范围广，基建项目具有建设周期长、产品结构复杂等特点，需要金融机构创新金融产品，建立并动态维护“一带一路”项目储备库，聚焦重点领域，对具体项目进行尽职调查和财务评估，为客户量身订制切实可行的融资方案。

其二，大力发展伊斯兰金融。“一带一路”涉及广大伊斯兰地区，如何妥善处理伊斯兰金融问题至关重要。香港早在2008年就提出发展伊斯兰金融，并且投入资源去研究发展伊斯兰金融问题，尤其是所涉及的法律及税务问题，积累了一定的人才、市场网络及风险管理经验。2014年，香港特区政府成功发行首笔10亿美元的伊斯兰债券，投资者反应热烈，表明中国香港相关的法律框架广为国际投资者接受。香港特区政府也致力于建立有利于伊斯兰金融发展的平台，其中包括强化有关市场基建、培训人才、鼓励伊斯兰金融产品开发和促进与其他伊斯兰金融市场的合作。未来香港应加大发展伊斯兰金融业务的力度，为国家建设“一带一路”提供更好的支持。

其三，借助“一带一路”再创香港人民币市场新优势。2016年，人民币正式加入SDR货币篮子后，人民币在履行国际储备货币职能、发展国际债券市场等方面均取得长足进展。2018年以来，中国推出了一系列改革措施，银行、保险、证券机构在持股比例、业务经营范围和市场准入方面逐渐取消对外资的限制，金融市场开放程度大幅度提高，人民币跨境使用便利性得到极大扩展，人民币国际化将正式进入主场驱动期，其发展模式和市场运行规律都将出现巨大的变化。中国香港作为全球最大的离岸人民币中心，无论是存款总量、贸易结算，还是跨境收付量，均居离岸市场第一位，是内地和国际企业与金融机构较为理想的人民币资金和风险管理平台，可以协助“一带一路”基建项目取得多元化的资金，未来应以创新理念为“一带一路”提供不同的金融产品和多样化的资产分配工具。

目前，人民币在“一带一路”沿线国家和地区使用逐渐活跃，多项政策红利带动人民币使用的渗透度快速提升；伴随人民币在沿线国家的持续输出和扩大运用，在沿线国家持有人民币资产的各类机构、企业和个人的多元化人民币资产管理需求也将快速提高，人民币清算服务和理财产品、离岸市场拆借、离岸债券、汇兑交易与套保工具衍生品等财资业务空间更加广阔。未来人民币有望成为“一带一路”沿线国家和地区的主流货币，香港人民币离岸市场规模也将不断扩大。未来香港可借助“一带一路”规划带来的契机，加快构建完善的沿线人民币融资管道，探索适合“一带一路”项目的融资结构，强化离岸人民币市场的风险对冲功能，巩固乃至提升人民币业务优势，反过来将进一步强化香港作为“一带一路”基建首要融资平台的地位。

其四，为经济走廊和产业园建设提供专项融资安排。一方面，香港可为六大经济走廊建设提供一揽子金融服务，对符合商业性和银行风险控制要求的项目提供融资、资金结算和清算，同时借助香港金融机构多元化投资平台，参与走廊建设基金投资。另一方面，中国在东盟、中亚、南亚、中东欧和边境地区共设立了数十个产业园区，作为推进“一带一路”的平台，对于政治环境友好、基础设施具备一定条件、产业聚集达到一定程度的园区及入园企业，香港银行可提供授信支持和一揽子金融服务，以创新思维制订综合金融服务方案。

推动“一带一路”建设所释放出来的对金融服务的庞大需求，都预示着亚洲金融中心特别是中国金融中心将获得巨大发展。正如前文所述，未来20年区内将出现众多国际金融中心群雄并起的局面，并将会出现类似纽约和伦敦的世界级金融中心，最终形成以一两个世界级金融中心为主导、其他多个区域金融中心和专业金融中心相配合的亚洲新金融布局。而这一涉及丝路沿线整体发展和各国核心利益的金融布局，估计到2030年将会基本成形。香港金融市场在服务“一带一路”建设的同时，有机会进一步提升为世界级金融中心，包括世界级的资本市场、财富管理中心和离岸人民币市场等，最终发展成为“亚洲的伦敦”。

4. 支持内地企业到丝路国家投资，打造成为中国企业的境外营运中心

当前国家对外开放的重点，已从“引进来”转向“走出去”。根据商务部的数字，2016年中国对外非金融类直接投资创下1701亿美元的历史新高，同比激增53.7%。五年来，中国对“一带一路”沿线国家直接投资超过600亿美元，为当地创造了20多万个就业岗位，中国对外投资成为拉动全球对外直接投资增长的重要引擎。

香港一向是跨国公司在亚太区的区域总部所在地和内地企业“借船出海/并船出海”的桥头堡，目前在香港运作的地区总部和办事处约有4000家，其中不少是中资企业。近年来内地企业愈来愈多在香港设立投资机构，利用香港进行区内并购及投资等活动，通过香港对外投资额占总对外投资额的一半以上，这将进一步巩固香港区域性融资枢纽的地位，有助于香港更好地扮演“超级联系人”的独特角色。

“一带一路”倡议正在营造一个有利于中国企业“走出去”的投资环境，越来越多的中资企业到“一带一路”沿线国家投资，给香港等不同背景的投资者带来更多参与发展的机会。国家大力鼓励及推进内地企业“走出去”，并将通过“一带一路”建设在周边国家和地区营造有利于中资企业的投资环境，为中资企业投资开发利用这些地区的能源资源及转移过剩产能提供了便利。中资企业在丝路沿线国家投资的意愿也进一步提升，未来将会有更多的中资企业“借港出海”，先到香港设立投资机构，再以香港企业的身份到丝路国家投资发展。香港可为这些中资企业的直接收购案提供融资安排、品牌管理、现代物流、专业服务等，也可和中资企业合作一起到丝路沿线国家投资，各自发挥优势以提升项目建设的成功率。香港金融业应通过股权、债权相结合，直接融资、间接融资相结合等方式，为中资企业提供全方位融资安排，协助它们防范和控制投资风险，令“走出去”企业的业务发展更加顺畅。

目前，已有中国长江三峡集团公司和中国电力投资等大企业以香港为跳板到“一带一路”沿线国家投资，不但解决了股权多元化问题，还取得大量融资，并得到国际性人才的协助。以中国长江三峡集团公司为例，为投资巴勒斯坦吉拉姆河上的四个大型水电站项目，该企业在香港注册成立了三峡南亚公司，自己占七成股权，世界银行下面的国际金融公司和中国丝路基金合共占三成股权，成功实现产权多元化。同时，该公司正在寻找70亿美元融资，相信不少会在香港进行。此外，该公司还希望利用香港的专业服务，尤其是法律和会计服务，为公司在巴基斯坦投资提供专业支持。

中国长江三峡集团公司是中国最大的清洁能源集团及全球最大的水电企业，“走出去”的足迹已遍布40多个国家，海外投资累计已达90多亿美元，包括水电、风电、太阳能在内的清洁能源发电装机容量已达到1150万千瓦。在“一带一路”沿线的东南亚国家已成功建成马来西亚槟城供水项目、泰国巴帕南水闸项目、老挝南累克水电站工程、菲律宾大马尼拉供水项目、巴基斯坦曼格拉大坝加高工程、巴基斯坦地震灾后重建项目等多个重点工程项目。根据计划，到2020年底，中国长江三峡集团公司要再造一个海外三峡，海外装机容量起码要达到2300万千瓦。

随着“一带一路”建设的推进，相信未来将有更多的内地企业会以类似方式到丝路沿线国家投资，香港将成为内地企业在境外最重要的营运平台和服务基地。

5. 为丝路建设提供规范化的专业服务，发展成为世界级的专业服务中心

作为一个全球商业枢纽，香港包括法律、会计、咨询顾问、工程技术在内的专业服务及其他工商业支持服务业，在2016年合共为香港带来388亿美元的增加价值，占本地生产总值的12.5%，并为超过53万人提供了职位，未来可为丝路建设提供专业支持。沿线地区对专业及基础设施服务需求殷切，香港在多个领域，包括会计、法律、投资环境及风险评估、环境咨询、建筑、工程管理等领域均拥有优势，可以为“一带一路”沿线国家提供顾问服务和参与营运管理。此外，香港有完善的法制及采用国际商界熟悉的普通法制度的优势，在与“一带一路”沿线国家的经贸联系、优势企业“走出去”等方面，可为国家提供专业的国际法律方面的咨询服务，未来在国家“一带一路”建设中发挥特殊作用，包括为中资企业在丝路沿线开展业务提供尽职调查、国际法律、会计事务、品牌推动、顾问咨询等支持，借此把香港专业服务提升至世界级规模和水平。

五、尽快采取行动

贵在行动。国家“一带一路”已进入全面实施阶段，而且推进速度很快。时不我待，香港应尽早采取行动，尽快制定自身的定位、策略和政策，在配合国家战略的同时，为未来发展成为世界级都会创造条件。其中一项重要举措，是推动亚投行和丝路基金在香港设立办事处或财资中心，利用香港国际金融中心的地位，尤其在融资和资产管理方面的优势，支持亚投行和丝路基金的营运。香港已以非主权国家的身份加入亚投行和丝路基金，未来应主动作为，争取尽快落实。

值得一提的是，国际性人才是香港最宝贵的资源，在“一带一路”建设中可以最大限度地发挥作用，以提升成功的概率，减少失误和损失。未来香港应培养和引入更多国际性人才，以便更好地服务国家“一带一路”建设，同时最大限度地分享丝路发展带来的共同利益。

总而言之，推进“一带一路”建设将是国家在未来一段时间内对外开放的主旋律。随着“一带一路”的深入实施，终将形成“丝路半球”，前景看好。但未来仍面临不少挑战，包括区内宗教问题、政治纷争和社会转型等问题，对投资风险管控带来重大挑战，对经济整合带来的影响不可忽视。面对这一历史性机遇，香港应发挥独特优势，化解内部深层次矛盾，为参与丝路建设携手合作，缔造多赢格局，为长远发展打造更好的基础。

第十七章　以高质量发展迈向创新型经济

在2017年10月召开的党的十九大上，习近平总书记所作报告的一大亮点是首次提出“把提高供给质量作为主攻方向，显著增强我国经济质量优势”；2017年底召开的中央经济工作会议，进一步指出“推动高质量发展是当前和今后一个时期确定发展思路、制定经济政策、实施宏观调控的根本要求”。2018年3月召开的全国“两会”，把推动高质量发展作为做好当年工作的首要任务，提出要着力解决发展不平衡不充分问题，围绕建设现代化经济体系，促进经济结构优化升级。这些都说明决策层已把推动高质量发展摆在最重要位置，其间透露出新时代许多重要的新信号，需要深入解读；它给香港带来的新机遇，需要认真把握。那么，到底什么是高质量发展？如何实现高质量发展？香港如何作出配合并同时迈向创新型经济？在此我们试作深入探讨。

一、立足高质量发展

早在20世纪90年代中期，中国在制定“九五”计划时，就提出积极推进经济增长方式的转变这一深层次命题；“十一五”规划还把转方式作为新时期的一项重要任务。但由于当时中国生产成本远低于发达经济体，加上国内市场商品仍是供不应求，加入世贸后又大大扩展国际市场空间，因而经济发展仍是以数量扩张为主，10多年间转方式并无太大进展。直到“十二五”规划以加快转方式为主线，制定并实施了一系列政策，尤其是推动供给侧结构性改革，经济结构调整才真正迈开步伐。

可喜的是，党的十八大以来，中国经济转型已初见成效，经济增长已由高速转向中高速，GDP增幅从2003—2011年年平均的10.8%，降至2012—2017年年平均的7.2%（详见图8）。决策层从中国经济的实际情况出发，作出经济发展进入新常态的正确判断，制定并实施与之相适应的一系列政策，尤其是提出五大新发展理念，推动供给侧结构性改革，促进经济结构向中高端迈进，使战略性新兴产业、高技术产业等新兴行业一直维持较高增长，新动能成为推动经济平稳增长的重要动力。2017年装备制造业、高技术产业和战略性新兴产业分别增长11.3%、13.4%和11.0%，大大快于全部工业6.6%的增速；从具体产品看，工业机器人产量增长68.1%，民用无人机产量增长67.0%，城市轨道车辆产量增长40.1%，新能源汽车产量增长51.1%，锂离子电池产量增长31.1%，太阳能电池产量增长30.6%，均保持了快速增长的势头。

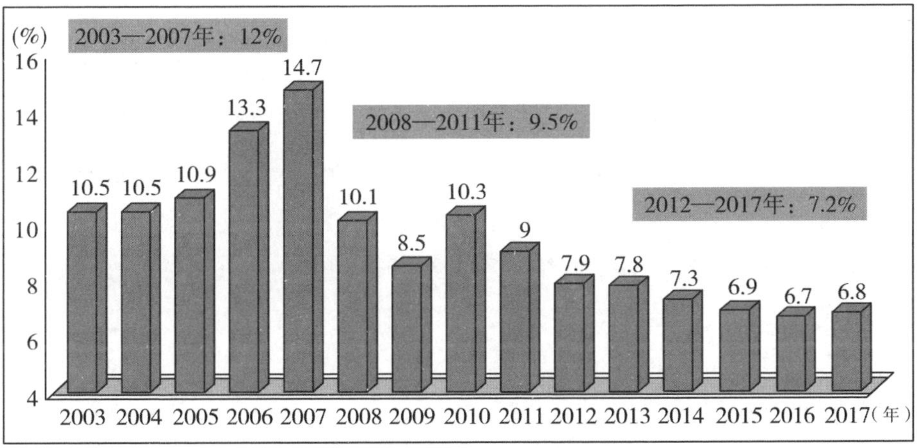

图8　中国2003—2017年GDP增速

数据来源：国家统计局。

与此同时，服务业和消费崛起成为经济增长的主要引擎，第三产业占GDP的比重从2012年的44.6%迅速提升至2017年的51.6%，对经济增长的贡献率由46%提高到59%，最终消费对经济增长的贡献率由55%提升至65%，已接近欧美发达经济体的总体水平。

另外，中国在发展高新技术和创意产业等方面，投入大量资源力求突破。经过多年努力已取得很大成效，21世纪以来全国研究与开发（R&D）经费急升近18.2倍，2017年总经费达到17500亿元，稳居全球第二；授予专利权猛增17倍，2017年高达183.6万件，遥遥领先于美国和日本；高新技术产品出口在全部出口中的占比更提高了18倍；2017年科技进步对经济增长的贡献率达到57.5%，整体经济中的知识和创新含量有了较大提高。

随着研发投入强度的不断提升，科技创新成就举世瞩目。根据有关资料，过去5年，中国在载人航天、探月工程、高分专项工程、长征五号运载火箭、硬X射线、风云四号卫星、实践十三号卫星、海洋科考、超级计算机、第四代移动通信系统（TD-LTE）、量子通信、诱导多功能干细胞、重离子精准“无创手术刀”、大飞机制造、高速铁路、国产航母、三代核电、新能源汽车、现代农业等基础和前沿领域，取得了一大批有国际影响力的重大成果，不少领域实现了从跟跑到并跑与领跑并行的跨越，一些战略必争领域抢占了制高点，开辟了新的产业发展方向。

科技成果广泛应用于农业、制造业、服务业等领域，高水平供给得到加强，如首架国产大型客机C919交付试飞，国产12寸设备加工晶圆产品突破千万片次，中国主导推动的Polar码被国际移动通信标准化组织采纳为5G增强移动宽带控制通道标准方案，高寒抗风沙混合动力永磁牵引系统高速列车年产能超过350列，电力电子关键技术和网联车控制系统进入国际市场，“京沪干线”广域量子通信骨干网络工程全线开通，港珠澳大桥关键技术顺利攻克，建成难度最大的跨海集群工程，国产掘进装备突破大于12米盾构技术并实现工程化应用，一批瞄准重大疾病的创新型药物成功上市，新型智慧城市建设取得显著效果。①尤其是高铁、共享单车、电子商务和支付宝的出现，改变了亿万民众的生活习惯和方式，提供了前所未有的方便。

以无人机市场为例，目前中国民用无人机已处在世界前列，占据着全球约七成的市场规模。国际数据公司IDC的调查显示，中国民用无人机市场总产值深圳占七成，广州占两成，其余城市共占一成，大部分产品出口海外。据中投顾问预测，2020年全球无人机年销量有望从2014年的37.8万架激增至433万架，市场规模将达到259亿美元，2018年中国市场规模将达到110.9

①国家统计局：《科技发展成效显著　创新驱动加力提速》，国家统计局网站，2016年。

亿元。

再以工业机器人为例，国际机器人协会IFR宣布，2017年全球工业机器人销量达到24.8万台，连续3年创出历史新高，其中中国达到6.7万台，连续3年成为全球最大市场。国际机器人协会预估，未来5年中国制造业的机器人密度将暴增3倍，即从2015年每万名工人的36台，增加到2020年的150台。

最受鼓舞的是，创新型经济不仅成为国家发展经济的新引擎，而且也是参与"大众创新、万众创业"的先行者，尤其是年轻人发财致富的一大利器。如今科技创新已成为内地民众，尤其是年轻人的创业潮流。深圳、北京、上海等地的科创企业都已出现集群化发展，无论是北京的中关村，还是深圳的南山及前海，或是上海的张江高科技园区，都可以看到一大批科创企业默默耕耘的影子。目前内地前十大富豪当中，便有6位来自互联网科技等新经济行业，包括在2016年内地"新财富500富人榜"中排第2位、拥有财富1366亿元（人民币，下同）的腾讯控股主席马化腾，排第3位、拥有财富1257亿元的阿里巴巴主席马云，排第5位、拥有财富885亿元的百度集团主席李彦宏，排第6位、拥有财富739亿元的小米科技公司主席雷军，排第7位、拥有财富685亿元的网易公司主席丁磊等。2016年内地"新财富500富人榜"的人均财富超过170亿元，比2014年大增50%，这与内地创新行业的蓬勃发展高度相关，说明创新经济的财富增值动能十分惊人。

更令人欣喜的是，在2016年内地"新财富500富人榜"中，有不少是40岁以下的年轻人，他们大都来自新经济行业，如毕业于香港科技大学、研制无人机、年仅35岁的汪滔，就排在富人榜第82位，拥有财富229亿元；排在富人榜第11位、提供电子商务、拥有财富521亿元的京东公司主席兼首席执行官刘强东，也只有40岁出头。这反映了内地年轻一代对创新创业的意欲极强，而且卓有成效，是创新型经济迅速崛起的关键要素。

尽管如此，目前经济发展中仍有不少困难和挑战，与发达国家尤其是美国相比仍有一定差距，主要表现在虽然工业生产总量已居全球首位，但发展质量和效益仍不够高，创新能力还不够强。一方面，不少行业的产能严重过剩，企业大而不强；另一方面，民众和企业对高质量的产品需求得不到满足，不少消费需求及中间需求流向国外，供给侧跟不上需求侧转型升级步伐的矛盾日益显现。

以芯片为例，2018年4月美国政府宣布禁止中兴通讯7年内购买、出售任何涉及受美国出口管制条例约束的产品、软件或技术，此举将中兴通讯几乎逼到了悬崖边缘，因为中兴通讯的手机芯片、基带芯片、存储芯片、光学组件等核心零部件都来自美国的高通、博通、相思、英特尔、新飞通等科技巨头，短期内很难找到性能相当的替代品。中兴事件折射出中国通信行业存在严重的“缺芯”问题。据有关统计，中国的芯片市场需求占全球的50%以上，部分芯片占70%～80%，而90%依赖于进口，国产芯片只能自供8%左右。仅在2017年头10个月，中国进口芯片总金额就高达2072亿美元，比排在第二位的原油进口金额高出1倍。

再以游客购物为例，世界旅游组织（UNWTO）发布的报告显示，2017年中国游客的境外消费总额达到2610亿美元，是美国游客境外消费总额的2倍，且连续12年呈两位数增长，其中大多数是购买海外高端消费品。再以生产为例，尽管国内钢铁过剩产能数以亿吨计，但每年还要进口1000多万吨特种钢材，价值约150亿美元，这就需要通过技术改造大幅度提高产品质量，才能把中国钢铁工业由大做强、由次做优。

值得注意的是，如何提高农产品供给质量也是一大挑战。经过多年努力，中国吃饭问题已经基本解决，现时农田有效灌溉面积占比超过52%，主要农作物耕种收综合机械化水平超过66%，农业科技进步贡献率超过56%，土地适度规模经营占比达到40%，粮食总产已经稳定在1.2万亿斤以上。与此同时，农产品质量安全水平也得到较快提高，5年来主要农产品总体合格率稳定在96%以上。英国经济学人智库（EIU）于2014年推出《全球食品安全指数报告》来衡量全球107个国家在食品安全上的表现，将中国列为良好表现之列。但也要看到，提升农产品质量仍然任重道远，在从“吃饱”向“吃好”的转变过程中，还有许多短板要补齐，如目前粮食、蔬菜、水果、肉类、水产品产量都是世界第一，但因品牌建设严重滞后，不少优质农产品是“养在深闺人未识”，需要加快品牌创建，形成拥有高质量和差异化的品牌优势。

正如美国管理学大师彼得·德鲁克所指出的：“从事知识工作和服务工作的人的生产力，而不是制造和运送产品的人的生产力，才是发达国家的生产力。”中国要真正实现经济强国之梦，还需要适应和引领经济新常态，加快调整经济结构和增长方式，把全球生产基地进一步转变为全球创新型经济重镇，既要实现经济总量的超越，更要缩小知识创造的差距，在创新型经济中的一些关键领域，还要走在世界各国的前列。

正因如此，党的十九大报告明确宣布，中国经济已由高速增长阶段转向高质量发展阶段，建设现代化经济体系是跨越关口的迫切要求，也是中国发展的战略目标，关系到国家富强、民族复兴，需要全国上下勠力同心，在转变发展方式、优化经济结构、转换增长动力等三个方面进行攻关，争取突破。为此，在未来经济发展过程中，国家将坚持质量第一、效益优先的行进路向，积极推动三大变革——质量变革、效率变革和动力变革，旨在提高全要素生产率。

推而广之，在打造现代化强国的新时代，发展仍是理政兴国的第一要务，但其最本质的特征必须是高质量发展，而今后5～10年是关键的时间节点，需要全国上下一心、全力以赴，希望早日见到成效。

二、四大核心内涵

虽然目前高质量发展已成为全国共识，但其具体含义仍是众说纷纭、莫衷一是，实有必要作出深入阐释。我们认为，高质量发展主要包括如下四大内涵：

第一个内涵是提质增效。从近期的中美贸易战和中兴通讯公司遭受美国制裁所暴露出来的问题可以看出，中国产品、服务和管理质量不适应需求变化是一大短板，需要一场深刻的质量革命，以提升供给质量为主攻方向，大力发展先进制造业、现代农业和高端服务业，加强企业和行业的质量管理，使中国制造和服务成为高质量的标杆。与此同时，以最少的劳动、资本、土地、资源等要素投入，获得最大的产出（包括劳工收入、企业盈余、国家税收和就业岗位等），大力提升投入产出比率和经济效益。

第二个内涵是创新驱动。从外围看，当前世界各国提升国际竞争力越来越依赖于创新能力，既包括科技创新和文化创意，也包括理论和制度创新。创新能力越强的经济体，发展质量就越高，对经济增长的贡献也就越大。全球新一轮科技革命和产业变革对中国形成了倒逼机制，也提供了大量机会。

从内部看，近几年来中国劳动人口总量出现下滑，资源投入也出现瓶颈，传统发展方式难以为继，需要加快实施创新驱动战略，使科技创新真正成为经济增长的主要引擎。

第三个内涵是绿色低碳。绿色发展既是当今世界潮流，也是中国经济可持续发展的内在要求和民众对实现美好生活的迫切希望。目前中国一方面的确存在环境污染严重、生态系统退化等问题，另一方面绿色低碳技术发展神速，有条件也有能力加快污染防治，恢复被破坏的生态环境，从而使绿色低碳成为高质量发展的重要标志。

第四个内涵是协调共享。一方面推动城乡协调发展，加快实现城乡一体化进程，采取措施更有效地解决“三农”这一关系现代化全局的老大难问题，进一步缩小城乡差别。另一方面是促进区域协调发展，加快东部优化、中部崛起和西部开发，积极打造京津冀、长三角和大湾区等三大世界级城市群。更重要的是，要贯彻共享发展理念，让发展成果惠及全体民众，更加公平地分享发展成果，实现共同富裕。

上述四大内涵中，提质增效、创新驱动和绿色低碳是发达经济体共同拥有的发展经验和展现高质量发展的基本特征，当然也是中国未来努力的基本方向。而谋求更加公平和协调的发展，则是新时代中国特色社会主义的基本要求，也是区别于欧美国家的主要特色所在。

现在的问题是，应如何判断高质量发展所要达到的长远目标。实现高质量发展的一个重要目标，是劳动生产率得到大幅度提升，整体经济以更少的投入获得更多的产出。按这一目标来衡量，目前中国与发达经济体之间的差距仍较大，如2016年美国劳动生产率约为中国的8.4倍，日本劳动生产率是中国的7.6倍，需要加快迎头赶上。而要提高劳动生产率，首先必须提升劳动力质量，使知识、技能和管理对经济增长的贡献不断得到提升。在这方面，中国进步神速，2017年接受高等教育的人口超过1.7亿人，占总人口比重为12.5%，比1982年的0.4%高出逾30倍；预计到2030年，接受高等教育的人口超过3亿人，占总人口比重将达到20%或以上，占劳动人口比重更将达到35%以上，中国将出现人口红利从数量红利向知识红利的历史性转变。

实现高质量发展的另一个目标，是提升全要素生产率并使之成为实现经济增长的主要途径。2015年提高全要素生产率被首次写入政府工作报告，党的十九大在论及高质量发展时再次强调要提高全要素生产率，表明国家对这一命题的高度重视。与此同时，近年来供给侧结构性改革优化了资源分配，创新驱动带动了全要素生产率的不断提升，2017年科技进步对经济增长的贡献率已达到57.5%，比5年前高出5.3个百分点。随着高质量发展战略的推进和更多重大技术的突破，中国科技进步贡献率将加快提升，到2035年将达到八成，接近发达国家的水平。

实现高质量发展的第三个目标，是战略性新兴产业成为经济增长的主要引擎。在“十二五”规划期间，中国战略性新兴产业迅速崛起，占GDP的比重从4%倍增到8%，预计到2020年这一占比将升至15%以上，到2030年将进一步提升至30%，真正成为经济发展的主导力量。

由此可见，中国高质量发展潜力有待发掘，前景应可看好。未来30年，创新型经济将成为全国经济活动的核心和动力，展示出更惊人的发展潜力，中国经济将进入一个创新驱动的快速增长时期。

三、六大操作重点

推动高质量发展，关键是建设现代化经济体系，这被党的十九大称为正处在攻关期的中国经济“跨越关口的迫切要求和我国发展的战略目标”。其本质要求是重实抑虚，未来将一手抓实体，加快建设现代产业体系，促进中国产业迈向全球价值链中高端；另一手抑虚拟，严控房地产和金融泡沫。其核心内容是求实、创新、兴农、协调，分别触及发展取向、增长动力、三农问题和区域发展等多个政策层面，是推动高质量发展的四大操作重点和四大硬件。与此同时，还要深化改革，不断完善市场经济体制，形成全面开放的新局面，说明高质量发展最终必须依靠完善的市场经济体制和全面对外开放，二者是高质量发展的两大软件。求实、创新、兴农、协调、改革和开放，构成了高质量发展的六大操作重点。

1. 第一个操作重点是求实，即注重实体经济

这个操作重点主要是针对实体经济发展不足、虚拟经济过度膨胀而作出的重大抉择，也是对经济发展路向的全面纠偏。党的十九大提出，建设现代化经济体系，首先必须把着力点放在实体经济上，说明提高供给体系质量，

主要依靠实体经济，而不可能靠虚拟经济来推动。换句话说，推动高质量发展的首要政策是注重实体经济，使现代化经济体系建基于强大的实体经济之上，避免重蹈美国过去大搞经济泡沫损害经济根基之覆辙。

有见及此，在注重实体经济这一发展路向重大转变上，中国未来将采取如下两大举措：一方面是打造制造强国和发展现代服务。今后中国将培育若干世界级先进制造业集群，推动互联网、大数据、人工智能与实体经济深度融合，在中高端消费、创新引领、绿色低碳等领域培育新增长点，推动中国制造向中国创造转变，同时采取措施激发和保护企业家精神，采取更多措施鼓励更多人创新创业。与此同时，瞄准国际标准加快发展现代服务业，尤其是高技术服务和战略性新兴服务。另一方面是坚持去产能、去库存、去杠杆、降成本、补短板，重点在产能利用、待售房产、企业负债率和短板领域投资上下功夫，同时健全金融监管体系，守住不发生系统性金融风险的底线。可见，未来中国将把提升供给质量和防控风险结合起来，走出一条“重实抑虚”的新路子。

2. 第二个操作重点是创新，即加快建设创新型国家

这个操作重点是要解决经济增长动力的选择问题。党的十九大提出，创新是引领发展的第一动力，是建设现代化经济体系的战略支撑，未来将采取多项措施加以推动，包括强化基础研究和应用研究，实现前瞻性基础研究、引领性原创成果重大突破，突出关键共性技术、前沿引领技术、现代工程技术和颠覆性技术等四大创新，为建设科技、质量、航天、网络、交通等五大强国和数字中国、智能社会提供支撑；加强国家创新体系建设，强化战略科技力量，支持中小企业创新；等等。与此同时，实行科技发展和人才培养并举，培养造就一大批具有国际水平的战略科技人才、科技领军人才、青年科技人才和高水平创新团队。

所有这些，都将推动中国经济增长从依靠劳动力和资本等中低端生产要素转向依靠创新和人才等高端生产要素，实现经济发展方式的彻底转变，对提高全要素生产率具有决定性作用。今后5～10年是全球产业变革的关键时间节点，中国新兴产业迅速崛起，不但符合世界发展的大方向，而且在不少领域是后发先至，有机会成为全球新兴产业的发展重心，潜力巨大、前景看好。

3. 第三个操作重点是兴农，即实施乡村振兴战略

农业农村现代化是现代化经济体系不可或缺的组成部分，没有农业农村现代化，就不可能真正实现高质量发展。党的十九大报告指出三农问题是关乎国计民生的根本性问题，要坚持农业农村优先发展，加快推进农业农村现代化。拟采取的主要措施，首先是完善基本经营制度，深化土地制度改革，第二轮土地承包到期后再延长30年；其次是确保粮食安全，把中国人的饭碗牢牢端在自己手中；再次是构建现代农业产业体系、生产体系和经营体系，发展适度规模经营，培育新型农业经营主体，实现小农户和现代农业发展有机衔接，为建立现代农业产业体系打好基础；最后是促进农村一、二、三产业融合发展，支持和鼓励农民就业创业。

相信这些政策将带动城市反哺农村、工业反哺农业，从而有助于发展农村经济及缩小城乡差距。但也要看到，由于农业农村问题较为复杂，要实现现代化可能需要突破土地制度等障碍，这也是建设现代化经济体系难度较大的一个环节。

4. 第四个操作重点是协调，即实施区域协调发展战略，解决区域发展不平衡问题

未来将从如下几个方面推动：首先是确立区域整体发展思路，包括加大力度支持老少边贫地区加快发展、强化举措推动西部大开发形成新格局、深化改革加快东北等老工业基地振兴、发挥优势推动中部地区崛起以及创新引领率先实现东部优先发展。其次是以城市群为主体构建协调发展的城镇格局，加快农业转移人口市民化。最后是推动京津冀协调发展及长江经济带发展，包括以疏解北京非首都功能为引领推动京津冀协同发展，高起点规划、高标准建设雄安新区，以共抓大保护、不搞大开发为导向推动长江经济带发展。

上述这些政策将有助于各大区域板块全面发展，并将出现京津冀、长三角和粤港澳大湾区三大世界级城市群并起的局面。以城镇化为例，过去5年有8000多万农业转移人口成为城镇居民，城镇化率年均提升1.2个百分点，到2020年仍将有约5000万农业转移人口成为城镇居民，中国常住居民城镇化率将提到60%以上。

5. 第五和第六个操作重点是改革和开放，即完善社会主义市场经济体制，形成全面开放新局面

具体举措是推进国企PPP（政府和社会资本合作）改革和贸易强国建设、支持民企发展、防控金融风险、放宽市场准入以及探索建设自贸港等。到2017年底，央企计划全面完成公司制改革，下一步是推进股份制改革，引入各类投资者，以实现股权多元化。不久前国家工信委等16个部门联发指导意见，明确民企是制造业发展的主力军，向全国下属部门布置8大项共36个任务，希望激发民间投资活力和引导民企转型升级。与此同时，实行高水平贸易投资自由化便利化政策，大幅放宽市场准入，取消中资银行和金融资产管理公司的外资单一持股不超过20%、合计持股不超过25%的限制。与此同时，强调为实体经济服务是金融的天职，通过深化投融资体制改革，充分发挥投资对优化供给侧结构的关键性作用，提高直接融资比重，促进多层次资本市场发展；设立国务院金融稳定发展委员会，中国人民银行建立双支柱调控框架，既要保持币值稳定，又要维护金融系统的稳定，真正守住不发生系统性金融风险的基本底线。

2018年是推动高质量发展的开局之年，如何落笔至关重要。李克强总理在政府工作报告中提出，2018年推动高质量发展的一个操作方向，是深入推进供给侧结构性改革，继续抓好“三去一降一补”，严控虚拟经济泡沫。另一方向是加强国家创新体系建设，在全面把握世界新一轮科技革命和产业变革大势的基础上，通过深入实施创新驱动发展战略，不断增强经济创新力和竞争力。与过去相比，2018年有四个操作重点特别值得留意。

首先是更加重视补短板及提高供给质量。重点是发展壮大新动能和加快制造强国建设，包括做大做强新兴产业集群，加强新一代人工智能研发应用，在医疗、养老、教育、文化等领域推进“互联网+”，推动集成电路、第五代移动通信、飞机发动机、新能源汽车、新材料等战略性新兴产业发展，实施重大短板制备专项工程，创建“中国制造2025”示范区等。与此同时，加快发展现代服务业，全面开展质量提升行动，推进与国际先进水平对标达标，发起一场中国制造的质量革命。

以人工智能为例，近年来国家在多项重大决策中均展现了发展人工智能的决心，2017年7月国务院还出台了《国务院关于印发新一代人工智能发展

规划的通知》，正式提出人工智能发展的顶层战略设想。目前全球人工智能领域主要是中美主导，中国在计算器视觉技术方面已达到全球先进、部分领先水平，2016年人工智能专利年申请数超过3万项，是2010年的10倍，产业规模已突破100亿元，预计2019年将增加至344亿元，发展潜力巨大。

其次是打造大众创业、万众创新升级版。政府工作报告指出中国推动创新发展的最大富矿，是拥有世界上规模最大的人力人才资源，强调集众智汇众力，一定能跑出中国创新“加速度”。为此，一方面要提供全方位创新创业服务，包括推进双创示范基地建设，设立国家融资担保基金，支持优质创新型企业上市融资，将创业投资、天使投资税收优惠政策试点扩大到全国。另一方面要深化人才发展体制改革，推动人才资源自由流动，加大高技能人才激励，鼓励海外留学人员回国发展，形成创新创业新格局。目前中国创业创新主体迅速增加，2018年3月16日，在北京市政服务中心，国家市场监督管理总局局长张茅颁出中国第一亿张营业执照，深圳2017年平均每天新设近千家企业，说明双创热潮方兴未艾，这将为高质量发展不断注入源头活水。

再次是强调减少无效供给要抓出新成效。2018年将继续削减无效供给，化解过剩产能、淘汰落后产能，在过去5年已退出钢铁产能1.7亿吨、煤炭产能8亿吨的基础上，再压减钢铁产能3000万吨、煤炭产能1.5亿吨，淘汰关停不达目标30万千瓦以上的煤电机组。虽然去产能规模不及过去两年，且已近尾声，但2018年仍大力度减少无效供给，表明政府在推动高质量发展过程中，除了做好上述两项加法外，还下定决心做减法，努力削减过剩产能及淘汰“僵尸企业”，从另一面确保供给质量。

最后是更大力度减轻企业税负和非税负担。2018年将改革完善增值税，按照三档并两档的方向调整税率水平，大幅扩大享受减半征收所得税优惠的小微企业范围，为企业和个人减税8000多亿元。与此同时，通过清理规范行政事业性收费、调低部分政府性基金征收标准以及继续降低企业“五险一金”缴费比例等措施，为企业主体减轻非税负担3000多亿元。两项合计，2018年将减轻企业负担1.1万多亿元，比2016年的5700亿元和2017年的5500亿元大幅增加近1倍。此举可望让企业轻装上阵，进一步促进实体经济转型升级。

值得注意的是，高质量发展并不会大幅降低经济增长速度，相反，可带来更健康、更稳定、更长远的经济进步。实际上，这一趋势也已形成，最近10多个季度中国GDP增速为6.7%～6.9%，出现超平稳增长势头，尤其是2017年战略性新兴产业增加值同比增长11.0%，战略性新兴服务业营业收入同比劲增17.3%，为经济稳中向好注入了强劲动力。

政府工作报告提出2018年经济增长的预期目标与2017年一致，均是6.5%左右。虽然没有像2017年那样强调会争取更好的结果，但并不意味着经济增速必将放缓，因为报告再次强调发展是解决中国一切问题的基础和关键，要确保经济运行在合理区间，实现经济平稳增长和质量效益提升的互促共进。相信2018年中国全面进入高质量发展阶段，各项提质增效措施将更好地带动经济平稳快速增长，使GDP增幅保持在6.5%以上。

四、香港的机会

党的十九大报告提出要支持香港融入国家发展大局，高质量发展乃是大局中的大局。香港最需要融入这个大局并加以密切配合，发挥多方面的优势和功能，积极支持和参与国家高质量发展战略，并以此增强香港经济的竞争力和增长动力。具体而言，香港可以采取如下行动：

1. 在形成全面开放新格局中发挥引领作用

建设现代化经济体系的一大举措，是“开放引领”，推动形成全面开放新格局。其中“一带一路”无疑是重点，此外还要实行高水平的贸易和投资便利化政策，大幅度放宽市场准入，尤其是赋予自贸区更大的改革自主权，探索建设自由港等，说明中国对外开放的大门不仅不会关闭，还会越开越大。

香港在开放方面居全国领先地位，对外开放度在全国、亚太区乃至全球也是不遑多让。2017年香港进出口总额高达10555亿元，相当于全国的25.6%，出口占GDP的比重高达145.6%，是全国平均水平的7.9倍，也大大高于上海和北京等内地中心城市，FDI和ODI与全国相比不相上下；全球跨国公司区域总部和办事处总量更是亚太区之最。更重要的是，香港为全球最自由、最多功能的自由港，已连续20多年被评为世界最自由的经济体，可为内地探索建设自由港提供最鲜活的参照系。与此同时，香港还是“一带一路”

建设的海外最重要节点，拥有最庞大的海外华人网络和最多功能的境外服务枢纽，相信未来在对外开放中会继续走在全国前列，并将发挥开放引领和示范作用，协助国家尽快形成全面开放的新格局。

值得一提的是，香港未来可继续作为中外企业投资合作的营运基地。一方面，香港在服务内地企业“走出去”方面具有境外市场难以竞争的优势，因为香港监管制度适中，为内地企业“走出去”服务已积累了20多年经验，聚集了一支较国际化且有较高专业水平的服务团队，未来可支持内地企业“借港出海”，以香港为基地进行海外并购、资产营运、引进技术和改善公司治理，提供资金管理、营销、法律、财务等全面服务，帮助这些企业朝规范化、多元化及国际化的方向发展。另一方面，随着内地高质量发展战略的实施，未来将会有更多的境外企业，尤其是科技创新企业，以香港为桥头堡到内地投资发展，香港有机会成为全球高端企业管理和服务内地业务的基地。

2. 配合国家创新驱动战略，建立创新科技的研发平台

2011年李克强总理访问香港，宣布中央政府支持香港经济及社会发展并提出36项措施。其中提到要加强内地与香港在科技产业领域的合作，使香港的科技资源进一步融入国家的科技创新体系；国家将大力扩展两地科技合作新形式，支持在香港建立国家工程技术研究中心分中心，以适当的形式在香港设立高新技术产业化基地。“十三五”规划再次重申支持内地与港澳开展创新及科技合作，为香港提供了一个服务国家创新驱动战略的好机会。近期习近平主席批示拨付香港的国家重点实验室的科研资金可以使用，国家确定把香港打造为国际科技创新中心，使香港科技界深受鼓励，大大增强了其信心。

香港融资管道畅通、信息自由及发达，加上有较完善的知识产权保护制度，具有一定的发展创新科技优势。事实上，香港科技园经过多年的耕耘已具一定规模，近年又成立了创新及科技局和香港科学院，未来如得到国家的进一步支持，香港可以把两地优势更好地结合起来，加强科技创新、创造产业投融资以及打造“港深创科园”等方面的合作，发挥创新和产业协同效应，在研发、资金、测试到生产全过程展开合作，发展科技创新研发平台，为香港再工业化和内地企业来港发展创意产业及科技研发提供良好环境，成为建设创新型国家的重要力量。

3. 配合国家发展高端服务，提升服务素质

如上所述，国家要实现高质量发展，最重要的是“重实抑虚”。从操作层面看，“重实抑虚”需要两手抓：一手抓实体，加快建设现代产业体系；一手抑虚拟，严控地产泡沫和金融风险。抓实体涵盖高端产品和高端服务两个层面，通过提升产品和服务两种质量，促进产业迈向全球价值链中高端。其中，抓高端服务的主要措施是加快发展现代服务业，瞄准国际标准提高水平，推动生产性服务业向专业化和价值链高端延伸、生活性服务业向精细化和高质量转变。

近年来中国现代服务业发展更加迅猛。过去5年服务业年均增长8.1%，占GDP的比重从2012年的44.6%提升至2017年的51.6%，主要归因于具有较高增值能力的现代服务业的全面崛起。2017年首三季信息及软件服务、高技术服务和战略性新兴服务分别劲增23.5%、12.4%和17.0%，比整体服务业高出4.4～14.5个百分点，比GDP增速高出5.6～16.7个百分点，成为带动服务业持续快速发展的生力军。

以互联网为例，中国2016年互联网普及率达到53.2%，移动互联网接入量93.6亿G，比上年增长1.24倍，上网人数高达7.3亿人，居世界首位。由于互联网不断向经济社会各个领域全面渗透，为经济发展注入了新动能。以网购为例，2016年网上零售额比上年增长26.2%，2017年进一步加快至32.2%，比社会消费品零售额增速高出近2倍。

但也要看到，内地服务业发展仍不平衡，尤其是金融投资、教育医疗、专业服务、公共服务和居民服务等方面仍有很大的发展空间。而这些正好是香港的强项。香港是亚太区最重要的服务中心，服务业占GDP超过九成，各项服务业尤其是高端服务业独具优势，可以协助国家发展高端服务，不断提升服务素质和服务水平。

4. 为内地创新活动提供国际化的融资平台

党的十九大报告从多方面提出要深化投融资体制和金融体制改革，发挥投资对优化供给结构的关键性作用，增强金融服务实体经济能力，提高直接融资比重，促进多层次资本市场健康发展。中国香港已是全球三大金融中心之一，也是亚太区最重要的投资管理基地，在国家推动创新发展的过程中，

香港金融业拥有很大的优势和有利条件，可以提供多功能的服务和多方面的支持。一方面，香港金融机构可在银团贷款、项目贷款、发行债券以及基金等传统领域，以创新方式向内地科技创新和战略性新兴产业提供融资；以战略性思维吸纳较为成熟的创新项目来港上市及资本运作。

另一方面，未来国家将加大金融支持创新驱动发展战略的力度，重点是构建普惠性创新金融支持政策体系，包括加快建设技术和知识产权交易平台，创立从实验研究、中试到生产的全过程科技创新融资模式，推动高收益债券及股债相结合的融资方式，鼓励发展众创、众包、众扶、众筹以及天使、创业和产业投资，鼓励银行与创业投资和股权投资机构投贷联动以及加快发展科技保险等，这些都为香港商业银行、投资银行、创投基金、资产管理、保险等机构带来创新合作的良机。进而言之，香港可以为内地创新活动提供国际化和规范化的融资平台，成为内地创新企业和机构在海外的金融服务中心。

5. 协助内地防控金融风险

过去10年，内地货币供应量（M2）年均增幅高达15.3%，大大高于同期实质GDP平均升幅（8.3%）和通胀（2.6%）之和的10.9%，货币超发问题十分明显。另据人民银行提供的数字，至2016年底，中国总债务约为255万亿元，相当于GDP的343%，扣除金融部门后的实际负债率约为250%，与国际清算银行统计的2015年中国非金融部门负债率接近260%相差不大，而全球大投行和评级机构估算2016年中国负债率为280%～300%，整体负债率明显偏高。由于货币资金大量涌入资产领域，吹起了巨大的资产泡沫，先后出现股市牛市、债券牛市和期货牛市，其后也发生了股市暴跌、债市期市异常波动，人民币大幅贬值。

有鉴于此，2017年7月召开的中央金融工作会议，一方面从战略高度、全局角度对金融作出明确定位，强调金融是国家重要的核心竞争力，金融安全是国家安全的重要组成部分，为实体经济服务是金融的天职和宗旨，也是防范金融风险的根本举措；另一方面提出着力完善金融安全防范和应急处理机制，决定成立国务院金融稳定发展委员会，强化人民银行宏观审慎管理和系统性风险防范职责。

此后，监管层开始推进防范金融风险的全面布局，相关监管政策相继出台。其中，2017年11月出台的《关于规范金融机构资产管理业务的指导意见（征求意见稿）》最受各界关注，内容包括要求资管产品实行净值化管理、打破刚性兑付、规范资金池业务、降低期限错配、从严规范资产管理行业的产品嵌套和通道业务。紧接着，中国银监会出台《商业银行流动性风险管理办法（修订征求意见稿）》，新增三项流动性监测指标，抑制银行同业业务过度扩张并鼓励机构减少期限错配。12月22日，银监会发布《关于规范银信类业务的通知》，将表内资金和收益权纳入银信合作范畴，长远而言将规范银信类业务的运作。此外，资管产品增值税自2018年1月1日起开征，这将抑制通道类资管产品和多层嵌套的资管产品业务，对资管行业的规范运行产生深刻影响。

2017年底召开的中央经济工作会议进一步提出未来要打赢“防范化解重大风险、精准扶贫、污染防治”三大攻坚战，指出今后3年要打好防范化解重大风险攻坚战，重点是防控金融风险，促进形成金融和实体经济、金融和房地产、金融体系内部的良性循环，做好重点领域风险防范和处置，坚决打击违法违规金融活动，加强薄弱环节监管制度建设。为落实这一决策，中国银监会从2018年初开始，在不到一个月的时间内，已先后出台三项加强监管政策，分别针对银行大额授信管理、委托贷款、股权风险加强监管。如其颁布的《2018年整治银行业市场乱象工作要点》，指出2018年要在八个方面开展整治工作，包括公司治理不健全、违反宏观调控政策等，明确要求银行业针对相关问题作出整顿。中国银监会表示，整顿银行业市场乱象不可能一蹴而就，而是当前及今后一段时期银行业改革发展和监管的一项常态重点工作。由此可见，金融防风险将是未来3年三大攻坚战之首，金融监管仍是主线，金融监管不会在短期内结束，今后或将有更多监管细节出台。

香港作为亚太区最重要的国际金融中心，在金融监管方面拥有较多的经验，完全可以为内地防控金融风险提供支持。如在银行监管方面，香港建立了符合国际标准、审慎的银行监管制度，特别是巴塞尔银行监管委员会建议的标准，既有助促进银行体系的整体稳定及有效运作，亦提供了足够的灵活性，让认可机构作出商业决定。认可机构须遵守《银行业条例》各项规定，包括保持充足的流动资金及资本；向金管局提交定期申报表；遵守有关向任何客户、董事或雇员贷款的限制；就任命董事、高层管理人员及控权人向金管局申请审批等。

同时，香港金管局按照巴塞尔银行监管委员会建议的国际惯例监管认可机构，采用“持续监管”的风险为本监管模式，包括进行现场审查、非现场审查、审慎监管会议、与外聘审计师合作以及与其他监管机构交换数据，期望及早发现问题。在证券监管方面，香港采用国际证监会组织订立的监管标准，力求在保障投资者利益和维持市场稳定之间寻找监管平衡，促进市场发展与创新，以维持证券业的竞争力和香港国际金融中心的地位。这些都可以为内地提供参考和借鉴。

五、迈向创新型经济

应当看到，时至今日，香港基本上仍是一个固守传统的服务型经济体，而不是一个面向未来的创新型经济体。如何顺应滚滚而来的世界创新大潮，把中国内地推动高质量发展的历史性机遇，化为实实在在的具体行动，实现香港经济的第三次转型，即从服务型经济向创新型经济的转变，是香港经济面对的最大挑战，关系到香港的未来。

这一转型主要包括两层含义：一是打造科技及文创产业链，二是推动传统服务转向创新服务。为此，需要运用如下几个方面的新思维和采取策略行动，目标是把香港打造为全球创新及服务中心。

1. 全球大势

在进一步展开之前，我们不妨先来了解其定义和分类。归纳而言，创新型经济是以知识及人才为主导、以创新为动力、以创新产业为标志的经济形态，是科技创新及文化创意与产业创新的深度融合。换句话说，知识及创新是基本前提，科创成果产业化为新产品和新服务是最终归属。

创新产业包括创新产品生产和创新服务，前者是指第一、第二产业中立足于知识和创新的产品生产部分，如高科技农业和制造业、中高科技农业和制造业、文化创意产品生产等，是创新型经济的主体；后者是指第三产业中由知识要素主导、为创新产品生产和社会生活提供支持的现代服务业，包括通信服务、金融服务、商业服务（包括计算机软件及数据处理、研究开发、创意设计、品牌发展和广告营销等）、教育服务、健康服务和专业服务等。

创新服务是创新型经济的支撑。

自英国于1998年正式提出创新驱动型经济这个理念以来，发展创新型经济就成为许多国家优先推动的战略目标。突飞猛进的信息技术和创意浪潮，带动全球经济向创新型经济全面转型，使世界产业结构迅速迈向知识化。制造业的高技术化、创意产业的迅速崛起以及创新服务的快速发展，成为新一轮产业革命的三大共同特征。

第一，制造业迅速走向高技术化，推动科技产品生产的迅速扩张，电子信息、生物制药、人工智能、航空航天、新材料、新能源等高技术制造业成为发展最快的产业。特别是在创新经济中处于中心地位的全球信息产业，2016年产业总规模已超过6万亿美元；同年，美国和中国信息产业增加值均突破1万亿美元，在全球处于领先地位。

第二，全球创意浪潮势不可挡，产品受到知识产权法严格保护的创意产业迅速崛起，成为世界级大都会的主导产业。英国学者约翰·霍金斯曾指出全球创意经济每天创造出220亿美元的高附加值（即全年超过8万亿美元）；美国的创意产业已成为最大和最具活力的产业；英国的创意产业早在2008年市场总值就超过1000亿英镑，占英国GDP的7%，伦敦的创意产业对经济发展的重要性甚至不亚于金融业。

第三，制造业的高技术化为服务业提供了重要的技术装备，同时服务业自身也频繁开展研发活动，以配合高技术制造业和创意产业的发展需要，并满足人类不断增加的对高质量生活的追求。尤其是以电子商务为代表的新业态异军突起，跨境电商、社交电商、智慧家庭、智慧交通、远程教育、远程医疗等新业态迅速涌现，互联网金融、移动支付、城市商业综合体等新模式也得到快速发展，加上分享经济的广泛渗透，这一切都促进了创新服务的迅猛发展，创新服务业已成为创新型经济的左膀右臂。

创新作为一种新的主导要素，已成为全球经济发展的新动力。在美国和欧洲部分发达国家，创新型经济对GDP的贡献已达65%以上，在印度等发展中国家也已占25%左右。目前这一趋势还在不断强化之中，未来谁能率先建立以知识和信息的生产、分销和运用为支撑的经济结构，谁就能在全球经济中处于领导地位，并取得最大的经济利益。

基于此，欧美等发达经济体纷纷制定高科技发展战略，建立面向知识经济时代的国家创新系统，并投入大量资源用于知识创造、技术革新和人才培育，就是想掌握创新型经济的主导权，在未来全球竞争、分工和利益分配中，处于更加主动和有利的地位。美国新政府制订再工业化计划，以税收优惠等政策积极争取工业回流及吸引外资投资工业；德国为了促进再工业化，提出“工业4.0”政策，助力制造业转型升级；韩国则有“制造业创新3.0”，期望以智能制造和培育融合型新产业为主，实现全球新一轮工业革命的“领跑”战略。

创新驱动带来社会财富分配版图的急速变化，福布斯富豪榜公布全球最大市值企业，首五位都是高科技公司；资诚联合会计师事务所（PwC）于2018年6月29日发布《2018全球市值百大企业排名》分析报告，全球前十大市值企业依序为苹果（Apple）、Alphabet（Google母公司）、微软（Microsoft）、亚马逊（Amazon）、腾讯（Tencent）、伯克希尔·哈撒韦（Berkshire Hathaway）、阿里巴巴（Alibaba）、脸书（Facebook）、摩根大通银行（JPMorgan Chase）、强生（Johnson & Johnson），头五位也是高科技公司。而这些是近些年来发生的现象。在美国，微软创办人比尔·盖茨（Bill Gates）、亚马逊创办人杰夫·贝索斯（Jeff Bezos）、脸书创办人马克·扎克伯格（Mark Zuckerberg）等高科技富豪，都占据着福布斯富豪榜前列位置。

值得一提的是，发达国家尤其重视创新产品生产与创新服务密切配合所产生的巨大经济能量。技术创新、资金投入和商业管理的有效结合，是创新产业发展的关键，其中包括多种创新服务的参与。一个高新技术企业要取得成功，不但要具备先进的科技成果，也需要风险投资、管理营销和工程设计、法律、会计等专业服务行业提供的服务。基于这一认识，经合组织（OECD）曾在其发表的报告中提出创新是技术能力和社会能力的结合，明确指出了创新产品生产和创新服务不可分割的关系。这一点对考虑香港未来发展方向极具参考价值。

2. 香港所长

未来30年，国家对创新服务的需要将会十分庞大。但因创新服务业具有不同的特性，要在短期内填补真空并非易事，服务业高度发达的香港，正好可以提供这种服务。

一是“一国两制”优势。“一国两制”给香港带来的是独一无二的综合优势：一方面，香港可以享受国家经济持续快速发展带来的好处，特别是未来内地致力发展创新型经济，将会形成全球最庞大的需求；中央政府对香港经济转型升级的支持，也会通过CEPA等制度安排向香港进一步开放服务市场。另一方面，香港也具备内地发展创新型经济所急需的制度优势和管理能力，包括严格规范的知识产权保护制度，较为完善的企业法人治理结构和企业家精神，较高水平的企业、社会和公共管理能力以及诚信、专业等核心价值，这些软力量使香港可以为内地发展创新型经济提供高效的服务。

二是人才汇聚优势。香港作为亚洲国际都会，可以提供一流的生活环境，加上贴近全球增长最快的内地市场带来的发展机会，因而能吸引大批全球顶尖的科技、金融、设计和管理等方面的人才到香港居住。香港不少大学排名都居亚太区前列，科研能力在全球处于一流水平，也培养了数以万计的优秀人才。加上每年都有大批来自全世界各地的人才汇聚香港，这将为内地发展创新型经济提供最重要的人才宝库。

三是现代服务优势。香港作为亚太区的国际金融中心，可以利用成熟的资本市场和投资基金，为内地创新产业提供所需要的资金，推动企业创新取得成功。香港同时也是亚太区内主要的商业及专业服务中心，设计、会展、品牌发展、产品推销等各类商业支持服务业和法律、会计、工程咨询等专业服务业均十分发达，这一支柱产业目前占到香港经济的12%以上，其中多数是以知识为本的高增值服务业，可以直接为内地创新型经济发展提供支持。

四是区域融合优势。改革开放以来，香港通过工业北移和投资，在珠三角设立了数万家企业，雇用了超过1000万名工人，建立了全球重要的生产基地，带动了珠三角经济的迅速起飞，香港也转变成为珠三角外向型经济的主要服务中心。当前珠三角地区虽然面对加快转型升级的压力，但同时也具有创新型经济的巨大发展潜力；香港作为区域经济的引领者，可以深度结合区域发展优势，提供知识及创新服务以推动珠三角地区产业结构的转型升级，并以此得到更大的发展空间。

正因为有这些独特优势，加上近年来香港特区政府正视问题，努力补短板，先后采取了一些实质性措施，包括排除万难成立创新及科技局，积极改善科创和创业环境，行政长官在2017年施政报告中提出从八大方面发展科创等，令创新产业发展有所起色。世界级科创机构亦相继在香港落户，麻省理工学院于2016年6月在香港成立了首个国外创新中心；同年10月，瑞典卡罗琳医学院在香港科学园成立该院首个国外研究中心；中国科学院的广州生物医药与健康研究院，也于同年12月宣布在科学园设立广州香港干细胞及再生医学研究中心；美国红杉资本于2016年6月牵头成立香港X科技创业平台，提供资金支持香港本地高校早期探索及天使阶段的创业项目。虽然这些仍属起步项目，但今天的一小步就是明天的一大步。

3. 准确定位

香港能否抓住这一千载难逢的发展良机，关键还是要看香港是否有自己的定位和策略。在香港回归之初，香港特区政府就提出打造亚太创新中心的构想，方向完全正确。在当前新的形势下，香港应把自己定位为全球创新及服务中心，一方面为国家的创新型经济发展提供高端服务，成为粤港澳大湾区创新型经济的重要参与者，另一方面努力打造具有特殊优势、有较大发展潜力的科技创新和文化创意产业，形成一批国家所需、香港所长、具有国际竞争力的创新产业链，为香港从服务型经济转型为创新型经济注入新动力。这是香港迈向创新型经济的第一个策略和行动。

应当强调，这两者是相辅相成、不可分割的，因为高端服务是香港的根本优势，发展创新型经济必须立足于这一强项；但创新型服务也并非凭空产生，而是要以科创产业为支撑，因为世界各国发展经验证明，打造科创产业不仅可以带来新产品，更重要的是累积经验和培育人才，否则很难做好创新服务。香港过去一直停留在转让科研成果阶段，支持创科产业的创新金融（如风险投资和创业板）远比不上伦敦、纽约和洛杉矶，甚至不如北京、上海、深圳等内地城市，就是因为缺乏打造创科产业的实际经验和懂行识货的行家里手。虽然创新服务人才理论上可以通过引进来解决，但如果没有创新产业平台和政策支持，人才就没有发挥的空间，结果还是引不进、用不了、留不住。香港对全球人才一直是开放的，对内地也有优才计划，但创新型人才仍较少来港，甚至本地培养的理工科人才还大量流失。

4. 责在行动

要实现新的目标定位，政府的功能和角色至关重要，因为在以科技和创新促进经济转型上，政府往往是最有效率的推动者，承担着最为重要的责任。鉴此，香港特区政府要明确制定香港未来向全球创新服务中心发展的总体蓝图，采取激励创新的政策措施，以期尽快见到成效。这是香港迈向创新型经济的第一项行动。

香港迈向创新型经济的第二项行动，是尽快凝聚社会共识和支持。香港是一个民主和多元的社会，香港特区政府的政策只有取得广大市民的认同，才能顺利推动和落实，在确定关系香港未来的发展蓝图上尤其如此。因此，香港特区政府首先必须向香港社会作广泛宣传和沟通，通过各种可行途径争取达成共识。由于民众在香港未来发展上的根本利益是一致的，只要香港特区政府向他们说清楚未来的发展目标、主要策略和具体政策，相信不难得到香港社会各阶层和绝大多数民众对香港发展创新服务中心的认同和支持。

香港迈向创新型经济的第三项行动，是加大对科技创新的投入。目前香港的R&D占GDP的比重只有0.73%，行政长官表明在其任期结束时要提到1.5%左右，但仅此还不够，应当向北京（5.7%）、上海（3.8%）、深圳（4.1%）乃至韩国、新加坡和中国台湾等“三小龙”看齐（占2%～4%）。建议香港特区政府立即动用外汇储备，成立一个创新、创意和创业基金（简称“三创基金”），起始资金为1000亿港元，以后按照不低于GDP 1个百分点的比例向“三创基金”注资，为香港带头打造国际创新中心提供资金支持。

香港迈向创新型经济的第四项行动，是设立有利于科技成果转化的激励机制。目前香港科创产业的增加值仅有170多亿港元，连深圳的一个零头都不到，主要是科技成果产业化面对种种障碍，必须尽快拆墙松绑去屏障。建议香港特区政府参照美国1980年出台的《贝多法案》（*Bayh Dole Act*），政府资助大学研究机构获得的知识产权归大学所有，大学负责科研成果的转化，政府不直接收取回报，仅从科研成果转化之后的一系列经济活动中获得税收收入。相信这一行动将促进香港专利成果转化得到快速展开，加快香港科技成果产业化进程。

世界上没有神话，所有的传奇都是攻坚克难、厚积薄发。香港发展创新型经济，也面对教育普及程度和应变创新能力相对较低等薄弱环节，需要认真对待。港人向以灵活应变见称，然而过去10多年，香港应对超全球化和科技进步带来的社会生产及生活方式的急速变化，尤其是内地令人目不暇接的新经济大潮，可算是十分迟钝，并未出现20世纪后半叶应有的适应新环境、迎接世界大潮的蓬勃朝气，以致经济表现失去了昔日作为“四小龙”之首的四射光芒。如果我们从那时起就上下一心、全力以赴去推动创新，今天的香港就一定会有很好的基础。

“亡羊补牢，未为迟也！”我们绝不能气馁，因为香港虽然错过了一些时日，但仍有不少机会，只要抓住机遇，就能迎头赶上。党的十九大为国家到21世纪中叶的发展长路，描绘了宏伟蓝图，制定了基本方略，这将给香港带来千载难逢的历史性机遇，香港应全面融入其中，共襄盛举、共担重任，为国家新一轮的改革发展作出更大贡献，也为自己赢取更大的发展空间，共享更大的发展红利。香港特区政府不但有责任增强香港市民的创新型经济意识，还要善用创新服务和区域合作这两大法宝，为本地经济的进一步发展奠下稳固的根基，也为国家新一轮的改革发展作出更大贡献。

第十八章　合作共建粤港澳大湾区

粤港澳大湾区建设是习近平主席亲自谋划、亲自部署、亲自推进的国家战略。早在2012年12月，习近平主席视察广东时，就要求广东落实好粤港、粤澳合作框架协定，联手打造更具综合竞争力的世界级城市群。2015年国家发布《推动共建丝绸之路经济带和21世纪海上丝绸之路的愿景与行动》，首次在"一带一路"倡议中提出"打造粤港澳大湾区"。

2016年，国家发布《国务院关于深化泛珠三角区域合作的指导意见》，提出携手港澳共同打造粤港澳大湾区，建设世界级城市群，把大湾区建设这一国家第四个战略迅速付诸行动；同年3月出台的国家"十三五"规划纲要明确提出支持港澳在泛珠三角区域合作中发挥重要作用，支持共建大珠三角优质生活圈，推动粤港澳大湾区和跨省区重大合作平台建设。

此后，国家和广东省有关部门着手开展大量调研工作，为把"打造粤港澳大湾区"正式列入高层决策做准备。李克强总理在2017年政府工作报告中提出，要研究制定粤港澳大湾区城市群规划，提升港澳在国家经济发展和对外开放中的地位和作用。2017年7月1日，国家发改委、广东省人民政府、香港特区政府、澳门特区政府共同签署了《深化粤港澳合作推进大湾区建设框架协议》，为大湾区建设确立了行动纲领、明确了重点任务、描绘了蓝图。协议明确提出粤港澳三地将在中央有关部门的支持下，打造国际一流湾区和世界级城市群。2018年政府工作报告中再次强调要出台实施粤港澳大湾区发展规划，全面推进内地同香港、澳门互利合作，粤港澳大湾区发展战略正式启动。

2018年8月中旬，粤港澳大湾区建设领导小组第一次会议在人民大会堂举行，中共中央政治局常委、国务院副总理韩正首次以领导小组组长的身份主持会议，香港行政长官林郑月娥、澳门行政长官崔世安位列领导小组成员，这也是港澳特区行政长官首次出席中央层级协调会议，说明中央对港澳的重视。韩正在会上就大湾区发展建设的根本目的、发展愿景、建设原则作了重要阐述，指出粤港澳大湾区将为港澳发展注入新动能，成为港澳同胞和大湾区内地居民同享高质量生活的共同家园。建设大湾区，要坚守一国之本，善用两制之利，做到三个有机结合。要深刻认识大湾区建设的战略意图，重点把握好四个维度：第一个维度是推动高质量发展，要贯彻落实新发展理念，为不断提升国家经济创新力和竞争力提供支撑；第二个维度是深化改革，扩大开放，构建与国际接轨的开放型经济新体制，建设高水平参与国际经济合作的新平台；第三个维度是优化区域功能布局，把珠三角引擎做强，带动周边地区加快发展；第四个维度是丰富“一国两制”实践，为港澳发展注入新动能，为港澳居民，特别是年轻人的发展拓展新空间、新机遇，保持港澳长期繁荣稳定。

韩正提出，建设大湾区有五个战略定位：第一是充满活力的世界城市群，这个城市群要有体制活力，要有产业支撑，充分发挥港澳自由开放经济体和广东改革开放排头兵的优势。第二是国际科技创新中心，要瞄准世界科技和产业发展的前沿，建成全球科技创新高地。第三是“一带一路”建设重要支撑，要构筑丝绸之路经济带和21世纪海上丝绸之路对接融汇的重要支撑区。第四是内地与香港、澳门深度合作示范区，是港澳融入国家发展的重要载体。第五是宜居宜业宜游的优质生活圈，是生态环境美、生活服务完善、港澳同胞和大湾区内地居民同享高质量生活的共同家园。

对于如何建设大湾区这一问题，韩正表示要遵循六大原则：一是创新驱动，改革引领；二是协调发展，统筹兼顾；三是绿色发展，保护生态；四是开放合作，互利共赢；五是共享发展，改善民生；六是“一国两制”，依法办事。并指出这六项原则，前五项是贯彻落实新发展理念在大湾区建设中的具体体现，第六项是遵循“一国两制”发展方针的要求，对大湾区建设极为重要。至此，大湾区建设已是万事皆备，只待行动。

一、主要优势及发展目标

所谓湾区，是指分布于沿海的诸多港口城市和城镇组成的集群，由此衍生的经济形态就是湾区经济。2007年美国发表的《21世纪海上力量合作战略》报告的扉页上明确写道："世界上百分之九十的商业运输通过海洋，世界上绝大多数人口居住在离海岸几百英里的地方，这颗星球有近四分之三被水覆盖。"世界银行提供的数据也显示，全球约60%的经济总量来自湾区及其直接腹地，皆因湾区发展条件最好，竞争能力最强，是世界经济的增长极和科技创新的领头羊。

大湾区则是湾区经济发展到一定阶段的产物，是国际城市群协同发展的共同趋势，美国的旧金山湾区、纽约湾区、日本的东京湾区以及英国的伦敦湾区等，都是其中的佼佼者。其中纽约湾区跨越了3个州（纽约州、新泽西州、康涅狄格州），是美国人口最多的大都会区域。它既是世界经济和国际金融的核心枢纽，也是世界上最大的CBD及摩天大楼集中地，全球500强企业有四成在此落地，100多家国际投行全球总部聚集华尔街，占据全美三成以上的制造业产值，有着"东岸硅谷"之称的波士顿高科技产业，以及号称全美第一的新泽西生物制药，同时它还是世界创意文化之都，世界上恐怕没有哪个都市圈能把如此丰富的要素资源全部包揽怀中。[①]旧金山湾区是美国加州北部的大都会区，以硅谷为发展中心形成产业集聚，集中了美国第二多的世界500强企业，既是世界高科技中心，也是美国西海岸重要的金融中心和旅游胜地。东京湾区是日本的制造中心、能源基地、国际贸易和物流平台、科教中心以及金融重镇，也是全球第一个由政府规划而打造出来的大湾区，创造的经济总量占到日本GDP的四成，产业集聚能力堪称世界一流。

粤港澳大湾区涵盖珠三角九市和港澳两个特别行政区，是典型的湾区经济形态。2017年大湾区土地面积约5.6万平方公里，常住人口6800万人，GDP总量约1.5万亿美元，与纽约湾区旗鼓相当，超越旧金山湾区，但少于东京湾区。进出口贸易约2万亿美元，集装箱吞吐量约7000万标准箱，是全球数一数二的商贸中心和物流基地。与京津冀城市群和长三角城市群相比，粤港澳

①《纽约湾区创新转型之启迪　产业多元互补》，《香港商报》，2017年10月5日。

大湾区具有以下明显不同的特点和优势：

1. 开放发展居全国领先地位

粤港澳大湾区的对外开放度，在全国、亚太区乃至全球也是不遑多让。香港是全球最自由、最多功能的自由港，已连续20多年被评为世界最自由的经济体。珠三角进出口总额占全国25%，实际利用外资占22%，对外投资占25%。就粤港澳大湾区整体而言，2016年出口占GDP的比重高达75%，是全国平均水平的3.8倍，大大高于长三角（沪苏浙）和京津冀两大城市群。2015年大湾区的FDI高达2030亿美元，比长三角和京津冀两个城市群的总和还要多出1倍。全球跨国公司区域总部和办事处以及海外金融机构，无论是数量规模还是层次水平，都是全国其他城市群所无法比拟的。

2. 市场化程度高，且具有“一国两制”政策优势

珠三角九市一直是全国市场导向改革的先行者和试验田，是内地利伯维尔场意识最浓烈和市场体系最完备的地区，从而形成民富国强的良性循环。未来大湾区规划必会充分考虑这一特点，只会完善而不会削弱利伯维尔场功能。大湾区规划把港澳两个特别行政区纳入其中，增添了“一国两制”的政策优势和与完全国际市场接轨的制度安排，形成了多元互动的混合体制，可以取长补短，相互学习借鉴，这也是其他地方不具备的巨大优势。

3. 拥有具世界竞争力的生产要素和产业集群

大湾区已发展成为具有全球影响力的商品和服务供应链。这里既有中低端生产要素、基于全球分工、支持跨国公司运营的加工贸易基地，又有高端生产要素、基于自主创新的全国科技产业创新与技术研发平台；既是世界闻名的产品供应基地，也是亚太区首屈一指的现代服务业中心。按照美国哈佛大学波特教授的竞争力模型，粤港澳大湾区的生产要素和产业集群具有相当强的国际竞争力，这是未来进一步发展的重要条件。

在粤港澳大湾区规划框架下，广东的发展目标是：强化广东作为全国改革开放先行区、经济发展重要引擎的作用，构建科技、产业创新中心和先进制造业、现代服务业基地。香港的发展目标是：巩固和提升香港国际金融、航运、贸易三大中心地位，强化全球离岸人民币业务枢纽地位和国际资产管理中心功能，推动专业服务和创新及科技事业发展，建设亚太区国际法律及解决争议服务中心。澳门的发展目标是：推进澳门建设世界旅游休闲中心，

打造中国与葡语国家商贸合作服务平台，建设以中华文化为主流、多元文化共存的交流合作基地，促进澳门经济适度多元可持续发展。

综合而言，未来要努力将粤港澳大湾区建设成为更具活力的经济区、宜居宜业宜游的优质生活圈和内地与港澳深度合作的示范区，携手打造国际一流湾区和世界级城市群。以此为基础，未来大湾区有7个重点合作领域：①互联互通，推进基础设施建设。强化内地与港澳交通联系，构建高效便捷的现代综合交通运输体系。发挥香港作为国际航运中心的优势，带动大湾区其他城市共建世界级港口群和空港群，优化高速公路、铁路、城轨交通网络布局，推动各种运输方式综合衔接、一体高效。共同推进包括港珠澳大桥、广深港高铁、粤澳新通道等重点建设项目，进一步提升信息网络基础设施水平。②开放引领，培育国际合作新优势。一方面是对内开放。未来大湾区将在开放发展上继续领跑全国。广东市场将向港澳进一步开放，湾区内货流、人流、资金流、信息流将更加顺畅，统一市场逐步形成，这将增强其利用国际市场和资源的综合能力。另一方面是对外开放。大湾区是“一带一路”建设的重要节点，香港是亚太区首屈一指的国际投资及管理中心，今后将深化与丝路沿线国家的互联互通和商贸往来。广东企业将更多的“借港出海/拼船出海”，以香港为基地到“一带一路”沿线投资发展，香港将提供各种服务，使大湾区成为“一带一路”的投融资基地和境外服务枢纽。③创新主导，打造国际创新中心和世界级科技产业创新基地。④以金融合作为重心，推动粤港澳服务贸易自由化。⑤打造世界优质生活区和旅游休闲目的地。⑥支持重大合作平台建设。推进前海、南沙和横琴等重大粤港澳合作平台建设，充分发挥其试验示范和引领带头作用，并复制推广。推进港澳青年创业就业基地建设，支持港深创新及科技园、江门大广海湾经济区、中山粤澳全面合作示范区等合作平台建设。⑦体制机制加强协调。未来将通过体制机制创新，把软硬障碍（过境关卡、经济水平及文化差距、地域要素不对称）降到最低；建立共商共建共享机制，在规划、资金及政策上紧密合作及提供强有力条件；建立跨境支付系统；统一知识产权保护规则；达成有利于湾区一体化发展、企业跨境运作的个人、企业及投资所得税务安排；建立专业资格认可、专业人士异地执业机制和解决商业争端机制。

二、创新驱动：大湾区主旋律

无论是中共十八届五中全会提出的新发展理念，还是国家“十三五”规划，都把创新驱动作为第一发展动力，中美贸易战进一步凸显了大湾区实行创新驱动的必要性和紧迫性。粤港澳大湾区一向是全国创新发展的先行者，未来在创新驱动上将继续走在全国前列。

不久前中央粤港澳大湾区建设领导小组召开会议，强调“要积极吸引和对接全球创新资源，建设广州—深圳—香港—澳门科技创新走廊，打造大湾区国际科技创新中心”。中联办王志民主任在中共中央党校主办的《学习时报》头版头条发表题为《把握粤港澳大湾区发展机遇　携手打造国际科技创新中心》的文章，深刻分析香港建设国际科技创新中心的可行性，系统提出香港建设国际科技创新中心需要把握好三对重要关系，为香港参与大湾区创新发展指明了方向。

由此可见，创新驱动将是未来大湾区的主旋律，科技产业创新发展将是大湾区规划建设的核心内涵，以创新科技和创新金融的深度融合为核心内涵的旧金山湾区模式，才是大湾区最重要的参照系。与上海和北京等地希望建立科技创新中心不同的是，大湾区更加重视创新科技成果的产业化，今后将突出创新主导，按照中央政府提出打造国际科技创新中心的要求，向打造世界级科技产业创新平台的方向迈进。

1. 开放型创新体系不断完善

近年来，随着极具远见及功效的创新驱动发展战略的深入实施，广东不仅巩固了其作为全国经济大省的地位，而且创新能力不断得到提升，已基本达到创新型国家和地区的水平。2017年全省先进制造业占规模以上工业产值的一半左右，研发经费（R&D）占GDP的比重提高到2.58%，科技进步贡献率超过57%，已提前实现国家“十三五”规划确定的预期目标，在移动支付、无人机、机器人和生物科技等领域涌现一批具备强大创新能力的优秀企业，其中不少企业已走在全国乃至世界同行前列。

值得注意的是，广东科技产业的崛起，主要依靠本土企业的培育发展、政府政策的引导推动以及科技与产业的密切对接，依靠内源型经济的发展壮大，使开放型创新体系不断完善。目前广东拥有包括国家重点实验室、工程技术研究中心、工程实验室、企业技术中心在内的国家级创新平台213家，新型研发机构180家，在全国居前列位置；2017年全省全年专利授权总量33.3万件，也居全国首位；新增高新技术企业逾1.3万家，使全省高新技术企业总数增至3.3万家，比上海多出2倍，高新技术产品产值6.7亿元，居全国第一。这些都为今后进一步推动经济转型升级、加快形成以创新为引领和支撑的经济结构和增长方式提供了可靠保障。

如果说广东是全国科技产业的龙头，那么深圳无疑是龙头的龙头。在20世纪90年代国际IT产业崛起以及发达国家制造业向发展中国家转移的历史背景下，深圳制定了大力发展高新技术产业的战略决策，着手推动产业转型和优化升级，实现从加工贸易到“深圳制造”再到“深圳创造”的历史性跨越，走出了一条以“市场为导向、企业为主体”的自主创新的新道路。目前深圳高新技术产业涵盖新一代信息技术、生物医药、互联网、新能源、新材料以及环保产业等六类，拥有3万家科技型企业，包括华为、腾讯、华大基因、比亚迪等一批具有国际竞争力的知名企业。2017年全市新兴产业创造的增加值为9184亿元，占GDP的比重超过四成，对经济增长的拉动作用接近一半，相当于香港金融增加值的2倍；就连深圳南山区（华为、腾讯等巨企所在地）的经济总量（4602亿元）也超过香港金融业，充分显示出新兴产业的巨大力量。

2. 首要任务是建设科技产业创新中心

尽管成就斐然，但作为全国制造大省，广东既面对全球新兴产业发展带来的机遇，也受到发达国家先进生产力和发展中国家低要素成本的双重挤压，未来创新驱动仍将是广东，尤其是珠三角九市提升竞争力的根本途径和推动经济发展的最大动力。为此，广东根据该省自主创新能力还不够强、重点领域改革攻关难度加大等问题，决定在“十三五”期间把打造国家科技产业创新中心和建设国家自主创新示范区作为推动科技创新发展的新方向，围绕全省经济社会发展对新技术、关键共性技术的重大需求，从多个方面加强科技攻关，包括继续深入实施9个重大科技专项，并在超高速无线局域网、北斗导航和卫星通信应用、第三代半导体材料和器件、人工智能技术、精准医疗等新兴产业发展领域，启动实施一批新的重大科技专项；在新一代信息技术、智能绿色制造、新能源、新材料、现代农业等八大领域，加强关键环节的科技攻关，希望突破一批关键核心技术，构建具有国际竞争力的现代产业技术体系。

2017年是落实上述发展远景的关键一年，广东省政府在年初就把建设国家科技产业创新中心列为驱动发展的第一任务，具体策略是统筹推进珠三角国家自主创新示范区和全面创新改革试验试点省建设，强化广州和深圳的创新引领作用，支持珠三角各城市申报国家创新型城市。全省R&D占GDP的比重将进一步提升至2.65%，加大对科技创新的支持力度。

深圳计划进一步扩大优势，并确立更加远大的目标——建设国际领先的创新型城市，到2020年R&D占GDP的比重进一步提升到4.25%，国家级高新技术企业增至1万家，培育一批新的跨国企业，进入世界500强企业达8～10家，包括集成电路、新型显示、基因技术、新能源汽车在内的战略性新兴产业规模增至3万亿，包括生命健康、机器人、可穿戴设备及智慧装备在内的未来产业规模增加到1万亿，潜力巨大，前景看好。

应当看到，目前珠三角九市的经济总量占大湾区GDP的七成以上，对大湾区经济增长的贡献率更超过九成，加上其以创新科技与创新金融为主体的产业结构更加符合国家乃至全球的发展方向，广东省领导层和各地方政府基于深切的社会忧患意识和危机感、引领改革发展潮流的使命感和紧迫感而主动作为，将为大湾区改革创新发展尽心尽力。

值得注意的是，今后5～10年是全球产业变革的关键时间节点，广东新兴产业的迅速崛起，不但符合世界发展的大方向，而且在不少领域已是后发先至，未来香港若能利用国家规划发展大湾区的有利时机，与广东加强合作，共同打造创新科技产业链，包括合作进行科技研发、科技融资、知识产权保护等金融和专业服务，以及科技产业管理和运营模式创新，就有机会把大湾区打造成为世界级的科技产业创新基地，带动全国成为全球新兴产业的发展重心。

3. 携手打造科技创新产业链

综合而言，未来大湾区将以创新科技和创新金融的深度融合为主要方向，香港若能与广东共同打造创新科技产业链，就有机会把大湾区打造成为世界级的科技产业创新基地。具体而言：

一是更好地把粤港独特优势结合起来。香港拥有国际一流的高等教育、研究资源、科技转移、专业服务、人才配套、法制税制以及知识产权保护等优势，创新及科技上游产业之基础研究已晋升至世界级水平。然而，由于土地、成本和环保等制约，令中下游的应用型科技创新产业起色不大，迄今尚未出现类似苹果、华为、腾讯等世界级科技创新企业，当务之急是加快中游及应用研究，积极推动科研成果产业化。这一点又是广东的强项。未来双方应加强科技创新合作，把两地优势更好地结合起来，发挥创新和产业协同效应，在研发、资金、测试到生产全过程展开合作，打造具有全球竞争力的科技产业集群。

2017年初广东发布《广东省实施创新驱动发展战略2017年工作要点》，提出将加强粤港澳科技创新合作。未来在大湾区规划建设中，两地应加大引进及培养人才力度，设立方便人才流动的“绿色通道”，加强生物科技、云计算及大数据分析、材料科学、机械及机器人和绿色科技等重点领域的研发合作，推动科技成果产业化，协助区内科技企业拓展业务至全国及全球。

二是重点合作打造“港深创科园”。2017新年伊始，港深两地政府签署合作备忘录，双方将在深圳河以南、接近落马洲口岸的河套地区共建“港深创新及科技园”（简称“港深创科园”），以创新和科技为重点，联合打造科研合作高地，并将配套建设相关高等教育、文化创意和其他配套设施。这是目前香港最大的创新科技园区，也是两地最重要的科技合作平台。新园区除了提供较大的土地空间外，还可让香港通过与深圳蓬勃发展的科技创新产业和珠三角的世界级制造基地无缝对接，推动更多中游研究和科研成果产业化，带动一批海内外的大型科技创新企业在园区设立研发中心和大数据中心，吸纳一批跨国科技创新企业设立中国区研发总部，孵化一批专业类的中小型科技创新公司，催生一批围绕科技创新的高端服务企业。

根据港科院院长徐立之教授的意见，新园区成立初期的研究方向可以是生物医药、机器人技术、金融科技及智慧城市等，这与内地重点发展五大新支柱产业不谋而合，相信可助力这些产业的发展。未来两地应合作进行多项制度创新，吸引更多人才和资源投入科技创新产业，形成良性循环，使新园区成为全球科技创新企业管理和服务大湾区创新业务的基地，从而更好地配合国家创新战略和大湾区科技创新产业基地建设。

三是深化科技产业投融资合作。作为最早开放的地区之一，广东尤其是深圳率先建立起一套比较完善的市场经济体制，并针对科技创新的特点和需求，发展了多层次、多形式的科技资本市场，初步建立以政府为引导，企业为主体，银行、证券、创业投资、产权交易等为依托的科技投融资体系。香港不仅要吸引成功的科技企业来港上市，也希望通过创新及科技基金的方式去支持科技创新初创企业，如2017年香港特区政府改变原先单纯以政府资金资助研发项目的模式，通过预留20亿港元资金成立配对基金，激励和引导市场资本投资香港初创企业。香港金融机构也可在银团贷款、项目贷款、发行基建债券以及基金等传统领域，以创新方式向大湾区科技企业提供融资。未来粤港两地应在投融资方面加强合作，香港可发展成为大湾区的金融中心。

四是在“走出去”和“引进来”方面携手共进。国家通过“一带一路”建设营造有利于企业发展的投资环境，香港可以运用新思维支持大湾区科技企业“走出去”，通过股权、债权相结合，直接融资、间接融资相结合等方式，并提供顾问咨询、品牌管理、现代物流和专业服务等多方面支持。随着大湾区新兴产业的进一步崛起，未来将会有更多的境外企业以香港为桥头堡到大湾区投资发展，香港有机会成为全球企业管理和服务大湾区新兴产业相关业务的平台。粤港双方应携手共进，更多更好地利用国际资源，尽快把大湾区打造为世界级科技产业创新基地。

4. 路在脚下，香港需埋头追赶

不过，也应当看到，目前香港虽有世界水平的基础研究，但科技创新产业发展现状不理想，2016年科技创新产业的增加价值只有170亿港元左右，仅占香港本地生产总值的0.7%，不足深圳新兴产业增加值的2%。差距如此之大，原因是多方面的，包括长期以来香港特区政府财政对科技投入有限，“官产学研”结合不够紧密，土地房屋供应严重短缺，楼价高企加上人工成本上升，导致科技创新产业大多局限于资本密集服务，难以建立大型本土生产基地作为科技创新产业的发展后盾等。

更重要的是，香港仍未形成发展科技创新的学术及社会氛围，令境外科研公司却步，科研人才出现断层，其结果是竞争力持续下滑。《世界经济论坛》发布的《2016—2017年全球竞争力报告》显示，过去3年排第7位的香港跌至第9位，主要是由于科技创新评分项没有起色，只排名全球第27位，显著偏低且有下降趋势。在新兴科技主导资本市场的今天，若香港在科技创新方面继续龟速前行，将进一步影响整体竞争力，从而被更多具有远见的竞争对手超越。

由此可见，未来香港需要加大对中游及应用型研究的持续性投入。香港特区政府可考虑设立一个规模较大的“三创（创新、创意和创业）基金”，加大对“三创”的支持力度。同时，借助大湾区城市群规划建设的有利时机，以“港深创科园”为依托，加快推动香港向以创新创意为核心的知识经济转型，为本地科技创意产业更好发展打下根基。

第一条思路是以创新思维和机制来开发管理“港深创科园”，更好地吸引全球顶尖人才聚集新园区以及广泛引入内地和国际上的大型跨国企业和著名科研机构入园等，使“港深创科园”在推动大湾区科技产业创新发展上，能真正取得突破性进展。

第二条思路是发挥香港在知识生产和原始创新中的作用。根据科技部的报告，目前全国运行的国家重点实验室主要分布在25个省市区，其中北京79个、上海32个、江苏20个、湖北18个、陕西13个、广东和浙江分别有11个和9个；科技部也累计批准在香港建立了16个国家重点实验室的联合实验室和6家国家工程技术中心香港分中心。为加强香港原始创新能力，国家有需要在香港大规模增设国家重点实验室和工程技术中心，使香港和北京、上海一齐承担国家科技创新的重任，同时大幅度增加对香港这些国家重点实验室的拨款，直接跨境使用，并进一步增加港区国家两院院士名额（现有44人），实行与内地院士同等待遇。此外，广东省也有逾200家省级重点实验室，应鼓励它们在香港设立联合实验室，共同推动科技创新，共享科研成果。

第三条思路是制定人才优先发展策略，构建人才引进政策平台和创业平台，简化优秀人才引进流程，有针对性地对内地和国际上的科技创新人才给予更宽松的学习、往来、居住和就业政策，引进更多科技创新人才到香港。唯有如此，香港的科技创新产业环境才能得到改善，这将有利于大湾区打造世界级科技产业基地，成为可与旧金山湾区媲美的“亚洲硅谷”。

三、打造全球金融重镇

大湾区城市群建设将进一步推动区内服务贸易自由化，在现代服务方面展开深度合作，打造世界级现代服务基地，这将扩大香港企业进入广东以至整个内地市场的空间。

推动粤港澳服务贸易自由化，金融合作最为关键。香港已是全球三大金融中心之一，广州及深圳也是金融重镇，各类金融资源丰富，跨境业务空间很大。区内银行保险、资本市场、财富管理和人民币业务等也将不断扩张，支持大湾区打造国际金融平台。未来要发挥香港金融引领作用，巩固提升香港国际金融中心地位，强化全球人民币业务枢纽和资产管理中心功能。

在粤港澳大湾区，金融是中国乃至亚太区最具竞争力的产业。这里既有全球三大国际金融中心之一的香港，也有在全球金融中心最新排名中居第22位的深圳和居第32位的广州。世界上几乎所有的金融活动，这里差不多都可以找到。具体可分为如下两种金融类型：

一种是以香港为代表、为成熟企业和居民消费服务的传统金融，包括银行、保险、主板市场、外汇交易以及财富管理等，类似于美国纽约金融中心（纳斯达克交易所除外）。金融业总体规模已达到世界级水平，2017年底粤港澳三地银行总资产合计约7万亿美元，银行存款总额高达4.7万亿美元，均超过纽约湾区和旧金山湾区；2017年保险保费收入约1280亿美元，相当于全国总保费收入的近四分之一；港深主板市场总市值超过5.5万亿美元，居全球第四位，为深化大湾区金融合作奠定了重要基础。

另一种是以深圳为代表、为科技企业服务的创新金融，包括创业投资、风险投资以及中小企业板和创业板等，相当于美国旧金山金融市场+纳斯达克交易所。深圳在早期投资和创业投资两个市场均占有明显优势，根据深交所的数字，2017年底深圳中小企业板和创业板两大板块总市值超过2万亿美元，为创新企业提供了大量资金。香港则通过修例，为新经济企业以同股不同权的形式来港上市提供条件。香港特区政府还通过税务优惠及资助推动香港的研发及创新活动，激励和引导市场资本投资于香港初创企业。香港金融机构也可在银团贷款、项目贷款、发行基建债券以及基金等传统领域，以创新方式向大湾区科技企业提供融资，共同推动大湾区创新经济加快发展。

总体上看，大湾区的金融合作，资金其实并非主要问题，关键是打破体制壁垒，在跨境金融发展方面加大改革创新力度。香港作为大湾区内高度开放和国际化的城市，是首屈一指的国际金融中心，加上毗邻内地、面向世界并享有“一国两制”的双重优势，在大湾区建设中的“资金融通”方面将承担关键角色。近期国家扩大金融开放为跨境金融发展提供了重要条件，以此为基石，未来粤港澳三地应加快推动金融对外开放，同时重点围绕创新金融、丝路金融、民生金融、绿色金融四个方面，进一步深化合作和发展。具体而言：

1. 加快推动大湾区金融领域对外开放

出台便利政策和快捷通道，鼓励港澳金融机构通过大幅度增加在内地设立分支机构等方式投身大湾区建设，促进大湾区金融市场和金融基建的互联互通，共建核心金融圈，推动粤港澳金融竞合有序、协同发展。特别是借助广东自贸区等积极开展各类先行先试的政策，融合内地当前的强大金融科技实力与香港完善的金融监管制度和标准，营造金融创新的良好环境，推进业务在接近西方模式监管环境下的兼容性发展，促进粤港澳大湾区内的金融创新及服务快速发展。

2. 发展创新金融，推动金融与创新科技的深度融合

作为全国制造大省，广东既迎来全球新兴产业发展带来的重大机遇，也受到发达国家先进生产力和发展中国家低要素成本的双重挤压，建设国家科技产业创新中心已被列为今后创新驱动发展的首要任务，广州、深圳等城市均积极建设创新型城市。创新驱动将是大湾区规划发展的主旋律，而科技产业创新发展是核心内涵。大湾区科技产业创新发展将以创新科技和创新金融的深度融合为支撑加快崛起，包括创业资本、风险投资以及中小企业板和创业板等在内的创新金融（相当于美国旧金山金融市场+纳斯达克交易所），将成为大湾区金融合作的一大重点。

未来以创业资本和风险投资为代表的创新金融，将是大湾区内经济整合的重要力量，将带动创新科技和文化创意产业以及企业融资、消费金融和财富管理等成熟金融进一步发展，为香港金融业提供更多更好的商机。

3. 发展丝路金融，共同打造“一带一路”投融资平台

“一带一路”倡议正在加速推进，得到世界广泛赞许，已形成“五通”并举、“六廊”同进、区外共助的良好局面。作为区域合作新思维，“一带一路”实际上是合作理念的创新，这在现今全球保护主义不断抬头的时期，更显难能可贵。大湾区是“一带一路”的重要节点和海外华侨华人的主要集

散地，在其中扮演至关重要的角色。香港作为国际金融、贸易、航运中心，具有“一国两制”的制度优势和独特的区位优势，可定位为“一带一路”的“国际服务枢纽”，扮演超级推动者的角色。

推动“一带一路”需要大量资金，如何融资成为关键。如内地企业“借港出海”到丝路沿线投资已成为趋势，大湾区可在这方面深化合作，通过股权、债权相结合，直接融资、间接融资相结合等方式，为“走出去”企业提供全方位的融资安排。又如在基建投融资方面，亚投行是“一带一路”建设的重要一环，香港积极参与亚投行的筹建工作，已加入亚投行成为其成员，并争取在香港提供财资、调解和仲裁服务。为进一步吸引跨国及内地企业在香港成立企业财资中心，香港特区政府建议在符合指明的条件下，企业财资中心的相关利息支出在计算利得税时可获扣免，以及就指明财资业务的相关利润，宽减一半的利得税。香港亦致力建立有利于伊斯兰金融发展的平台，其中包括强化有关市场基建、培训人才、鼓励伊斯兰金融产品开发和促进与其他伊斯兰金融市场的合作。

4. 发展民生金融，方便北上港人在大湾区生活

粤港澳大湾区城市群发展规划的核心内容之一，是共建宜居宜业宜游的优质生活圈。这是国家城市群发展战略和区域协调发展的必然需要，是中国经济转向高质量发展、消费主导的客观要求，也是大湾区民众的共同愿望。有研究发现，香港回归20多年来，香港和内地跨境婚姻人口已接近100万人，现时约有30万港人长期在内地工作或求学，且大多数与广东尤其是珠三角有关，2017年港人到访广东的过夜游客高达2222.6万人次，占广东全部入境过夜游客的六成，显示大湾区共同生活圈已经初步形成。

随着港珠澳大桥和广深港高铁的开通，粤港澳大湾区将形成一小时生活圈，越来越多的港人或者是在香港工作及生活的外籍人士将会到内地尤其是珠三角创业、就业、上学、公干、旅行、休闲、养老甚至定居，港人港企在大湾区的投资、消费涉及的各类跨境支付需求不断增加是可以预期的大趋势。

实际上，大湾区金融跨境支付活动已十分普遍，而且发展很快。根据中国人民银行广州分行的数字，2012—2016年，广东与香港金融账户跨境支付的年均增长率高达22.2%，占全省与境外金融账户外汇收支的一半以上，

未来发展空间还很大，尤其是与居民生活有关的小额跨境支付。由于实施资本管制等政策，大湾区资金流动短期内难以全面放开，但可以采取“单向先行、总额控制”等办法，尽可能为香港居民在大湾区提供金融便利。

金融便利涉及内地和香港不同金融监管政策和法律要求，需要协商解决，逐项取得突破。大湾区按照先易后难原则，先研究出台为香港居民提供跨境金融便利化服务的方案，包括为香港居民在珠三角开户提供方便，为香港居民提供交通付费、消费支付、置业融资、医疗费跨境支付、跨境上学缴费、汇兑以及理财等便利，再由单向逐渐扩展至双向，形成大湾区一体化发展。

5. 发展绿色金融，共建低碳环保可持续的生态环境

污染防治是国家三大攻坚战之一，粤港澳大湾区要打造成为国际一流湾区，不仅要有良好的生态环境，更要在环保、低碳、绿色可持续发展方面为全国作出表率，发挥示范和带动作用。

推动绿色发展，必须大力发展绿色金融。根据2015年巴黎气候变化会议达成的协议，世界各国政府纷纷采取行动鼓励发展绿色金融，中国在其中居领导地位。人民银行曾经估计，我国在“十三五”期间需要投资逾15000亿美元在绿色项目上，而政府只可能提供当中的15%左右，发展绿色金融乃是当务之急。正因如此，近年来内地绿色债券市场活跃度不断提升，并将把金融机构的绿色信贷业绩纳入宏观审慎评估体系（MPA）考核。日本政府成立了清洁能源基金，以帮助有潜力并为社区提供可再生能源的企业。新加坡房屋当局推行绿色融资先导计划，让业主取得银行贷款，按更加绿色的标准改装房屋。

香港对发展金融债券也十分重视，行政长官林郑月娥把推动绿色债券发展作为施政重点。香港具备独特条件在内地发展绿色债券和绿色金融方面扮演重要角色，发展成为大湾区绿色金融的先导者。未来可通过发行基准“绿色债券”、举办有关绿色金融及投资的全球会议、为绿色金融项目和证券设立“绿色金融标签计划”以及培育绿色金融人才等途径，把香港打造成为大湾区内首要的绿色金融中心，为建设绿色低碳湾区提供资金和融资支持。

总而言之，创新金融、丝路金融、民生金融和绿色金融是未来大湾区深化金融合作的四大重点领域。粤港澳三地应该善用优势，立即行动，建立并巩固大湾区在这些方面的领先地位，进而把大湾区建设成为“一带一路”乃至世界的金融重镇。

四、携手打造优质生活圈

上述各节阐述的重点，是粤港澳大湾区“如何发展”这一提升生产力的重要问题。在这一节拟讨论另一个重点，即大湾区“为谁发展”这一社会普遍关心的重大议题，其中最重要的实现方式，是打造绿色共享、宜业宜游、文化繁荣、管治良好的优质生活圈。此乃大湾区发展的落脚点和归宿，实不可等闲视之。

党的十九大报告提出：“全党必须牢记，为什么人的问题，是检验一个政党、一个政权性质的试金石。带领人民创造美好生活，是我们党始终不渝的奋斗目标。必须让改革发展成果更多更公平惠及全体人民，朝着实现全体人民共同富裕不断迈进。”这对粤港澳大湾区是一个重大启示，我们有条件做得更好，应当率先行动，发挥示范作用。

从国家城市群发展战略和区域协调发展的综合角度看，在粤港澳大湾区打造世界一流的优质生活圈，是中国经济发展到消费主导、追寻共享阶段的客观要求，也是大湾区内6000多万民众的共同愿望，其带来的政经意义和示范作用，自然非同凡响。

粤港澳合作打造优质生活圈，并非首次提出。早在5年多前，共同发布《共建优质生活圈专项规划》，主要是在地方政府层面、在优化生态环境方面共同采取行动。目前粤港澳共建优质生活圈再次被提及，则是在制定粤港澳大湾区城市群规划的整体框架下，由最高决策层从国家战略层面提出，要求共建宜居宜业宜游的优质生活圈，并将其作为2017年中签署的粤港澳大湾区框架协定中七大合作重点领域之一，可见国家对这一最大社会民生议题的高度重视。因此，粤港澳三地需要率先行动，争取突破，为全国提供成功的范例。

中共十八届五中全会指出，实现“十三五”时期发展目标，破解发展难题，厚植发展优势，必须牢固树立并切实贯彻创新、协调、绿色、开放、共享的发展理念。党的十九大报告进一步把坚持新发展理念作为新时代坚持和发展中国特色社会主义的基本方略之一，强调发展必须是科学发展，必须坚定不移贯彻五大发展理念。这是最高决策层对发展第一要务所作出的深入思考和最新论述，也是指导未来中国经济社会发展的行动指南。在这五大新发展理念下，发展必须是遵循经济规律的科学发展，是遵循自然规律的可持续发展，也是遵循社会规律的包容性发展。其中，有两大理念是过去较少提到的，即“绿色”和“共享”，它们都与优质生活圈密切相关，是今后粤港澳合作打造优质生活圈所必须遵循的基本方向和行动指南。这些都赋予了大湾区规划全新的内涵，不仅需要服从绿色发展这一自然规律，更要坚持共享发展这一社会规律，解决好“为谁发展”这一社会最为关心的问题。未来需要以五大新发展理念和党的十九大报告精神为指导，从粤港澳实际情况出发，借鉴国际先进经验，深入探讨大湾区优质生活圈的核心内涵及其实现方式。具体而言，主要包括如下几个方面：

1. 率先打造安居湾区

根据粤港澳和国家发改委四方签署的大湾区建设框架协定，“共建宜居宜业宜游的优质生活圈”是其中的一个合作重点领域，要求以改善民生为重点，提高社会管理及公共服务能力和水平。可见，改善民生是提升生活质量的基本要求，打造民生湾区是共建优质生活圈的首要内容。

当前民生问题最重要的是居住问题。从国际经验看，民生问题包括住房、教育、医疗和保险等重要范畴。对粤港澳大湾区来说，住房是重中之重，因为这里的楼价高不可攀，香港楼价更是全球之最，买不起房子者比比皆是，如何解决居住难题，乃是当务之急，澳门特区、深圳、广州等中心城市也面对楼价过高、普罗大众难以置业等问题。建设粤港澳优质生活圈，打造民生湾区，首先需要从解决民众普遍关心的居住问题开始。

让我们先观察香港的住房问题。住房是解决香港社会民生问题的关键。但香港房屋政策却深陷两难困局：一方面，房价升幅长期快于家庭收入，抛离绝大多数普通市民，特别是年轻一代的购买能力，市民居住条件之恶劣早已为人诟病，在可见之将来仍是改善无期，社会怨气与日俱增，矛盾不断激化，政治纷争不断，香港特区政府难以有效管治和施政。而要化解社会怨气，就需要大幅度增加供应以降低楼价，让大多数普通市民有能力置业。另一方面，高楼价已成为香港内部消费、企业投资、财政收入和劳动就业的最大支撑，是逾百万家庭主要身家之所系，楼价大跌可能引发一系列严重后果。

面对这一两难困局，近几年来香港特区政府迎难而上，主动作为，一方面出招调控房地产市场，连续推出多轮楼市调控措施，另一方面提出新的房屋发展策略，主动改变政策思维，以供应为核心、以置业为主导，致力建立置业阶梯，希望为不同收入的市民提供适切而可负担的居所，以期扭转目前供求严重失衡的局面。但因难以标本兼治，效果始终不彰。社会各界也提出不少解决办法，包括以建筑成本价向租户出售公屋等，甚至主张强化本是问题一部分的纯市场手段，然而大多停留在修修补补的政策层面上，并非治本良方，难以突破两难困局。这是香港房屋发展模式固有的内在缺陷，影响既深且远。

香港房地产模式刚好是滋生不平等现象的温床。经过多年的不断演进，现已成为利益严重分化、牵一发而动全身、单靠市场手段已无法根治的结构性难题，一系列矛盾和问题便由此而生。具体而言，从供应方式和价值取向看，全球房屋发展模式主要有三种：

一是欧美的完全市场模式，土地和房屋供应均由市场主导，政府通过税收（包括房产税和所得税）进行调节，楼价涨幅长期低于收入升幅，带动民众居住条件不断改善。

二是新加坡的政府供应模式，土地供应由政府控制，2016年底82%的新加坡居民居住在政府提供的114万套房屋中，政策重心是确保居住需要，投资需求限制在小范围之内。2008年新加坡“居者有其屋”计划获得联合国公共服务奖，在解决居民住房问题上，新加坡堪称全球范例。

三是香港的投资/投机主导模式，政府主要控制土地供应，房屋供应由市场自由调节，房地产发展重投资价值而轻居住需求，楼价居高不下的地产市场是虚拟经济的典型代表。

从客观效果看，欧美模式最佳，新加坡次之，香港模式最差，后遗症最大。因为从国际经验看，衡量房地产模式胜败优劣的主要有居住标准、分配标准和生产力标准三个标准。从这三个标准看，香港房地产模式不仅不符合基本要求，甚至呈现十分严重的病态特征。

一是居住标准。能否改善居住条件是衡量房地产模式胜败优劣的核心标准。按这一标准去衡量，运行经年、陷入僵局的香港房屋市场，不但无法改善居住环境，而且居住条件不断恶化。

首先，香港居住条件不断恶化，房屋供应量大量减少无疑是主要根源之一，因为房屋供应跟不上市民日益增加的对房屋的刚性需求，逼迫住宅楼价无限制上升。根据差饷物业估价署的统计数字，2007—2016年，香港私人住宅新落成量由20世纪80年代的每年平均2.9万个、90年代每年平均2.8万个，大幅减少到只有1.1万个左右；公屋新落成量每年不足1.4万个；居屋则差不多完全停建。全部住房落成量平均每年只有2.5万个左右，反观90年代平均每年在7.5万个左右，减幅高达2/3。

房屋落成量大减的结果，是由房屋存量增长急剧放缓造成的。2007—2016年，香港永久性住屋单位总数只增加了25.6万个，比1997—2006年的逾50万个大减逾半，永久性住屋单位每年平均增量更比90年代大幅减少2/3左右。而过去10年香港总人口却劲增46.6万人，多于之前10年的43.7万人；期间家庭住户总数也大幅增加29.8万户，多于永久性居住屋宇的增量。住房供应跟不上人口和住户增长的情况，由此可见一斑。

其次，香港居住条件不断恶化的更重要的肇因，是长期以来对房地产过度投机炒卖持放任态度，人为抬高了房屋价格，导致市民购房能力被严重削弱。1985—2017年，即在大约一代人的时间内，香港私人住宅楼价狂升18.4倍，人均名义GDP却只增加6.4倍。换句话说，香港上一代人用当时的收入，可以买一套面积70平方米的普通住房，而这一代人只能买到27平方米。目前在香港大量出现16～25平方米的迷你房，售价依然高达300万～500万港元，正是安居负担指数不断攀升的真实写照。这不但严重削弱了新一代市民的购房能力，而且大大拉低了全港市民整体的居住水平。

反观美国和欧洲，情况则完全不同。1891—1990年，美国人均实质GDP增长4倍，楼价基本上跟通胀走，这使得民众人均居住水平也提升4倍。居住条件的不断改善，使房地产成为这100年间美国内部需求和经济增长的主要引擎。目前美国房地产及相关行业提供的增加值占GDP的比重高达三成以上，为制造业的2.5倍和金融业的4倍，就是其以居住为本的房地产发展模式长期运作的结果。新加坡的居住条件虽不如美国，但比中国香港也要好得多。

2017年12月，香港私人住宅平均售价为973万港元，以“房价收入比”来衡量，香港平均每个家庭大约需要19.4年才能买一套房，比过去大为延长；而国际公认的标准是3～5年。韩国在首都圈购买住房平均只需要9.2年，而纽约市民所需时间缩短至5.7年，东京市民更只需4.7年。按目前私人住宅平均售价逾700万港元计算，香港家庭收入要每月6万港元以上才能真正供得起楼，而香港月入6万港元以上的家庭不足两成。换句话说，除了财力雄厚的投资者之外，绝大多数香港市民依靠自己的力量根本无法置业。

再次，上述两大因素导致香港市民居住条件不仅没有随着经济发展而改善，反而出现严重倒退。香港整体居住条件在全球发达经济体中属最差之列，可以说是全球最“窝居”的国际城市。令人疑惑的是，香港楼市虽然极为发达，但长期以来却没能像亚洲发达经济体那样提供人均居住面积的统计数字，只能靠估计。直到香港特区政府统计处公布2016年中期人口统计结果，才首次披露中国香港家庭住户的居所楼面面积平均为430平方英尺（1平方英尺≈0.09平方米），人均居住面积为161平方英尺（约15平方米），不到中国台湾的1/3，仅及新加坡和韩国的一半，甚至远低于内地主要城市——上海（36平方米）、北京（32平方米）、广州（23平方米）和深圳（27平方米）的水平。

香港居住条件不但没有改善，反而不断下降。香港特区政府2017年公布的2016年人口普查结果显示，香港每个家庭平均居住3.2个厅房（即两房一厅），与10年前相若。但若考虑房屋平均楼龄、中小型单位比重大增、新建房屋实用率大幅缩水等因素，现时香港市民的居住条件比10年前反而有所倒退。反观韩国在2007—2012年人均居住面积从26.2平方米增加到31.7平方米，差不多平均每年增加1平方米。

目前香港居住在私人住宅的家庭中，超过1/3是租住性质，而非自置居所。由于私人住宅更加老旧且租金快速上涨，超过租楼人士的收入增幅，使租楼家庭的负担不断加重，不少家庭只能租住更小的房子。根据差饷物业估价署的资料，2008—2017年私人住宅租金升幅高达79.4%，而家庭住户每月入息中位数只增加了50.3%。如果用于租房的收入比例不变，则租赁的房屋条件必然大大下降。

大量“劏房”“笼屋”出现，居住条件极为恶劣。人们在高基数、高涨幅的惊人房价面前可以说毫无还手之力，只能不断委曲求全地后退——从购房退到租房，继而连租房的质量都无法维系，许多人迫不得已，只能无奈选择租住最为廉价的“劏房”。根据香港特区政府统计处公布的最新统计数据显示，在香港117.9万无法置业的住户中，7.8%的住户——超过20万人只能举家租住在面积狭小、环境恶劣的“劏房”内。“劏房”住户的人均居住面积中位数仅有5.3平方米，住户每月租金中位数4500港元，占“劏房”家庭入息比例达1/3。数据显示，有较多儿童和中青年人士居于“劏房”单位，其中25岁以下青年占28.4%，25～44岁占39.4%，两者合计占67.8%。这一群体要么已经看不到抽中公屋的希望，要么已经沦为“夹心”阶层。基层市民尤其是中青年居住条件之恶劣，的确令香港蒙羞。

二是分配标准。社会财富的公平分配是衡量房地产模式胜败优劣的另一基本标准。这一点香港似乎更不理想。目前香港差不多是一半家庭拥有房屋资产（包括私人住宅和居屋），另一半家庭不拥有房屋资产（包括居住公屋的家庭和租住私人住宅的家庭），楼价急升带来的财富增长，主要归前者所有，后者不但得不到财富增值的好处，还要忍受高租金，甚至不能维持居住水平。香港房屋现状对年轻一代更为不利，严重影响他们的生存和发展空间。

由高楼价引发的住房问题，还表现为社会财富的跨代分配上，形成纵向分配不公和跨代矛盾。如果我们以30年作为一个时代间隔，假设家庭可支配收入用于供楼的比例不变，则不少未接受过高等教育的上一代，当时的家庭收入足以供一套1000平方英尺的住宅，现今受到良好教育的“80后”“90后”的年轻一代，连400平方英尺的单位都供不起。目前香港私人住宅市场平均成交价逾900万港元/套，新一代大多买不起房子，被迫与父母长期居住，甚至连婚姻都受到影响，社会怨气越积越深，难免影响社会稳定。

2016年中国香港衡量贫富差距的基尼指数为0.539，不但远高于0.4的国际警戒线，还创下45年来新高，且高于5年前的0.537，也大大高于1971年的0.430，反映香港贫富差距呈不断恶化趋势。新加坡为0.458，美国只有0.411，曾管治中国香港逾一个半世纪的英国更只有0.358。应当看到，基尼指数是根据人口普查的香港住户收入计算的，而住户收入就包括了租金收入在内，可见香港房地产模式对贫富差距有推波助澜之作用。值得注意的是，这一指数还不包括资产价格升值因素，否则香港的基尼指数将达到0.7以上，贫富差距会更加惊人。

三是生产力标准。能否提升生产力及带动经济增长，是衡量房地产模式胜败优劣的第三个基本标准。香港以虚拟经济为特征的房地产模式，不仅无法提升生产力及带动经济增长，反而带来极为负面的影响。

一方面是直接影响。由于房屋生产力水平急速下滑，包括房屋供应数量比20世纪八九十年代大减六成以上，加上平均住房单位面积越盖越小，严重影响本地消费和投资，最终妨碍经济增长。按照联合国SNA的核算标准，房地产对GDP增长的直接贡献，从生产法角度看，主要包括地产开发、楼宇建造和房屋服务（香港称为楼宇业权）等三大部分，但它们在不同程度上都受到生产力水平下降的影响。

以房地产开发为例，2016年香港地产业创造的增加值（以2015年环比物量计算）为1198亿港元，比2007年还要少2.4%，占以要素价格计算的GDP的比重则从2000年的8.2%大幅下降至5.0%，主要是受到房地产开发数量大幅减少的冲击。总体而言，虽然香港在2000—2016年私人住宅楼价大升2.2倍，但房地产及相关行业实质创造的增加值在GDP中的比重却从28%左右降至18%左右，即在16年间大幅下降了10个百分点。据此粗略估算，直接影响香港经济增速每年大约1个百分点。

另一方面是间接影响。香港以高楼价为重心的经济结构衍生的问题，早已陆续浮出台面，近年来不断趋于激化，突出表现在经济结构出现“三化”现象，即泡沫化、空心化和劣质化，从而产生了一系列不良后果，除了加剧经济循环波动、拖慢经济增长、带来高通胀以及收入差距扩大和贫困不断蔓延外，还造成就业结构低质化和不稳定。目前香港所谓的全民就业，是建立在高楼价基础上的，一旦楼价出现大调整，全民就业状态就会被打破，反过来就会影响经济和社会稳定。

我们再来看珠三角的情况。内地房地产发展模式源自香港，基因相传，利好虽具，积弊同在。房地产发展至今，已是经济的重中之重，按联合国核算标准推算，目前实际上占有全国1/5的经济活动、1/4的居民消费、1/3的财政收入和1/2的社会财富，相信珠三角九市也是不遑多让，甚至有过之而无不及。以深圳为例，当地楼价紧随香港之后，每平方米动辄10万元以上，普通家庭恐早已难以承担，也给企业造成严重的成本负担，就连华为这样的高新技术企业也要把部分工序迁移出去。虽然珠三角地大人多，大小城市楼市表现各异，政策回旋空间较大，但也要正视问题本质之所在，调控楼市需要有清晰的目标模式和科学的政策设计，才能破解剪不断理还乱的房地产难题。

习近平总书记在党的十九大报告中明确指出："坚持房子是用来住的、不是用来炒的定位，加快建立多主体供给、多渠道保障、租购并举的住房制度，让全体人住有所居。"这为楼市发展方向定下基调。粤港澳大湾区不仅要按照这一基调行事，而且要让民众生活在一个更好的居住环境里，让大家生活得更舒心，获得感更强。

要达到以上目标，需要从根本上解决大湾区尤其是香港早已固化的房地产滞胀模式，采取一整套以提升房地产生产效率为中心、以改善居住条件为目标，同时又能促进经济增长和财富公平分配的长远房屋发展策略，关键是要在保护居住权上狠下功夫，使大湾区真正成为一个民众安居乐业和体现公平正义的好地方。

更重要的是，粤港澳大湾区城市群建设发展为解决居住问题提供了条件，因为未来大湾区将形成一小时生活圈，有利于对经济活动和生活居住统一进行区域规划和协调，比如可把主要经济活动放在各城市中心区，而把居住放在城市边缘地区和小城镇，然后用高速交通连接起来。大湾区内的土地也可进行调剂使用，如香港严重缺地，而珠海拥有100多个岛屿，大部分少人居住，尤其是香港南部的万山群岛，不少是荒岛，可考虑租给香港使用，或先进行大规模填海外再租给香港，主要用于解决住房问题。

2. 打造教育湾区

打造民生湾区的另一项行动，是打造国际化教育基地，让区内民众享有平等的优质教育。一方面，要对区内民众在就学方面逐步实行国民待遇，尤其是在教育机会和教育收费方面。比如，香港的优质高等教育资源可以更多地向珠三角民众开放，让珠三角学生拥有更多的来港接受高等教育的机会。目前广东已明确将港澳就读义务教育阶段学生纳入免费补助范围，香港学生到内地大学读书的学费也已按内地学生的标准缴纳，但香港对内地学生的收费仍高于本地学生，今后应统一收费标准，享受同等待遇。另一方面，应鼓励和支持更多的大湾区学校异地办学，尤其是香港和广州的高校到其他城市开办分校、专业学院或研究院，以方便学生就地上学。与此同时，粤港澳三地可共同争取国际著名大学来大湾区设立分校或研究院，协助大湾区培育更多高层次人才。

3. 打造医疗湾区

打造民生湾区的第三项行动，是把香港较成熟的做法延伸至珠三角，使之与国际化医疗体系接轨，逐步实现优质医疗资源的共享。目前广东吸引港澳投资医疗机构已达31家，粤港跨境转诊和转运服务试点也正在顺利推行。未来最重要的，是参照香港的做法，在区内尽快恢复医疗事业的社会属性，建立以公共医疗为主体、与非营利私立医疗相结合的现代医疗体系，让区内普通民众享有优质的公共医疗服务。与此同时，可在区内逐步实行香港的医生执业制度，最大限度释放医生的生产力，但也要加大医护人才的培训力度，按从优原则引入海内外医疗专业人才，尽力避免造成香港医护人员供应严重不足的制度性障碍。

4. 打造退休保障湾区

打造民生湾区的第四项行动，是推动退休保障和社会福利资源在区内可携带使用。在广东计划下，香港长者的津贴可携带到广东使用，未来其他社会福利也应当是可携带的。推而广之，将来香港居民在珠三角工作和生活，应当享受与当地居民同等的退休保障待遇，使这些在异地工作和生活的民众有更多的获得感，真正融入当地生活圈。

5. 共建就业创业湾区

就业和创业既是极为重要的民生问题，也是经济发展的重要引擎，因而是粤港澳优质生活圈的重要组成部分。从就业角度看，虽然目前香港的失业率只有3%左右，广东省城镇登记失业率更只有2.5%，但就业结构仍存在不少问题，无法满足打造优质生活圈的要求。基于此，未来打造就业创业湾区，主要方向是提高就业质量和劳动者收入水平。

以香港为例，从整体来看，21世纪以来香港新增就业人数持续大于人口增量，大量就业人员向四大支柱产业集中，经济增长的就业弹性则有所下降；但经济放缓并未影响就业稳定，反而劳动市场还出现轻微紧张的局面，这主要是受到通胀上升的影响和内需扩张的拉动，而两者都与高楼价密切相关。香港劳动就业高度依赖于房地产并非健康现象，将来难以避免大起大落的风险；未来香港经济只有加快向知识经济转型，就业结构和素质才能得到改善。

从结构来看，21世纪初以来，随着香港产业结构不断向高低两端发展，就业结构也呈现两极化的趋势，在以金融业为重点的高端就业人群不断扩大的同时，包括旅游业和个人服务业在内的低端就业人数增加数量更为庞大，导致香港劳动就业市场进一步分化。这是香港就业结构变动的第一个特点。具体表现在如下两个方面：

一方面，金融业受惠于内地企业来港融资规模的急剧扩大和人民币离岸市场的迅速崛起，成为香港发展最快的行业之一。由于金融业的劳动生产率比全港平均水平高出1.6倍，是当之无愧的高增值产业，21世纪以来香港新增的就业人士，超过1/7进入了高端就业领域。

另一方面，在内地开放自由行等政策的刺激下，香港旅游业进入了超高速发展的黄金10年，期间旅游业共新增就业人数约12万人，是金融业增量的2倍有余，占同期全港新增就业人数接近1/3，但大多数只能算是低端的就业岗位。另外，本地个人服务是另一个吸纳较多新增劳动人口的领域，2000年以来大约增加了7万个就业岗位，但这一行业的劳动生产率比旅游业还要低一些，因而也可归入低端就业范畴。若加上旅游业，全部低端工作岗位占到全港新增就业人数的一半以上，是高端工作岗位的3～4倍。由此可见，虽然香港就业结构出现两极分化趋势，但更多的是走向低端化，就业质量不但没有改善，总体上还有所下降并出现低质化现象，结果是拉低了整体劳动生产率，妨碍了收入水平的提升。

香港就业结构变动的另一个特点，是中端就业人数在全港所占比重不但没有上升，反而还有所下降。所谓的中端就业，是指人均创造的增加值处在中位数上下或相当于全港平均水平的经济活动领域提供的就业岗位，主要包括贸易及物流和专业服务及其他工商支持服务等两大行业。香港就业结构有走向M型社会的趋向，新增劳动人口更多地进入低端工作领域，虽然暂时维持接近全民就业的水平，但妨碍了劳动生产率和收入水平的提升，整体就业质量趋于下降是不争的事实。

要解决香港就业结构存在的问题，未来需要与大湾区打造优质生活圈结合起来，循着如下途径加以解决。

一是要大力合作发展创新经济，提升高科技和文化创意产业在整体经济中的比重，因为创新经济具有较高的增值能力，而收入分配往往是扁平化的，有利于提升区内中高端人口就业比重。在这方面，珠三角尤其是深圳做得不错，香港则大有不足，未来要加倍努力，争取迎头赶上。

二是共同采取积极政策鼓励创业，尤其是年轻人创业，通过提供创业基金和完善创业服务体系，使创业成为工作首选和社会时尚，并以此带动高端就业。建议粤港澳三地政府联合设立一个较大规模的创业基金，用于扶持区内民众，尤其是年轻人创业，同时在区内设立更多的创业基地，为民众创业提供更好的平台。

三是根据近年来香港就业年龄结构急速老化、整体失业率下降与劳工收入增长缓慢同时并存、年轻人失业率持续偏高与教育素质不断提升形成强烈反差等问题，采取针对性措施加以缓解，特别是要出台特殊政策鼓励年轻人到珠三角去寻找发展机会，甚至开创自己的事业，减少他们在区内其他地方工作和生活的后顾之忧。

6. 优化绿色低碳湾区

国际一流湾区的生态环境，往往也是一流的。粤港澳大湾区要打造国际一流湾区，良好的生态环境是最基本的条件，也是优质生活圈最起码的要求，因为生态是利益共同体，需要共同保护才能成事。这一点粤港双方已有高度共识。目前三地在环保合作方面，已共同实施珠三角大气污染物减排方案，优化区域空气监测网络并实时公布监测数据；在加强东江水质保护、保障供港澳物资稳定安全、推进供港澳食品农产品示范区建设等方面，也做了前所未有的投入。由此可见，粤港澳环保合作已取得一些成效，在此基础上进一步打造绿色低碳湾区，就更加轻车熟路，可达到事半功倍之效。

习近平总书记在党的十九大报告中指出："我们要建设的现代化是人与自然和谐共生的现代化，既要创造更多物质财富和精神财富以满足人民日益增长的美好生活需要，也要提供更多优质生态产品以满足人民日益增长的优美生态环境需要。必须坚持节约优先、保护优先、自然恢复为主的方针，形成节约资源和保护环境的空间格局、产业结构、生产方式、生活方式。"根据这一要求，未来大湾区可考虑从如下几个方面采取行动。

一是在粤港澳大湾区率先建立健全绿色低碳循环发展的经济体系。包括构建市场导向的绿色技术创新体系，进一步壮大基于节能环保、清洁生产、清洁能源的现代产业，同时建立清洁低碳、安全高效的能源体系。

一方面，科技和创新无疑是属于节能环保的产业，大湾区在这方面已走在全国前列，未来发展空间还很大。今后5～10年是全球产业变革的关键时间节点，以新一代信息、生物科技、新能源等新兴产业为代表的新生产力发展格局将逐渐形成，新兴产业将成为国际经济、贸易和投资的主导力量。据麦肯锡公司预测，到2025年，仅移动互联网、物联网、云计算、先进机器人以及新一代基因等12项重大技术的突破，每年就将产生14万亿～33万亿美元的直接经济价值。由此可见，将来应把科技产业创新发展作为核心内涵，把粤港独特优势更好地结合起来，发挥创新和产业协同效应，在研发、资金、测试到生产全过程展开合作，打造具有全球竞争力的科技产业集群。

另一方面，需要把打造清洁低碳的能源体系放在突出位置，共同采取措施调整能源生产结构，扩大天然气使用比重，减少煤炭消耗量，重点发展风能、太阳能、核能、生物质能等清洁能源，加大可燃冰等未来能源的开采力度，以满足未来大湾区对清洁能源的需要。

二是落实和深化空气质量改善措施，包括进一步收紧车辆排放标准和本地出售的船用柴油的标准，加强管制印刷业和建筑业使用溶剂的挥发性有机化合物排放，优化区域大气监测网络，同时按照“一国两制”研究中心方舟博士的建议，在广东沿海寻找一个离岛，建设大型共享的垃圾焚化设施，协同解决大湾区共同面对的垃圾处理难题。此外，还应在大湾区全面实施碳排放权交易制度和绿色建筑标准，加快推广新能源汽车，尤其是公共交通要率先更换新能源汽车。

三是大力发展绿色金融，为优化绿色低碳湾区提供支撑。按照香港金管区的说法，绿色金融泛指为可持续发展、低碳及能抵御气候变化的项目、产品及企业作出的资金筹集及投资行为。根据2015年在巴黎气候变化会议所达成的协议，世界各国政府纷纷采取行动鼓励发展绿色金融，中国在其中占领导地位，香港则具备独特条件发展成为绿色金融的先导者，未来可通过发行基准“绿色债券”、举办有关绿色金融及投资的全球会议、为绿色金融项目和证券设立“绿色金融标签计划”以及培育绿色金融人才等途径，将香港打造为绿色金融中心，带动粤港澳大湾区绿色金融发展，为建设绿色低碳湾区提供资金和融资标准。

综上所述，粤港澳大湾区共建优质生活圈应主要从打造民生共享湾区、就业创业湾区和绿色低碳湾区等方面入手。当然，共建优质生活圈的内容远不止这些，还包括共同打造健康湾区、养生湾区、旅游湾区、安全湾区、文化湾区以及文明交流高地等，这些都需要在未来详细规划并一一加以落实。

综合而言，未来粤港澳大湾区不仅要在“开放引领”和“创新驱动”等重大发展策略层面继续走在全国前列，更要在打造“优质生活圈”这一广大民众最关心的社会民生议题上为全国提供经验。这是粤港澳大湾区的历史使命，也是不可推卸的社会责任。习近平总书记明确表示：“人民对美好生活的向往，就是我们的奋斗目标！”我们要深入贯彻中央提出的新发展理念，以开放为引领，以“共享”和“绿色”为核心，共同打造世界一流的优质生活圈，为区内6000多万民众提供美好的生活环境，为全国建设理想社会提供良好示范，这是粤港澳大湾区规划发展的最终目标，也是贯彻习总书记讲话精神的具体行动。

五、前景可以看好

当然，未来粤港澳大湾区合作的内涵远不止于此。估计即将出台的规划纲要，将会为大湾区的未来发展指明方向，那就是对标世界顶级湾区，向国际一流湾区迈进，打造全球第七大城市群，建设充满活力的世界级大都会区，为中国新型城镇化和城市群发展提供示范。粤港澳大湾区依托首屈一指的独特优势和创新能力，前景可以看好。

未来随着粤港澳大湾区规划的出台及付诸实施，大湾区将充分发挥整体优势，瞄准世界顶级湾区穷追猛赶。预计到2025年，粤港澳大湾区经济总量将达到2.5万亿美元，可望超越东京湾区，成为全球最大的湾区经济体；20年后，粤港澳大湾区GDP总量有望突破5万亿美元，甚至有机会超过东盟十国的总量水平。

从产业布局看，未来粤港澳大湾区将形成三个世界级的产业发展平台：

一是世界级科技产业创新平台，主要包括国家“十三五”规划重点鼓励发展的战略性新兴产业和文化创意产业。

二是世界级投融资平台，以香港、深圳和广州三大金融中心为支点，共同为大湾区、全国乃至亚太区提供服务，为“一带一路”提供资金支持。

三是世界级商贸平台，包括货物贸易、服务贸易、商务洽谈、现代物流、旅游会展和专业服务等。目前大湾区商贸服务规模已达全球一流水平，未来将进一步提高质量和附加价值，提升国际服务水平。

从区内布局看，未来粤港澳大湾区将形成三大发展板块，即由香港特区、深圳、东莞和惠州等城市组成的东部板块，由广州、佛山、肇庆等三个城市组成的中部板块，以及由澳门特区、珠海、江门、中山等城市组成的西部板块。这三大板块各有优势，未来通过高速交通串联为一小时经济圈，大湾区内各城市之间的经济联系，将比长三角城市群（拥有五大都会圈，但各中心城市仍相隔数百公里）更为密切。其中东部板块最具实力，尤其是港深两地将是带动大湾区崛起的主要动力，未来将进一步发展成为类似于“纽约+旧金山”的顶级国际都会。大湾区内的前海、南沙和横琴自贸区也会成为发展重点，在对外开放和区域合作上先行一步。

当然也要看到，目前粤港澳大湾区也存在不少困难和障碍。比如目前大湾区人均GDP仅有2万美元左右，与世界顶级湾区相比仍存在较大差距（旧金山湾区的人均GDP为10.5万美元，纽约湾区为6万美元，东京湾区也超过4万美元）。又如“一国两制”的制度安排无疑是大湾区的独特优势，但区内三个不同关税区则可能是融合发展的难题，如何突破仍需思量。与此同时，香港虽然优势众多，但也存在经济增长较为缓慢、创新能力仍嫌不足及楼价较高的问题。此外，大湾区内各城市发展也很不平衡，珠江西岸的发展水平与东岸相比差距甚大，东岸四市的GDP总量是西岸四市的5倍，深圳人均收入是江门和肇庆的3倍以上，香港人均收入更是江门和肇庆的5倍以上，区内协调发展的难度不小。所有这些困难和问题，都需要在未来大湾区规划和发展中加以考虑。

第十九章　迈向世界级金融中心

众所周知，香港是全球三大金融中心之一，金融业是最具竞争力的产业。金融业贡献香港GDP的18%，居各行业之首；直接雇用逾25万人，同时为相关行业创造了大量就业岗位；支持了香港海外投资等行业的运作，也为内地经济发展提供大量资金。未来香港金融中心能否进一步发展，取决于自身的定位以及能否深化与内地的合作。

必须看到，全球金融市场经过200多年的发展演变，目前已经形成了多层次国际金融中心的格局。在众多的国际金融中心中，存在明显的金字塔式等级结构。从综合功能、影响范围、创新能力和金融定价权等方面综合考虑，世界上的金融中心可分为世界级金融中心（又称全球金融中心）、区域国际金融中心、特色国际金融中心、国家金融中心和区域金融中心等五个层次。其中，全球金融中心是最高层次的金融中心，服务范围覆盖全球，规模大、功能全、人才多，是全球金融创新及定价中心。以此标准计，目前伦敦和纽约才是名副其实的世界级金融中心。香港在全球金融中心排名中，虽位居第三，但仍是一个区域性的国际金融中心。

根据国际经验，金融中心的根本优势取决于营商环境、优势人才、市场流通性、税收及成本、基础设施等关键要素。其中，自由开放是发展国际金融中心的基本条件，金融制度及监管是发展国际金融中心的根本保证，金融人才是发展国际金融中心的主要动力，税收基建是发展国际金融中心的重要条件，宏观经济的稳定和良好的公司管治是发展国际金融中心的坚强后盾。香港要从区域国际金融中心向世界级金融中心迈进，需要紧抓机遇，精准定位，采取有效策略，全力以赴推动发展。

一、重大机遇：亚洲金融中心崛起

如前所述，2008年全球金融海啸的一个正面效应，是开启全球经济重心向东转移，具有全球一半消费人口、善于利用信息技术和互联网接受新知识以及提升自主创新能力的亚洲地区，特别是东亚地区，成为全球经济增长的主要引擎。如果和平和发展这一世界主流保持不变以及中国政治保持稳定的话，估计全球经济重心东移的大趋势和大格局应可维持到21世纪中叶或以后。

东亚尤其是亚洲经济重心的形成和强化，将改变全球金融的发展格局，并对全球金融秩序产生革命性的影响。香港作为亚洲的国际金融中心，过去一直是欧美推动金融全球布局的重要节点（Node），一向以欧美金融机构的活动为支撑，金融海啸后面对欧美金融机构削减香港业务的压力，有需要顺应金融区域化的发展而作出调适，在保持与欧美金融市场对接的同时，重点拓展亚洲市场，方能保持作为国际金融中心的地位。

世纪金融海啸带动金融去全球化的浪潮，曾经作为金融全球急先锋的欧美跨国金融机构，纷纷从外国特别是新兴经济体撤资回国自救；欧美大量金融机构被国有化或由政府注资救助，使得这些机构的全球业务拓展受到制约；全球正在兴起的贸易保护主义，也会严重阻碍金融全球化的进程。与此同时，加强区域金融合作的各种自救行动，却使金融区域化进一步加快。未来随着亚洲经济的进一步崛起和“一带一路”倡议的全面推进，区内的国际金融中心将会进一步提升，区内金融合作也将会更加频密展开，金融区域化将逐步取代金融全球化，成为亚洲金融发展的驱动力。

亚洲经济重要性不断提升和区域合作不断推进所释放出来的对金融服务的庞大需求，预示着亚洲金融中心特别是中国金融中心将获得巨大发展。未来20年区内将出现众多国际金融中心群雄并起的局面（除了香港、新加坡和东京外，上海、北京、首尔、孟买、台北等城市都正在加快谋划发展），并且一定会出现类似纽约和伦敦的世界级金融中心（伦敦金融城被称之为“环球金融中心”），最终形成以一两个世界级金融中心为主导、其他多个区域金融中心和专业金融中心相配合的亚洲新金融格局。而这一涉及亚洲整体发展和各国核心利益的金融布局，估计到2030年会基本成形。当然，这一轮全球金融布局的大调整，主要是增量调整，在相当长的时间内并不会危及欧美现有国际金融中心的地位。

我们注意到有些媒体和学者提出的金融地位与国家经济整体实力没有必然联系的论断。我们不排除会出现国家金融地位与经济实力在一定程度上的不对称甚至分离的情况，尤其是一些小型或专业金融中心（如新加坡、瑞士、爱尔兰和卢森堡等）的情况更为特殊，但像纽约和伦敦这样的世界级金融中心，如果没有本国强大的经济实力的支撑，是难以想象的（英国在19世纪是世界经济霸主，造就了伦敦独一无二的金融地位；美国在“二战”后崛起成为全球首富，全球首要金融中心也从伦敦转移到纽约）。哪怕是新加坡和瑞士，也是以区域经济作为后盾的。

同时我们还要明白，金融中心是经济发展的高级阶段，一些新兴经济体如印度和俄罗斯目前没有像样的国际金融中心，并不等于将来不会出现（实际上孟买正在努力这样做）。更确切地说，金融中心既有赖于健全法律和金融体制，更依赖于国家或区域的整体经济发展，两者不可偏废。

二、香港定位：“超级伦敦城”

在这一系列的经济和金融变局中，香港和上海无疑处于最有利的地位，也承担最重要的责任。无论是世界经济重心东移导致全球金融中心布局的大调整，还是金融模式的转变以及由人民币加快国际化进程开启“货币共和”的新时代，沪港两地都处在最前沿的位置，并拥有最多最好的发展机会。那么，香港自身应如何定位呢？

笔者认为，未来香港金融业的发展定位，是打造类似于“超级伦敦城”的金融中心。具体包括两层含义：一是从市场层面，把香港发展成为“亚洲的伦敦”；二是从战略层面，提升香港作为中国境外国际金融中心的地位。

1. 打造“亚洲的伦敦”

把香港发展成为“亚洲的伦敦”，全力拓展亚洲及全球市场，是香港未来的基本定位。因为从市场角度看，香港和伦敦有许多共通点，容易借鉴及推动。具体来看：

首先，中国香港的金融体系基本上是由英国设计的。除盯住美元的联汇制外，其他的诸如自由开放的市场理念、以普通法为主体的法律制度、以原则为本的监管模式以及重视与业界的沟通交流和投资者教育等，都与英国金融业，特别是曾经被誉为“世界金融业的发电厂”的伦敦城（City of London，简称“伦敦城”或“金融城”）有许多共通之处。把香港定位为“亚洲的伦敦”，在制度建设方面可谓轻车熟路，只要做些改善即可，不需要结构性的大调整。金融中心的定位首先要立足于稳定发展，新定位正好可以达到这样的效果。

其次，香港的金融发展模式与伦敦极为相似。两者都是以相对较小的本土经济规模，去支撑起庞大的金融市场体系的。与更多依托巨大本土市场的纽约和东京不同，它们主要依赖自由开放的政策和良好的法律及监管去吸纳全球，尤其是区域的资金、投资者和金融机构，从而大大扩展了市场腹地和服务范围。其中，伦敦尤为突出，早期伦敦城的崛起无疑得益于英国凌驾全球的经济和军事实力，但“二战”以后做了多次调整和改革，特别是经过1986年以解除金融管制为核心的金融大改革（Big Bang）和2006年实施旨在重振伦敦城的“发展和支持协调战略”后，才形成今天被全球公认为成功的发展模式。

必须指出，伦敦在“二战”以后所推行的改革和调整，表面上是迫于应对全球经济重心向美国转移的无奈之举，但有一大半却是居于其长期坚守的自由贸易理念。改革和调整虽然有时会带来波折（如有人认为1986年的金融大改革是引致20世纪90年代一系列金融丑闻的“罪魁祸首”），但也成功地造就了今天伦敦的国际地位。伦敦经济学院院长Howard Davies就认为，伦敦命运跌宕起伏的原因在于其为吸引全球贸易刻意地调整自己，这对香港来说或许是一个很好的启示。

最后，香港的金融市场结构也与伦敦有相近之处。正因为发展模式较为独特，伦敦避开了与纽约等金融中心的正面交锋，发展出极具特色的金融市场结构。与纽约主要偏重于资本市场不同，伦敦侧重于外汇、保险、场外金融衍生产品交易、金属交易和资产管理业务等，每天外汇交易量和场外金融衍生产品交易量分别占全球的34%和42%；有254家外国银行在此营业，跨国银行借款占全球的20%，美元债券二级市场交易量更占到全球的七成，同时还管理着数以万亿计的美元资产。香港在这些方面也发展得很好，但需进一步借鉴及深化发展。

存在的问题是，由于伦敦和纽约的特殊关系，伦敦是否会出现“成也萧何，败也萧何”的结局？多年来市场一直有个疑问，即2008年由美国次贷危机引发的全球金融海啸，是否会从根本上改变伦敦建基于自由贸易并赖于发展的高度国际化、业务多元化和灵活监管的金融模式和特色，从而危及伦敦的国际金融地位，甚至出现生存危机？特别是美国的资金和金融机构对伦敦金融市场的深度参与、纽约和伦敦在金融衍生品开发和转移过程中的紧密联系以及英美多年来轮番上涨的房地产泡沫同时破灭产生的市场共振，使伦敦城在某种程度上被华尔街所“挟持”，这是否会连累伦敦城步华尔街后尘而变得黯然失色？

现在看来，答案应该是有危无险。虽然英美同属全球主流金融体系，但两者在组织结构、市场结构和金融监控等方面都有所不同。从组织结构看，英国的主要银行皆为综合性银行，投资银行业务并不是特立独行，而是在银行集团旗下运作，整个银行业务仍以信贷为主，这不同于美国在金融海啸前过于专业化和风险过于集中的独立投行模式；从市场结构看，伦敦金融衍生品市场最出色的集中在外汇交易，不像华尔街主要集中在场外交易市场进行，导致监管困难和风险极高的信贷衍生品交易；从金融监管看，虽然英国金融监管政策一向较为宽松，但伦敦金融机构对风险的内部监控比美国投行们要相对严格，而且一向采取主动监管的英国金融服务局（FSA）与金融机构的风险管理流程是相当一致的，可谓外松内紧、主动配合。[①]从已揭示的风险看，伦敦遭受的损失也要小于纽约，从而给伦敦更大的回旋空间。因此，虽然伦敦也在多次危机中摇曳不定，但很快就挺过危机，然后继续上路。

但风险失控和监管失当始终是英美等国需要严肃面对的问题。伦敦在20世纪90年代就因监管不善而发生了一系列金融丑闻，历史重演的机会依然存在。与此同时，金融海啸后全球对金融体系的监管成为全球共识，全球金融

①伦敦市长史达德（John Stuttard）过去在访问中国香港时曾表示，美国的金融体系之所以陷入困境，是因为它墨守成规。相比之下，英国和中国香港的体系是世界上最好的，因为它们关注风险，帮助企业去管理和评估风险。

游戏规则已发生重大改变，银行业务逐步回归传统，基于市场炒作的所谓金融创新受到不同程度的限制，除了G20峰会达成多项协议外，美国和欧盟也先后提出一系列改革和完善金融监管的方案，尤其是欧盟提出的一套包括限制结构性金融交易和金融高管薪酬在内的更为严格的泛欧金融监管体系，对最具国际特色的伦敦金融业在一定程度上构成影响。虽然2017年初以来美国特朗普多次颁布金融“去监管”总统行政令，包括：1月30日行政令，要求“每推行一项新的监管，就必须撤销两项监管”；2月4日行政令，要求美国财政部会同金融稳定监督委员会（FSOC）对现有的金融监管法律进行评估，并开始审查多德-弗兰克法案；2月24日行政令，要求成立特别小组审查现有监管，重点关注取消昂贵和不必要的监管。但从短期看，总统令并不具有实质性效力，更多是象征性动作，最终是否修改、修改到什么程度，将以国会最终的表决结果为准。更重要的是，英国脱欧也使英国金融业发展蒙上阴影，其后续影响仍待观察。

不过也要看到，从某种意义上讲，全球加强监管对善于把传统注入现代、政策相当灵活、能对市场需求迅速作出反应的英国，实在是利大于弊，这从英国前首相布朗在2008年9月雷曼兄弟破产后立即提出一系列强化金融机构监管措施可见端倪。布朗同时还表示如果实现以上改变，伦敦就能保持其当之无愧的世界金融中心地位。其后的发展也证明了这一点。总的来看，虽然去全球化和加强监管在相当长时间内持续给伦敦带来调整的阵痛，并使英国金融业回归到过去的正常水平（即金融增加值占GDP的比重从高峰期的10%降到8%左右），但具备传统优势、时区优势、制度优势和人才优势的伦敦城，在消除了巨大泡沫后却发展得更为平稳，其国际特色和地位没有改变，近几年伦敦在国际金融中心评比中高居榜首并多次碾压纽约就是明证。

笔者在这里不厌其烦地谈及伦敦的金融特色和未来前景，旨在说明伦敦金融发展模式对香港的特殊借鉴意义。我们有必要考虑把伦敦模式作为未来香港的基本目标模式，借此制定香港金融发展的策略和政策。但鉴于目前中国上市企业的数量已超过香港股市的一半，上市公司总市值占比已超过六成，交易量更占到七成以上，这一比重大大超越伦敦，加上今后中国企业和人民币“走出去”等巨大潜力，未来中国内地因素对香港金融业的影响可能远比美国对伦敦的影响大，香港金融业的主要服务对象——亚洲地区的经济总量也将逐步抛离欧洲，因而未来香港除了学习借鉴伦敦外，还会有自己的优势和特色，其中最重要的是担当中国的境外国际金融中心。基于此，我们更准确地说，未来香港金融发展的策略定位，应该是亚洲的“超级伦敦城”（City of London Plus），享有与伦敦、纽约同等的世界级金融中心地位，成为真正的“纽伦港”。

2. 强化香港作为中国境外国际金融中心的地位

强化香港作为中国境外的国际金融中心地位，是打造香港为亚洲“超级伦敦城”的另一个重点。其主要内容可包括：

一是中国境外跨国银行借款中心。既包括海外银行以中国香港为基地对中国内地放款，也包括中国内地银行通过香港向海外放款。伦敦是全球跨国银行借款中心，其中不少是美国银行以伦敦为基地对欧洲的放款。中国香港在亚洲金融风暴前曾经是日本银行在海外的放款基地；将来随着内地银行大量“走出去”，香港有条件成为中国内地银行对亚洲的放款中心。

二是中国企业境外集资中心。既包括内地企业在香港股市的IPO融资，也包括内地企业在香港发行企业债券融资。香港在吸收内地企业来港上市方面的条件似乎比伦敦（吸引美国企业在伦敦上市集资）优胜，这充分展现了“一国”的优势。未来香港应当更好地发挥这一特殊优势，充分挖掘其巨大的发展潜力，包括吸引更多内地企业来港上市以及搞好沪港通、深港通等，香港的股票市场要超越伦敦并非难事。

三是中国债券境外交易中心。即要在香港发展中国债券（包括国债、地方债、金融债和企业债）的二级交易市场。伦敦二级债券市场交易量占全球的七成，其中美国债券占了不少份额，而且伦敦还吸引美国机构投资者经常通过私募大量买入伦敦和欧洲市场的公债，其经验值得香港借鉴。中国内地债券市场潜力仍很大，随着资本项目的逐渐放宽，加上债券通的开通，未来在境外将形成较大规模的人民币债券二级交易市场，香港应当争取成为主要基地。

四是中国境外人民币交易中心。虽然目前人民币“走出去”仍处在试验阶段，且时有波折，但未来一旦时机成热，将会形成庞大的境外交易市场。目前人民币先行区域化，香港已有近水楼台之利，率先建成最大的人民币离岸市场；如果香港做得好，让中央政府放心，还可以加快人民币“走出去”

的速度。这一块业务与上海（上海再开放，也不可能自成“境外”）没有实质性的冲突，香港完全可以放手一搏。

需要说明的是，这里所指的中国境外国际金融中心，并不是按行政地理划分，而是按服务功能来划分。因为若按行政地理划分，香港在20世纪70年代末就已是中国境外的国际金融中心；而按服务功能划分，是指香港作为中国境外的金融服务枢纽，承担国家对外金融服务的综合功能，展开一系列与中国内地密切相关的对外金融活动。伦敦在“二战”以后，在以美元为主导的全球金融体系的背景下，重新恢复在全球的金融领先地位，得益于伦敦作为欧洲美元市场的特殊功能，特别是在以美元为主要媒介的外汇和债券等市场形成庞大的交易量。尽管英美不属于一国（但属同一主流金融体系），但由于大部分专门技术和部分资金来自美国，加上在伦敦的美国银行多于纽约的美国银行，伦敦也可部分看作是美国的境外国际金融中心。

当然，作为中国境外的国际金融中心，内容远不止这些，它还会随着形势的发展而不断演变。目前在上述诸中心中，中国企业境外集资中心规模最大，且最具操作性；境外人民币交易中心则最具潜力，其中最重要的是人民币与外币交易以及人民币衍生产品交易（以外汇交易为例，伦敦的外汇交易量是纽约的2倍，主要是伦敦作为欧洲美元市场，促成美元和欧元、英镑、瑞士法郎等欧洲各种主要货币的交易），而且境外人民币交易中心是建立中国境外跨国银行借款中心和中国债券境外交易中心的先决条件。由此可见，人民币业务是把香港真正打造成中国境外国际金融中心的关键一环。换言之，从长远看，香港能否建成亚洲的“超级伦敦城”，很大程度上取决于我国能否率先建立人民币境外交易中心。

三、配合上海打造“中国的纽约”

1. 上海的定位：“中国的纽约”

上海作为中国经济母体内最大的中心城市，在国家打造国际金融中心战略中无疑处在最显眼的位置，并拥有内地其他省市所不具备的众多发展机会，值得我们注意。具体而言：

一是战略优势：强国战略的核心。中国要实现一百多年来的强国之梦，首先需要在经济上崛起和超越。为此，中国需要打造一批在对内发展和对外竞争中起中坚作用且完全可以自主指挥和控制的经济“航空母舰”——现代中心城市及由其影响和带动的经济区域。20世纪80年代初邓小平给予广东先行开放政策，开始了这方面的积极探索；1992年邓小平视察南方之后，上海浦东开发战略的出台，是中央政府实施经济强国战略的一个精心部署；2017年中央决定打造雄安新区并称之为“千年大计”，则是以习近平主席为核心的中央领导层推动京津冀一体化、打造北方“航空母舰”的重大决策。

由此可见，中央几任领导层以经济发展为主轴的强国战略意图，都是一脉相承的。目前中国的珠三角、长三角和京津冀等三大区域，承担着对内带动发展、对外参与竞争的重大任务，而统领着长三角这一中国最大、最具潜力经济区的上海，无疑担当着最为吃重的角色，因而得到了国家最大限度的眷顾，同时也被寄予殷殷厚望。2008年12月，国务院正式把上海定位为长三角的龙头，其后又明确把打造国际金融和航运两大中心的任务交给上海，使上海在国家战略层面差不多处于“旗舰”的地位。也就是说，国家给予上海的战略地位和倾斜政策，不但十分明确和无可争辩，而且是随着形势变化而不断加码。这是国家强国战略的一个关键部署，其他省市虽然都有自身的发展目标和利益考虑，但首先都需要服从这个大局。

二是结构优势：配合全国发展。但也要看到，国家给予上海的战略任务是自上而下赋予的，上海能否担负重任，还取决于其经济结构能否有效配合当前和未来中国经济发展的需要。在中国的中心城市中，上海似乎更具备配合国家发展的综合能力，主要体现在科技创新、金融服务、物流服务、总部经济和对外辐射等领域。

三是利益优势：与国家利益一致。按照张五常教授的看法，当前中国经济制度的最大优点，是中央和地方之间实际上存在的承包合约制。在这一制度下，中央政府可以分税等方式分享地方发展的成果，并向不发达地区实行转移支付，以达到全民共享及缩小地区差距的政治目标。几十年来，上海的财政收入上缴给中央财政的数额一直居全国之首，对国家作出的巨大贡献是其他省市无法比拟的。由于上海和国家在利益上的高度一致，上海可以不时寻求中央的政策支持，中央政府也乐于提供特殊政策，支持上海快速发展，从而形成良性互动。

当然上海的有利条件还不止这些。正因为上海具有难以替代的政治、经济、文化优势和潜力，上海发展国际金融中心就必然会得到国家的全力支持，这与今天许多成功的国际金融中心总是通过国家战略来培养，实有异曲同工之妙。从这个意义上讲，2009年国务院要求上海发展与中国经济实力和人民币国际地位相适应的国际金融中心，实际上确立了上海作为中国的世界级金融中心的定位。

一方面，21世纪以来中国经济进入高速发展轨道，经济总量在2010年就超过日本，成为全球第二大经济体，为上海金融市场提供了发展动力。中短期内上海的金融总量将有能力挑战东京的地位，比如2017年上海金融市场交易总额超过200万亿美元，位居亚洲前列；截至2018年6月底，上海交易所总市值已达到4.53万亿美元，居全球第四。2017年上海金融业增加值达到790亿美元，比香港多出逾两成，预计到2025年上海金融业增加值将超过1500亿美元，成为亚洲最大规模的国际金融中心；中国经济有机会在2030年跃居全球首位，届时上海金融业的总体规模更将进一步向纽约看齐。当然，由于上海在金融法制和高端人才等方面的不足，上海要建立世界级金融中心仍有一段很艰难的路要走，期间还可能出现反复，但总体发展势头应不会改变。

另一方面，当前人民币国际化进程在2016年加入SDR后有加快迹象，未来仍将以循序渐进方式加以推进，即先区域化及在“一带一路”沿线推开，再发展成为世界货币。当然，由于中国的政治和文化特性，预计人民币国际化的进程将稍慢于中国经济实力和地位提升的速度，但这并不妨碍上海金融总量的扩张和金融国际化程度的提高，因而人民币循序渐进的国际化反而对上海有利，它给上海足够的时间去进行金融基础建设，并改进金融系统的缺陷，从而使上海有机会在人民币自由兑换后，可以发展成为真正的国际金融中心，进而向世界级金融中心挺进。

由此可见，虽然目前上海没有更加具体的方向和目标，但从目前的发展大势看，上海未来的金融定位应该是“中国的纽约”[①]，即中国最大规模的世界级金融中心。而位于中国的心脏、具有独特优势的上海，也完全有条件

①国务院总理朱镕基在任时曾谈到上海和香港的定位，明确表示未来上海是“中国的纽约”，香港是“中国的芝加哥”，由此可见他对上海的喜爱。

打造成为与纽约并驾齐驱的金融中心。如果这个目标不能达到的话，那就意味着国家战略受挫，中国的经济发展，甚至国家的崛起都会受到影响，这是中央政府绝对不愿意看到的结果。而香港也会受到拖累，不见得会有好处。因而，无论是从国家的整体利益，还是从香港自身的利益考虑，我们都应该明确上海的定位，并帮助上海尽快发展起来。

在明确了香港和上海未来金融发展方向和目标之后，现在的问题是，在一国之内，乃至亚洲相同时区内是否允许有两个世界级的金融中心？笔者的答案是：完全有可能！因为未来中国和亚洲的经济总量足以容纳两个世界级金融中心。

正如上述所言，10多年之后，亚洲的经济总量将占到全球的一半，这可与目前支撑纽约和伦敦两个环球金融中心的“欧美半球”（欧美国家的GDP在金融海啸前占全球约一半）等量齐观，届时亚洲区内出现两个类似纽约和伦敦的世界级金融中心一点都不稀奇。到21世纪中叶，亚洲经济总量将占全球的2/3，足以支撑两个世界级金融中心及其他多个金融中心共同发展。

由于亚洲经济是由中国主导和推动的，在2030年前中国将成为全球第一经济大国，在亚洲区内处于无人挑战的经济霸主地位；到21世纪中叶，中国的GDP更将达到美国的2倍，[①]并将占到全球的1/3。因此，与中国经济一齐成长并在其中发挥引擎作用的上海和香港，是最有可能成为亚洲世界级金融中心的两个城市。

2. 明确分工和合作

那么，未来香港和上海将如何分工呢？总的来说，上海是“中国的纽约”，将是亚洲最大规模的环球金融中心；香港是“亚洲的伦敦”，是亚洲乃至世界最开放的环球金融中心。

过去有关上海和香港的金融关系，一直处在不明朗期，其原因有二：一是由于中国金融业尚不具备对外竞争优势（21世纪初还存在中国金融业实际上已经破产之说），为了防范国际金融风险，在金融开放过程中更需要摸着石头过河，加上上海还存在法制和监管等问题，因而虽然1991年邓小平就提出“中国在金融方面取得国际地位，首先要靠上海”，1992年中共十四大

①杰里米·J. 西格尔：《投资者的未来》，机械工业出版社，2010。

报告提及把上海建设国际金融中心列入国家战略，但国家长期没有给上海明确的时间表（实际上除了中国加入WTO的有限度承诺外，中国金融开放整体上都没有时间表）。二是上海和香港对国家来说，手心手背都是肉，不方便明确表态偏帮哪一方，因而国家在出台新政策支持一方时，总是要提到另一方。

但如前所述，从发展大势看，其战略方向和目标其实是十分清楚的，即未来上海将会是“中国的纽约”，国家也有意识地把上海作为“中国的纽约”来培育和推动。香港由于在国家经济母体外运作，加上国家对金融安全的特别关注，因而在国家金融发展战略中，并不具有与上海同等的考虑；不过，基于维持香港稳定和繁荣的需要，国家会支持香港为巩固和发展国际金融中心所提出的合理建议，但这与中央赋予上海的战略定位和特殊政策是大有不同的。两者的战略方向和政策力度，实际上存在着差别。

香港能否成为“亚洲的伦敦”，在一定程度上取决于上海能否成为“中国的纽约”。因为只有解决了上海的金融发展问题，国家支持香港方可无后顾之忧；而且如果上海发展顺利，国家就更有信心给香港机会。有鉴于此，香港应当尊重上海的战略地位，支持和协助上海发展国际金融中心，并以此争取国家对香港的支持。在中国这样一个追求和谐共赢的千年文化大国里，香港要有这样的胸襟，才能赢得更多的尊重，从而得到更多实实在在的共同利益。

正因如此，香港正确的应对策略，是采取不对称竞争策略，避免与上海在国家战略上的正面竞争。香港应明确表态，基于国家战略和金融安全的考虑，香港完全支持上海发展成为中国的纽约，并会在完善法制和加强监管等方面提供协助。与此同时，香港也可理直气壮地请求国家支持把香港发展成为“亚洲的伦敦”，在中国金融对外开放中向香港实行更多的倾斜政策，使香港和上海在不同的定位和平台上，进行分工合作和促进共同发展。

应当看到，未来上海和香港作为国际金融中心，都需要发展国内和国际两个金融市场的业务。但由于上海在中国境内活动，加上国家在相当长时间内都不会完全放开对资本项目的管制（即使人民币实现可兑换，估计也会对资金出入境实施有限度的管理），所以始终会以内地市场为主，好像纽约主要是为美国市场服务一样。因此，将来除了大规模的外汇交易外，其他业务主要是为国内企业和居民服务的，这是未来上海国际金融中心的基本特点。不过上海雄心勃勃要发展国际金融中心，当然不会只限于境内，更不会只限于人民币业务，而是会以上海为基地大力拓展国际金融业务，包括贸易融资、对外项目，尤其是“一带一路”项目融资、境外企业来沪上市、个人对外证券投资、外汇交易（包括人民币和外币兑换）等，同时也会更多地引入境外金融机构在上海开展跨国银行信贷，参与本地股市、债市、商品和黄金交易，提供保险和资产管理服务等。

由此可见，未来香港和上海的分工不可能以币种来分界（如有专家提出上海负责人民币业务，香港负责外币业务），而是要以边境来分界。即上海主要负责中国境内的业务，包括境内的外币业务和对外业务；香港主要负责中国境外的业务，包括境外的人民币业务和对内业务。上海重点发展资本市场、商品市场和银行信贷等业务，香港重点拓展外汇、保险、场外衍生工具、资产管理、人民币境外交易等领域。换句话说，在“一国两制”下，未来上海是中国境内的国际金融中心，香港是中国境外的国际金融中心；它们既同时服务于国家的开放发展，又充分体现了两制的不同特色。

即使是以边境来分界，上海和香港仍会有业务交叉。最重要的体现在如下三个方面：一是IPO业务。目前香港已是中国企业的境外上市集资中心，将来还要大力拓展该项业务，同时香港的新定位也要求香港积极拓展内地和海外IPO市场；内地企业是在香港上市，还是在上海上市，不但企业要作出取舍，国家也会作出合理安排。需要指出的是，中国企业境外上市并不涉及国家金融安全，香港可以争取相对平等的竞争机会。二是人民币和外币的外汇交易业务，未来是放在香港做，还是放在上海做，对境外金融机构来说，或许无关要旨，哪里更方便就在哪里交易，但对沪港来说则是大事。三是内地居民对外投资和财富管理，是通过上海做，还是通过香港做，也会有很大不同；这类跨境业务越来越多，已成为各金融机构竞争的焦点。从数学上讲，这是两个相连圆圈之间的交集，而且是一块肥猪肉，因而竞争是不可避免的，而且竞争实际上已经开始了。

未来香港和上海的竞争，还涉及两地对跨国金融机构设立地区总部和营运基地的争夺。而这又取决于开放政策和地缘因素。如果内地金融政策早日开放，资金可以跨境自由流动，那么以香港优良的法制和监管，跨国金融机构大多会选择香港作为营运基地去拓展内地业务；但如果内地长期保持金融管制，跨国金融机构需要以GATT规则下“商业存在”的方式在内地设立机构方能开展业务，由于香港市场发展空间有限，具有高度流动性的跨国金融机构则会放弃香港而选择上海作为营运基地。就地缘因素而言，在相同条件下，跨国金融机构开展长三角城市群的业务，选择上海可能会比较方便；而要做粤港澳大湾区的业务，选择香港则更加轻车熟路。当然，如果香港成为中国境外的国际金融中心，跨国金融机构可以在香港从事与中国对外金融活动有关的业务，则香港在争取跨国金融机构方面会处于更有利的地位。不过，上海不会就此止步不前，因为上海始终会像纽约那样，会以国内金融机构和服务国内市场为主；未来其金融规模可能会远大于香港，但较难拥有与香港相媲美的开放度和国际特色。

竞争或许可以带来共同进步，但现阶段为了避免恶性竞争，沪港可进行交叉交易，即互相以对方作为交易对手，上海对外业务可以香港为交易对手，香港的对内业务也可以上海为交易对手。如：上海开展人民币贸易结算以香港作为对手，就是一个互惠互利的安排；上海开展内地居民对外投资和财富管理，也可以香港作为投资对象或管理基地；鼓励两地上市公司到对方资本市场发展预托证券（比如A+H股），也是一个较合理的安排。未来类似的交叉交易可能还有很多，做得好可带来双赢的结果。

3. 助力上海发展

如前所述，上海建设国际金融中心是国家战略，香港协助上海打造“中国的纽约”，不仅可以有效地配合国家战略的实施，而且可以从中寻找合作机会，并分享上海金融市场高速发展的成果。香港的策略重点，应当是在协助上海发展的同时，推动双方建立类似于纽约和伦敦的密切关系。现阶段可采取的措施包括：

一是加强交流。建立多层次的金融合作机制，通过地区政府高层定期互访、设立沪港金融合作论坛和召开专题研讨会，就香港如何协助上海发展国际金融中心进行系统的商讨和设计，并逐步付诸实施。

二是市场对接。沪港应尽快建立银行、证券、保险、外汇等各类金融市场的全面合作伙伴关系，争取让更多的金融产品可以在两个市场同时进行交易，特别是要争取更多企业采用“A、H股同步上市”的方式，这不仅有助于加强两地资本市场的联动，还可提升上海A股市场的定价能力，加快沪市与国际资本市场接轨的步伐。

三是协助培训。协助上海对当地金融官员进行金融监管培训，为上海培养监管专才。内容可包括银行监管、金融稳定与市场分析、会计管理、金融基础建设、风险防范以及反洗钱等，帮助上海建立完善的金融监管框架。

四是基建对接。协助上海建设资金清算支付系统，同时扩大两地银行、证券、保险和外汇等金融产品的资金结算，使两地金融基础设施实现全面对接。两地交易所应互设办事处，并探讨股权合作的可能性。

五是互设机构。沪港应在CEPA框架下，放宽互设金融机构的准入限制。上海应允许香港证券公司、保险公司和基金管理公司等金融机构在上海设立由港方控股的下属公司，并扩大香港在沪金融机构的业务品种和经营范围。与此同时，香港应鼓励上海金融机构在港设立分支机构，并通过香港“走出去”。

六是金融创新。从各种金融衍生品的交易量来看，全国衍生品交易量几乎都集中在上海。内地金融监管部门都将金融改革创新试点放在浦东先行先试，资本市场、金融衍生品市场和商品期货市场等也都在浦东安家落户。沪港两地应推动金融创新合作，以便为上海金融注入活力。

四、合作打造三大世界级市场

香港建设亚洲“超级伦敦城”，需要重点发展三个亚洲领先的世界级金融市场，使之成为未来世界级金融中心的支撑。具体而言：

1. 重点打造世界级资本市场

1993年内地公司青岛啤酒率先来港上市，标志着香港股票市场开始为内地企业提供融资服务。内地企业上市集资推动了香港股票市场的快速扩张，也使香港成为内地企业上市集资的中心，证明了香港在金融市场基础设施方面的独特优势。截至2018年6月底，香港股市市值突破33万亿港元，在香港2200多家上市公司中，内地企业共有1085家，占全部上市公司的49%，市值占香港股市整体市值的67%，成交额占香港股市整体股份成交额的80.3%。显然，以内地企业新股上市集资为引领的股票市场发展推动香港国际金融中心的体系结构由银行业主导转向银行和资本市场共同主导，奠定了其在亚太区的领先地位。未来应强化这一地位，并可考虑采取如下行动：

第一，大力挖掘内地上市资源。目前内地企业上市资源极为丰富，可供上市企业成千上万，特别是100多个中央级企业和省市国资委管辖的数千家国有企业，大都还未包装上市。香港可与内地省市签订协议，由各个省市重组包装一批企业到香港上市。但目前内地企业来港上市受到一些政策限制，香港应积极争取支持取消有关限制，给予内地企业相对公平的竞争环境和服务机会。

第二，完善企业上市平台，把香港创业板改造成类似于伦敦的AIM板。伦敦交易所自1995年推出AIM板，迄今为止共吸收3600家上市公司，共筹集到950亿英镑，成为全球最受中小企业欢迎的金融中心；AIM板募集的IPO有时堪比美国的纳斯达克。港交所拟推出创新主板和创新初板是个好主意，在此基础上，香港应借鉴伦敦的成功经验，把创业板改造成类似于伦敦的AIM板，以更加灵活有效的方式，重点吸收内地的中小企业来港上市集资，使香港证券市场发展壮大。

第三，加快吸收亚洲新兴市场的企业来港上市，特别是原东盟六国、印度、中东各国和俄罗斯等国的企业。香港特区政府各有关部门要与香港交易所配合，在这些国家加强推广和宣传工作；香港交易所有需要在这些国家成立办事处，以便长期展开相关的推介工作。

第四，采取适当措施，鼓励中国内地、美国、欧洲和亚洲其他地区的上市公司到中国香港做第二上市或发行香港预托证券，特别是大型和优质的上市公司，应作优先考虑。

第五，加强香港和内地资本市场之间的连接。沪港通和深港通以及债券通的推出，为建设两地共同市场提供了巨大空间。目前，上海、深圳及香港三地股市总市值合共超过11万亿美元，仅次于美国（泛欧+纳斯达克）的26.5万亿美元，规模在全球经济体中排名第二。未来应进一步加强三地资本市场的互联互通，把香港资本市场迅速提升至世界级水平。

第六，发展亚洲债券交易市场。香港债券市场发展较为缓慢。由于香港特区政府财政常年盈余，很少需要发行公共债券，难以形成债券市场无风险定价基准。自2009年以来，香港特区政府开始推行政府债券计划，立法会亦通过相关法案修订以推动伊斯兰金融平台发展。在上述措施的影响下，港元债券市场逐渐成为银行体系和股票市场以外的融资管道，但仍然落后于股票市场和银行业的表现。未来重点还是要放在境外市场，特别是利用中国与东盟正在商讨建立亚洲债券的机会，积极拓展亚洲债券交易，除了吸收区内政府和企业来港发行债券外，还应借鉴伦敦的成功经验，设法让各地已发行债券可在香港挂牌交易，建立亚洲二级债券的交易平台。

2. 强化离岸人民币业务枢纽地位①

2004年初，国家允许香港开办四种人民币业务，点燃了人民币国际化的星星之火。2011年后，人民币正式启动国际化道路，内地资本市场逐步迈向双向资本开放。香港充分把握中国金融改革开放的大方向，顺势而为，积极担当人民币国际化“试验田”“桥头堡”的重要角色，成为人民币国际化的最佳试验场，人民币投资产品日趋丰富，市场交易活动日益活跃，离岸人民币资金池一度超过1万亿人民币。2016年香港人民币RTGS（实时全额支付系统）清算额达202万亿人民币，在香港进行的人民币支付量占全球比重约七成，成为全球最大的离岸人民币交易中心。

如前所述，伦敦在“二战”以后恢复全球领先的金融地位，与其成为欧洲美元市场息息相关。未来香港若能进一步发展成为人民币境外业务枢纽，就具备了最为关键的发展要素，就有机会获得类似于伦敦的金融地位。由于人民币是以循序渐进的方式推进国际化的，并主要通过香港进行先行先试，所以香港应以先发优势率先建立离岸人民币交易市场体系，使中国和世界各主要经济体之间的人民币交易尽可能放在香港进行，通过完善离岸人民币业务六大中心，将香港打造成为全球离岸人民币业务的神经中枢。这是香港建设亚洲“超级伦敦城”的第二个重点领域，具体内容可包括：

一是打造离岸人民币金融产品开发中心。香港应发挥内地企业“走出去”及跨国公司“走进去”的主要跳板的区位优势，针对人民币业务新需求，加快人民币产品创新，提升服务能力，吸引更多客户利用香港离岸人民币市场。

①鄂志环：《香港国际金融中心再出发：独特优势与崭新空间》，《中银财经述评》，2017年第43号。

二是继续巩固香港作为最大离岸人民币交易中心的地位。离岸人民币外汇交易快速增长，香港离岸人民币日均交易量从2010年的107亿美元等值，上升至2016年的771亿美元等值，增长幅度高达6.2倍。人民币在贸易以及投融资方面更广泛的使用，为香港的离岸人民币外汇交易续添了强劲的增长动力。

三是培育离岸人民币资产管理中心。香港金融业可以加强开发资本账下产品，加快扩大客户基础，与央行、主权基金、超主权机构、大型国际金融机构和交易所客户群体建立业务往来。完善境外机构债券投资代理模式，吸引客户开立账户，全权代理其人民币债券投资，以及管理人民币资金。建立更灵活的资金管控机制，提高交易和持盘能力。

四是完善离岸人民币清算基建中心。香港应继续完善香港人民币清算体系，巩固现有的金融基础设施平台，加强与周边国家和地区的人民币业务联系和业务往来，为香港银行业提升跨境人民币服务能力打造坚实基础，提升人民币产品优势及服务水平，全力拓展新市场及新领域。

五是建设离岸人民币风险管理中心。香港有能力提供全面的外汇风险对冲工具，为配置人民币资产保驾护航。随着人民币在投资及金融交易领域的使用日渐广泛，汇率风险的重要性将会日益突出，引起越来越多的企业和投资者的关注，对冲风险、锁定收益的产品需求快速上升。香港银行业应根据环境的变化，加快开发此类产品，满足各类客户的避险需求。

六是发展人民币衍生产品交易中心。次贷危机发生后，内地金融监管部门减缓了金融创新的进程，这一做法反而给香港提供了机会。未来亚洲地区的人民币掉期和人民币远期外汇市场会发展得很快，香港可发展成为人民币衍生产品的交易中心。

3. 发展亚洲领先的世界级财富管理中心

亚洲经济的快速成长，是亚洲财富管理业务发展的基本动力。估计未来20年全球的财富增长，至少有2/3来自亚洲经济体。目前欧美的GDP占全球不到一半，已培育出纽约、伦敦和瑞士等多个世界级的财富管理中心。随着“亚洲半球”时代的到来和“一带一路”建设的推进，区内将会出现世界级规模的理财中心。香港在这方面最具优势，应率先策划及采取行动，争取发展成亚洲领先的世界级财富管理中心。这是香港建设亚洲“超级伦敦城”的第三个重点领域。

由于历史和文化的传承因素，在未来20年内，中国仍将会是个高度储蓄的国家。当中国的GDP赶上美国时，内地富人对财富管理的需求将超出美国的规模。香港作为中国大型企业的境外IPO中心，其上市公司为内地民众所熟悉和喜爱，这是连伦敦都不具备的独特优势。随着经济的持续成长，亚洲其他新兴经济体的财富积累也会不断增多，特别是东盟、印度和中东的中产阶级成长很快，未来对财富管理的需求会不断扩大。2016年香港资产管理的规模大约有2.3万亿美元，相当于伦敦（资产管理规模约9万亿美元）的1/4左右，未来若能有效地拓展内地市场和亚洲市场，可使香港资产管理逐步达到类似于伦敦的世界级规模。

存在的问题是，经过2008年全球金融海啸，许多理财客户特别是中国内地客户对外资金融机构缺少足够的信心，未来若能适当加强风险管理，培育更多的香港本地大型理财机构，给亚洲“有银一族”以更多信心，香港财富管理就可直追伦敦和瑞士。

五、大力发展金融科技①

如果说创新金融是金融业自身发展的新内涵的话，那么金融科技可看作是金融业提升服务的新手段。我们在上一节提到金融科技是香港创新驱动模式“现代服务+”的重要环节，目前已有香港金融机构开始重视并投资开发，走出了可喜的一步。未来香港特区政府应采取鼓励政策，包括提供金融科技研发开支税务扣减等，为香港金融科技的发展积极创造条件。

值得一提的是，中国内地金融科技发展十分迅速，值得我们学习和借鉴。2017年7月，国务院印发《新一代人工智能发展规划》，目标是到2020年，人工智能（AI）总体技术和运用与世界先进水平同步，人工智能核心产业规模超过1500亿元，带动相关产业规模超过1万亿元；到2025年，人工智能基础理论实现重大突破，部分技术与运用达到世界领先水平，人工智能核心

①刘雅莹：《金融科技有助提升银行业金融服务水平》，《中银财经述评》，2017年第58号。

产业规模超过4000亿元，带动相关产业规模超过5万亿元。从目前情况看，金融行业有望成为人工智能最早落地应用的领域。近期内地工、农、中、建四大国有银行和百度、阿里巴巴、京东、腾讯四大互联网巨头陆续开展合作，拉开了金融科技（FinTech）的序幕，也使FinTech成为热门的话题。相信随着“AI+金融”的发展，银行能不断丰富和更新金融科技手段，从而更好地控制成本及提高业务效率，最终优化银行整体的金融服务能力。

早在2005年，内地商业银行和互联网企业就已进行合作。近几年来，双方合作不断深化，互联网企业开始为银行等金融机构提供金融云、大数据、移动终端开发等服务。自2017年初以来，两者合作有了质的飞跃，双方开始共同探索人工智能、区块链、虚拟货币等新兴技术在金融场景中的研发、孵化和应用。对银行而言，互联网企业的大数据、人工智能、云计算可改变银行技术基础，从而影响银行获客能力、风险识别能力、运营效率与资金成本等，有助于搭建一个更好的业务形态，从而为银行发展注入新动力。下面试举两个例子加以详细说明：

一是优化消费金融等服务。当前亚洲地区，尤其是中国内地正处于经济结构调整转型期，经济驱动力逐渐从投资和出口转向消费。2017年上半年消费对内地GDP同比增速的贡献达63%，同时消费增速为10.4%，远高于投资增速的8.6%，消费升级已经成为内地经济发展的主要驱动力。消费升级背后是来自个人、机构、行业的巨大金融需求，而AI技术可以帮助更好地解决未被银行征信覆盖的消费金融需求。近年来，消费金融已逐步成长为金融行业的一个重要“风口”，各商业银行都争相布局。

以招商银行为例，该行从三年前就开始其在互联网消费金融系统上的布局，并且把消费金融确定为其实现“轻型银行”战略转型目标的重点业务之一。2015年初，招商银行在国内首推移动互联网贷款产品“闪电贷”，客户可通过招商银行手机银行APP或网上银行自助办理贷款，全天实时运行。由此可见，“金融科技+消费金融”不仅符合了当前消费升级的潮流，也能帮助银行控制业务成本和提高客户黏性，更好地平衡银行规模和效益。

消费金融是香港金融业的核心业务，不论是拓展本地消费金融业务，还是进军大中华乃至亚洲消费金融市场，未来需要通过金融科技的运用来提升服务。此外，资本市场、保险业和人民币业务等都可以运用金融科技来拓展海内外业务，提高客户体验和满意度。

二是提升金融机构的投资者适当性管理效果。资产管理行业往往面临着刚性兑付、投资者适当性管理等一系列难题，但仅依赖传统手段仍难以有效保护投资者。金融科技在投资者适当性管理方面主要起多方面作用：如基于大数据、云计算设计的银行智能投顾系统可利用机器学习等方式，对投资者的客观财务实力、风险偏好、投资经验等因素进行深度剖析，更精准地为投资者风险承受能力进行画像。再如金融科技可运用于资产端的风险管理，从而提高对资产风险的分类精度，并可将金融科技技术嵌入产品设计，使产品风险与投资者的需求适配。例如对于不匹配的用户和产品，智能投顾系统可进行交易拦截，以保障投资者的利益。金融科技还可利用在线平台，采用知识问答、学习型游戏、仿真投资等多种模式，帮助投资者提升投资经验和风险认知水平。

面对席卷而来的金融科技大潮，作为国际金融中心的香港绝不能置之不理，而应当立即采取行动，争取迎头赶上，并从多个方面提升香港的金融服务水平。香港金融机构已率先采取行动，如消息透露有中资银行正在研发可跨境使用的电子货币包，并利用区块链技术加强跨境转账服务。长和公司与蚂蚁金服宣布联手拓展电子支付市场共同营运“支付宝HK”，并研究令其香港钱包可跨境使用。其后，香港金管局也公布引入虚拟银行及快速支付系统等七项措施，推动香港迈向智慧银行发展，其中金管局2018年9月推出的快速支付系统，可实现零售小额支付全接通，个人与个人之间无论各自使用什么银行或支付系统的用户，都可以实时支付或收款。

以上行动，说明香港在金融科技方面已迈出可喜的步伐。但仅有这些还不够，将来还需要加倍努力，争取在区域竞争中突围而出。总的来说，香港发展金融科技可以从多方面优化金融业的金融服务能力，进一步扩大金融服务范围，大大提高业务效率。这是香港向世界级金融中心迈进的必要条件，绝不能等闲视之。

六、发展世界级投资平台

1. 面对特殊历史机遇

首先我们想说明香港有什么机会和条件去打造世界级的国际投资平台。简单地说，这既是国家未来30年进一步开放发展的迫切需要，也是我们应对上海、广州、新加坡等区内中心城市竞争的需要；香港也完全具备优势和条件去发展这一领域，在未来10年内，把目前这一区域性投资服务中心进一步提升为世界级的国际投资平台。

目前中国经济正处在投资推动阶段，各个经济领域对投资的需求都非常庞大，内地地级市以上政府每年在香港举办超过300个招商投资洽谈会，说明内地各地方对投资的需求十分迫切。2017年内地全社会固定资产投资总额接近10万亿美元，且以每年7%以上的速度增长，投资对经济增长的拉动作用占1/3左右。党的十九大报告对中国未来30年的高质量发展以及经济结构战略性调整和提升作了全面部署，将从本质上改变中国经济模式的特征。其间不论是扩大内需、发展现代服务业和战略性新兴产业，还是加快城镇化和中西部地区的开发，都需要大量新投资才能真正见效，这些都给香港带来更多更好的投资机会，也要求香港不断调整对内地的投资结构，在配合内地实现发展战略的同时，把香港打造成为世界级的国际投资及服务基地。

第一，扩大内需的投资机会。扩大内需是未来中国经济结构调整的重中之重，其中隐藏着巨大的投资机会；内部消费市场的不断扩大，也为香港提供了更诱人的投资前景。数据显示，2017年中国内销市场规模就达到5.5万亿美元，远高于出口总额，预计到2030年内销市场规模将进一步增至18万亿美元，真正成为全球最大规模的消费市场。香港作为内地最大的外来投资者，迄今为止对内地投资总额超过1万亿美元（内地统计），占内地吸收外商直接投资的52.6%。未来香港对内地直接投资的方向，应逐渐从“两头在外”转向“内销主导”，从低附加值产品转向高附加值产品，投资重点应向与居民消费有关的衣、食、住、行等领域倾斜，从中寻找高档优质的消费性及相关投资项目。同时，引入香港的生产技术、质量管理和检测论证制度，为内地提供高质安全的消费品，以刺激和扩大内地需求。香港在珠三角的加工制造企业，也可以通过追加投资设立分销管道去扩大产品内销，一方面以优质产品去刺激内地需求，另一方面又可争取内地这一最具潜力的市场机会。

以食品为例，虽然内地食品供应已经十分丰富，但高档及安全的食品仍较缺乏，如有机果蔬、生态肉类水产、高标准奶粉等，从而妨碍食品消费市场的提升和扩张，香港投资者可以在内地积极寻找机会投资生产这类食品，以满足13亿人对这类食品急速增长的需要。又如居住类项目也隐藏着扩大消费需求的巨大潜力，因为未来30年中国人对改善居住条件的需求仍会有增无减，除了城镇高收入居民需要更大更好的住房外，20世纪八九十年代建设的低标准住房大多数需要拆除重建，因而估计未来20年中国城镇至少需要新建200亿平方米的高质量住宅，住宅物业管理和居住服务也要大大加强。香港企业除了继续投资发展环境优美的优质住宅外，还可更多地在内地投资设立工程顾问公司和物业管理公司，引入香港成功经验向内地提供规范化的建筑质量监管、物业管理和居住服务，协助内地提升居住质量。

第二，发展服务业的投资机会。未来国家将把推动服务业大发展作为产业结构优化升级的战略重点，努力营造有利于服务业发展的政策和体制环境，在加快发展生产性服务的同时，大力发展生活性服务业。前者包括金融服务、现代物流、高技术服务和商务服务等产业，后者涵盖商贸服务业、旅游业、家庭服务业和体育事业等领域。这些需要重点发展的服务领域，既涵盖劳动密集型的一般服务业，也包括需要现代知识和技能的高增值服务。后者正是香港不可替代的独特优势。目前内地吸收外资中服务业已占到一半以上，其中增长最快的是批发和零售、租赁和商业服务以及居民服务业等，2017年内地服务业占GDP的比重已提高到51.6%，开始形成服务主导的经济结构，因而需要加大对服务业的投资力度。香港作为内地最大的外来投资者，未来在协助内地调整和提升三次产业结构方面有巨大的用武之地。

第三，发展新动能及加快制造强国建设的投资机会。未来国家一方面将注重发展壮大新动能，重点是做大做强新兴产业集群，加强新一代人工智能研发运用，在医疗、养老、教育、文化等领域推进“互联网+”。发展智慧产业，拓展智慧生活。另一方面将加快制造强国建设，推动集成电路、第五代移动通信、飞机发动机、新能源汽车、新材料等产业发展，实施重大短板装备专项工程，推进“中国制造2025示范区”建设等。与此同时，国家也鼓励香港提高产业创新能力，支持香港环保、医疗服务、教育服务、检测和认证、创新科技、文化创意等六大优势产业发展。这些产业与国家正在致力打造七大战略性新兴产业之间的关系极为密切，完全可以相互配合和互动发展。香港可以通过战略投资、参股、风险基金等方式，参与这些战略性新兴产业的投资和开发，在配合内地提升产业结构的同时，更好地分享未来经济发展成果。

第四，中西部开发和城市群发展的投资机会。根据党的十九大报告，未来国家将强化举措推进西部大开发形成新格局，深化改革加快东北等老工业基地振兴，发挥优势推动中部地区崛起。实施这三大区域发展策略，一方面需要进行大规模的基础设施建设、资源开发和生态保护，另一方面也需要重点推进中西部地区内数十个经济区或城市群等区域发展，这些都需要资金、技术、市场、人才和管理等方面的支持。香港一直是西部大开发和中部崛起的积极参与者和推动者，在各省区的投资一直都居首位，未来香港可利用国际投资中心的优势，更大范围地参与中西部地区的资源开发和利用，这不仅可以为缩小区域发展差距出力，而且可以获得更好的回报，并为香港拓展更大的经济腹地。

城镇化既是中国经济发展的必然结果，也是未来中国经济增长的重要动力。中国常住人口城镇化率从2010年的47.5%提高到2017年的58.5%，使中国真正实现人口以农村为主向以城镇为主的历史性转变，预计到2030年将进一步提升至70%左右。为此，今后国家将以大城市为依托，以中小城市为重点，逐步形成辐射作用大的城市群，特别是会在东部地区逐步打造更具国际竞争力的城市群，在中西部有条件的地区培育壮大若干城市群，把有条件的东部地区中心镇、中西部地区县城和重要边境口岸逐步发展成为中小城市。发展城市基建需要大量资金和技术，而这正好是香港的一大优势，香港可以在投资城市基础设施等项目的同时，从城市交通管理、行政管理、社会管理等方面提供协助，使香港能最大限度地抓住内地加快城镇化建设的机遇。

第五，内地企业“走出去”的投资机会。香港也已成为内地企业“走出去”的重要基地，近年来在香港吸收的外来直接投资中，中国内地企业就占到大约一半的头寸（包括来自离岸中心转投资），在年间流入中更占到五成以上。当前国家推动企业“走出去”，已不是像过去那样简单地推动出口或招商引资，而是要打造一批具有国际竞争力的跨国企业。由此可见，中国企业对外投资潜力将进一步得到释放，预计未来10年对外投资总额将达到1.5万亿美元，更多企业将成为跨国企业，参与全球投资和运作。香港若能强化在内地企业中“走出去”的特殊角度，让更多的中国企业通过香港“走出去”，就能进一步确立香港在中国对外直接投资的战略地位，为发展香港为世界级的国际投资中心奠下重要的基础。

第六，金融投资的发展良机。在香港2017年底国际投资的资产和负债中，金融投资的头寸分别占到63%和46%，而且增长速度还快于直接投资；加快金融投资的发展，也是打造香港国际投资中心的关键一环。有价证券是金融投资的主要内容之一，2017年底香港证券投资的资产总量高达13.5万亿元，相当于对外直接投资的资产总量。未来随着中国内地证券市场的不断开放，海外对投资中国股票和债券市场的机会将逐渐增多，香港不仅可以通过沪港通、深港通、债券通等金融投资平台，在保障国家金融安全的前提下更多地参与对内地的证券投资，而且可以吸引更多的海外资金和企业，以香港为基地参与内地的证券市场。与此同时，内地企业和居民个人对香港和海外证券市场的兴趣也愈来愈大，香港可以利用自身的有利条件，打造成为内地企业和居民投资海外证券市场、进行全球财富管理的跳板，使其成为全球金融投资的管理中心。

2. 建立一个有效促进投资的平台

我们来看香港应该如何做，才能达到打造世界级的国际投资平台的目标。香港不仅是内地最大的外商投资来源地，也几乎是内地各省市最大的外来投资者。2003年签订的CEPA协议，在促进香港和内地投资便利化方面采取了一些积极的措施，并在2015年签署了投资协议。但光有这个总平台还远远不够，除了因为CEPA协议在地方层面未能真正落实，从而出现所谓“大门开小门不开”的问题外，关键在于有关政策措施的力度不足，对各地方投资也缺少针对性。目前最重要的做法是，我们要与内地各省市合作建立一个投资合作平台，从地方层面以最有效的方式推动两地投资合作。具体内容包括：

第一，签订鼓励投资的双边协议。由香港特区政府与内地各省市区政府深入商讨，分别签署一份鼓励及便利香港投资的协议。主要内容可包括：①提供信息。及时向香港全面提供各项建设计划及有关投资项目的最近信息和数据，推荐适合港商投资的项目。②同等优先。对竞争性较强的投资项目，让香港投资者以公平的方式参与竞投，在同等优先原则下协助港商把握投资机会。③优惠政策。在省地级政府力所能及的范围内为港商提供土地、税收等优惠政策，努力降低投资成本。④投资便利。推出促进投资的便利化措施，进一步优化投资软环境，提升投资审批效率，为港商投资提供一条龙的优质服务。

第二，建立投诉处理、调解和仲裁机制。与内地省市区商讨，协助各省市区政府参照国际通行的商业规则，制定一套针对香港投资者的及时有效的投诉处理程序和商业纠纷调解机制，甚至可由双方共同成立仲裁机构，借此切实保护港商投资利益。目前港商在内地特别是不发达省区投资遇到的最大风险，是投资权益的保护问题，一旦遇到侵权行为或商业纠纷，往往不是投诉无门，就是虽有解决管道，但迟迟不能解决问题。由两地政府以协议的方式建立有关机制，可为港商提供一个具有透明度和约束力的解决途径。目前内地不发达省市区为了发展经济，大都把引进外资作为头等大事来抓，有必要也有条件通过协商建立港商投资的保护机制。

从另一角度看，有关行动实际上也是利用香港完善的市场机制，协助有关省市区进一步改善投资环境。在这一过程中，实现了两地优势的更大互补。香港发挥了资金和制度两大优势，内地省市区在推动经济发展的同时，加快建立市场经济体制，可收一箭双雕之效。通过制度性安排强化合作伙伴的优势互补，正是区域合作的核心价值所在，也是区域合作能否成功的关键。

第三，探讨设立香港投资区的可能性。以更积极的态度探讨香港在内地各省市区合作设立香港投资区的可能性。近年来在推进两地合作时，不少省区都提出与香港合作，在省内设立香港投资区，提供特殊的投资环境和政策，吸引港商到区内投资和发展。香港可与有关省市区商讨设立香港投资区的可能方式，最具操作性的是由有关省市区政府自行设立（类似厦门设立的几个台商投资区），香港特区政府适当做些配合和推动。中长期而言，若需要更紧密的合作方式，可作进一步商讨。此外，香港应经常组织工商界到各省市区详细考察投资环境，寻找投资机会。有关活动可由特区政府出面，各商会配合，也可由各商会出面，香港特区政府作出协助和配合。

3. 举办国际投资论坛及洽谈会

在香港设立“香港国际投资论坛”，把这一论坛打造为亚太区的“达沃斯论坛”，成为专门探讨投资及经济问题的国际论坛，邀请内地各地政府官员、专家学者和商界人士发表意见，向香港和国际投资者介绍中国各地建设规划和投资动向，分享投资经验及推介各省区的投资机会。“香港国际投资论坛”可以是综合性的，也可以是专项领域的，如交通运输、能源、城市基建、制造业等。与此同时，还可考虑在香港定期举办“香港国际投资洽谈会”，由内地各省区推出需要招商的投资项目，广泛邀请国际投资者，特别是跨国公司参与洽谈。两地共同努力，把它打造成为推动投资合作的国际品牌。

4. 进一步强化竞争优势

为了进一步把香港打造成为世界级的国际投资平台，香港一方面要注意维持和强化自己的竞争优势，特别是要加快发展知识型服务业、创新科技和文化创意，改善和提升香港的经济结构；另一方面要不断改变香港特区政府的经济思想、管理思维和行为方式，彻底放弃自由放任和不干预的经济政策，在香港经济发展中担当积极推动的角色，尤其是要在建设香港国际投资平台过程中发挥主动性和催化作用。香港特区政府除了出台更有效的政策措施外，还可考虑成立类似于新加坡淡马锡的主权投资基金，把现在3.4万亿元的储备资产拿出一部分作为投资基金，投入到内地和海外有更好效益的项目上。香港特区政府从无为到有为，这是时代的要求，也是发展的动力，香港若能真正打造世界级的国际投资平台，就能抓住国家未来发展的关键，就能更好地结合内地和香港的优势，就可为香港未来30年的发展奠定更可靠的基础。

七、把发展目标列入国家战略

值得一提的是，香港特区政府曾于2007年9月召开“十一五与香港”经济高峰会，曾提出要把香港发展成为世界级金融中心的设想，重点举措是加强香港与内地的合作，包括三大方向（为内地提供多元化的金融服务、促进内地资金的双向跨境流动以及为人民币自由兑换提供试验地）和五个策略

（放宽香港金融机构“走进去”内地，放宽内地投资者、集资者及金融机构“走出来”的限制，允许香港发行的金融工具在内地交易，加强香港金融系统处理以人民币为货币单位的交易的能力以及加强香港与内地金融基础设施的联系），同时提出80项具体建议，在银行、股市、债券、保险人民币业务期货和期权市场资产管理以及金融基础等领域加强与内地的合作。迄今为止，不少举措已付诸实行，包括推出沪港通、深港通、债券通以及打造人民币离岸中心的各项措施等，可见经济高峰会在强化两地金融合作上起了提纲挈领的独特作用。

现在我们进一步把香港定位为亚洲的“超级伦敦城”，实际上是对发展世界级金融中心重大设想的具体化，它既符合全球经济重心东移的大势和国家长远发展的目标，也最能发挥香港自身的优势。香港应当明确确立这一定位，全力以赴加以贯彻落实。

为了实现建设亚洲“超级伦敦城”的目标，中国香港有需要借鉴英国多年来发展伦敦金融业的成功经验，成立一个由政府最高层亲自挂帅的高层次工作小组，实施这项旨在改革和发展香港金融业、提升香港高增值服务业的重大策略，同时立即采取行动。其中第一项行动是争取把打造亚洲“超级伦敦城”列入国家战略。

应当看到，“一国两制”能否成功，关键在于“一国两制”下的香港能否保持繁荣和稳定。作为香港的经济命脉，金融业对香港的繁荣稳定起到关键作用，有需要也理应得到国家的支持。因此，在解决了沪港关系之后，可建议国家把香港打造成亚洲“超级伦敦城”列入国家金融发展战略，其中最重要的，是把国家的对外金融活动和金融开放的试验尽量放在香港，特别是让香港作为配合国家进行人民币国际化的首要试验基地；除了涉及国家主权的对外金融活动外，尽量通过香港去做。这一战略既是香港的重要发展机会，也是国家赋予香港的新任务和新使命。

在争取国家把香港新的金融策略列入国家战略的同时，一方面应参照伦敦吸引美国金融机构的做法，推动内地国有商业银行及其他金融机构加快到香港发展的步伐，并把香港作为发展国际业务的第二总部/区域总部和营运基地，这对进一步完善香港金融业的组织结构、扩大香港对亚洲地区的信贷业务、维护国家利益和金融安全以及更好地推动内地金融机构“走出去”等方面，都可以发挥积极作用。把香港发展为中国境外的国际金融中心，也为吸引内地金融机构来港发展提供了最重要的市场条件，因为目前香港的市场空间尚不足以吸引众多的国有银行来港大规模地拓展业务。目前四大国有商业银行和部分全国性股份制银行在香港都有分支机构，但除了香港中银外，其余三家规模尚小，应鼓励它们实行内部架构重组，建立综合性的银行集团，尽快扩充业务规模，壮大实力，建立可与大型跨国金融机构有效竞争的平台。

另一方面，要制定促进香港金融发展的规划和政策。纽约和伦敦金融中心的发展，就是政府推动、市场选择的结果。英国政府为金融业提供了良好的政策环境，包括税收优惠、监管便利以及富有弹性的政策，对伦敦维持和发展国际金融中心地位起了重要作用。鉴此，香港特区政府需要对未来金融中心进行全面规划，确定香港金融发展的方向目标、发展模式、产业政策、风险防范、监管控制以及与内地金融市场和政策的全面衔接等，并就与内地金融开放相关问题进行立法，以法律形式确保国家金融安全，以便在严格的规则下协助国家稳步进行金融对外开放的试验。

大量调查表明，能否获得金融人才是国际金融中心能否发展的极为重要的条件。伦敦城发展的一个重要启示是，要保持国际金融中心的领先优势，首先必须保持人才优势。为此，伦敦向各国的专业技术人才敞开了大门，10年间引入了近百万国际移民，使得伦敦的国际侨民占到全部居民的接近三成，并成为全球金融人才最聚集的城市，多国籍、多领域、高学历、高技能和创新型的金融人才比比皆是。不少跨国金融机构在伦敦设立欧洲总部，就是看中了这里高层次和多元化的人才结构。香港应借鉴伦敦的成功经验，向世界各国特别是亚洲各地的人才敞开大门，吸引更多的高层次金融人才到香港工作，为把香港发展成为亚洲“超级伦敦城”打下最重要的人才基础。

为了成功打造亚洲“超级伦敦城”，香港需要采取两手抓的策略：一手抓政策，一手抓监管。在政策方面，香港需要明确和上海的关系，主动支持上海打造“中国的纽约”，并争取国家支持香港发展成为中国境外的国际金融中心，这是香港能否发展为“亚洲的伦敦”的关键；在监管方面，香港需要因应亚洲金融发展模式的转变和国家对金融风险的考虑，适当调整金融监管方式，在发挥利伯维尔场作用和政府监控之间求得最佳平衡。如果两手抓的策略应用得当，香港就成功了一半。

香港能否成功实现这一策略目标，还有一半取决于自身的积极行动。香港特区政府需要制定金融发展规划和促进政策，努力拓展市场空间。亚洲的“超级伦敦城”有两个主要的市场腹地，一个是中国内地，另一个是亚洲地区和“一带一路”沿线，香港需要集中资源把资本市场和财富管理发展为世界级规模，并率先建立亚洲人民币市场。与此同时，香港还要采取“远交近融”策略，在扩大与上海交往的同时，充分利用粤港澳大湾区规划加快与珠三角的深度融合。

伦敦的经验告诉我们，发展金融犹如逆水行舟，不进则退。在国家经济进一步崛起及追求高质量发展的大势下，香港要保持区域国际金融中心地位或许不难，但我们现在面对的是世界级金融中心之争，金融活动具有更强集聚功能的特点，也要求香港不能跬步而行；香港进则成为一流的世界级金融都会，退则落在中国上海和新加坡之后，成为围绕世界级金融都会运转的次级金融中心城市。正如著名投资大师巴菲特所言：“只有在退潮的时候，你才能知道谁是裸泳者。”香港要不想做裸泳者，只有抓住当前出现的千年一回的良机，迅速制定策略并采取行动，才能像伦敦那样踏着浪尖而行，数百年屹立不倒！

结 语

近百年来，久经磨难的中华民族经过艰苦卓绝的奋力拼搏，完成了从“站起来”到“富起来”这两个非凡时代的历史性跨越，当前正迎来“强起来”的新时代。习近平总书记在党的十九大报告中全面阐述了新时代、新使命、新思想和基本方略，开启了全面建设现代化强国、奋力实现民族伟大复兴的新征程，为全国指明了行动方向。报告将香港融入国家发展大局，提出支持香港的重要政策措施，为香港带来了新发展机遇。

事实上，近年来中央决策层对“一国两制”规律性的认识不断提升。从中共十六届四中全会首次提出“保持香港、澳门长期繁荣稳定是党在新形势下治国理政面临的崭新课题”，到党的十七大加强表述为“重大课题”，再到党的十八大提出“维护国家主权、安全、发展利益，保持香港、澳门长期繁荣稳定是根本宗旨”，党的十九大报告进一步将坚持“一国两制”列入新时代坚持和发展中国特色社会主义的基本方略，这一不断递进的政策宣示，表明香港在重新纳入国家治理体系后，“一国两制”事业在国家发展全局中具有新的政治定位。这就要求我们以更宏大的视野来审视香港经济转型与两地经济合作的昨天，谋划两地深化合作的明天，勠力同心，奋力拼搏，为完成“强起来”的终极一跃多作贡献。这不仅有助于民族复兴大业，也关系到香港的未来。

总而言之，国家立，香港飞；国家富，香港发；国家强，香港必贵。中央决策层为国家到21世纪中叶的发展长路，描绘了宏伟蓝图，制定了基本方略，也为香港和内地深化各领域合作作出了全新部署，从而给香港带来千载难逢的历史性机遇。我们应全面融入其中，共襄盛举，共担重任，赢取更大发展空间，共享更大发展红利。香港也有机会提升为世界级都会，享有类似纽约和伦敦的地位。

参考文献

[1] 冯邦彦. 香港产业结构转型.香港：三联书店，2014.

[2] 杨奇. 香港概论.香港：三联书店，1993.

[3] 乌兰木伦. 迈向21世纪的香港经济.香港：三联书店，1997.

[4] 李晓惠. 粤港澳大湾区与香港.香港：商务印书馆，2018.